复旦卓越

应用型经管核心课系列

会展客户关系管理

主　编丨蒋婷婷

副主编丨施　谊

复旦大学出版社

会展客户关系管理是会展主承办方以会展客户为中心，不断探究客户需求和行为偏好，有针对性地为不同客户提供个性化会展专业服务，以培养客户满意度和忠诚度的一种经营理念和策略。会展客户关系的产生，是市场需求和管理理念更新的需要，是企业管理模式和企业核心竞争力提升的要求，也是电子化浪潮和信息技术支持等因素推动和促成的结果。会展企业在经营管理过程中引入客户关系管理理念及系统软件，不仅将客户关系管理"以客户为中心"的管理理念融入到会展企业文化中，而且会在管理会展客户信息，预测会展市场动态，协调会展客户关系，培植会展客户忠诚，降低会展销售成本，提高企业工作效率，创造会展客户价值，发展会展企业战略等多个方面起到积极的作用，正成为当前会展业界最炙手可热的研究课题。

本书围绕"夯实基础、强化实践、提升能力、面向应用"的教育理念，在充分吸收国内外客户关系管理学科理论研究和会展产业发展实践的新成果、新经验和新材料的基础上，通过情景导入、资料链接、案例分析、课后练习等形式，致力于学生专业素养、综合实践和创新能力的培养。在内容安排上，深入浅出，易教易学，从战略、管理及操作三个层面进行阐述，以我国本土会展管理实践的经验、教训为背景，以国内市场及会展消费者的需求、行为、感知变化为研究对象，系统总结国际企业的成功经验和先进理念，着力介绍会展客户关系管理研究和应用的最新成果，力争作品贴近实际、贴近管理者、贴近企业、贴近教学。本书适用于会展经济与管理、市场营销、工商管理等专业的本科、研究生教学和专业培训，对实际工作和研究人员亦有较高参考价值。

本书由上海应用技术大学蒋婷婷副教授任主编，负责全书的整体策划和最后统稿。感谢施谊老师的辛勤工作。感谢研究生陈馨瞳、叶明晖参加了资料汇总和编辑校对工作，孙雅弘、殷佩如、张曦、卫燕菁、王会方等参加了数据调研和图形处理工作。在编写过程中，我们参考了大量的教材、著作、期刊论文文章，这些参考文献大部分在书后已列示。但可能也有疏漏，没有详细注明，在此向这些作者表示衷心感谢。由于编者学识所限，书中难免存在不足和错误之处，恳请广大读者批评指正。

编者
2022 年 12 月于上海

为方便教学，作者制作了配套电子教案和综合试题。使用本书作为教材的授课老师可在复旦大学出版社教学服务网下载(edu.fudanpress.com)或与本书作者联系(tingty.jiang@163.com)。

第一章	会展客户关系管理概述	001
第一节	会展概述及会展客户关系管理的必要性	003
第二节	会展客户关系管理的概念及特点	013

第二章	会展客户关系营销	025
第一节	会展客户关系营销概述	026
第二节	会展客户关系营销的实施	036

第三章	会展客户生命周期及价值	045
第一节	会展客户生命周期理论	046
第二节	会展客户价值理论	050
第三节	会展客户价值的分析方法	059

第四章	会展客户满意度与忠诚度	065
第一节	会展客户满意度	067
第二节	会展客户忠诚度	073
第三节	会展客户满意度指数模型	081
第四节	会展客户满意度与忠诚度的关系	085

第五章	会展客户的建立	092
第一节	会展客户的细分	094
第二节	会展客户的识别与选择	103
第三节	会展客户的开发	109

第六章　会展客户的维护 ·· 118

第一节　会展客户信息管理 ·· 119
第二节　会展客户的关怀 ·· 130
第三节　会展客户的互动 ·· 135
第四节　会展客户的沟通 ·· 139
第五节　会展客户的流失 ·· 143
第六节　会展客户的保持 ·· 151

第七章　数据管理与会展客户关系管理 ·· 163

第一节　数据仓库 ·· 163
第二节　会展 CRM 中的客户数据仓库 ·· 166
第三节　数据挖掘 ·· 171

第八章　大数据与会展客户关系管理 ·· 186

第一节　大数据概述 ·· 187
第二节　大数据在会展客户关系管理中的应用 ·· 194

第九章　移动互联与会展客户关系管理 ·· 213

第一节　移动互联及其应用领域 ··· 214
第二节　移动互联在会展客户关系管理中的应用 ··· 220

第十章　商业智能与会展客户关系管理 ·· 232

第一节　商业智能概述 ·· 233
第二节　智能会展客户关系管理系统 ·· 238
第三节　商业智能在会展中的应用 ·· 245

第十一章　会展客户关系项目管理的回顾与展望 ··· 251

第一节　成功实施会展客户关系项目管理的回顾 ··· 252
第二节　会展客户关系项目管理的展望 ··· 261

本书主要参考文献 ··· 269

第一章

会展客户关系管理概述

 学习目标

- 掌握会展客户关系管理的概念及分类
- 了解会展的定义及类型
- 理解会展客户关系管理的必要性

 重要概念

会展	运营型会展 CRM	分析型会展 CRM	协作型会展 CRM
会展客户关系管理	政府公益会展	组展商	

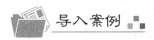 **导入案例**

中国国际进口博览会：上海开展城市民间外交的新空间

中国国际进口博览会是迄今为止世界上第一个以进口为主题的国家级展会。2021年11月5日，第四届进博会在国家会展中心(上海)如期举办。在全球新冠肺炎疫情尚未退却，民族主义倾向和逆全球化趋向加剧的背景下，进博会具有独特而重要的意义。

进博会不仅是一个超大型会展，更是包括了展会、论坛、文化活动的国际舞台，还是数千家企业、数十万境内外观众面对面交流的"嘉年华"。因此，进博会为民间外交搭建了一个主体多元化的平台，有力地推动了民心相通建设，深化了世界对中国立体化的认知和了解。

为加深对新时代上海民间外交的理解，上海市人民对外友好协会、中国国际进口博览局

和上海国际问题研究院于2021年9月26日联合举办了"进博会中的民间外交和新时代'民心相通'建设"研讨会。

上海国际问题研究院咨询委员会主任俞新天在26日的研讨会上表示,进博会让上海民间外交的理念得到了升华,参会的外国人员通过与中国"共同行动",进而增进了对我们的了解。

意大利驻沪总领事陈琪(Michele Cecchi)在此次研讨会上感慨道,参与进博会不仅可以促进贸易的发展,更重要的是加强人与人之间的联系。

2021年4月,意中基金会首席运营官兼意中商会秘书长贝廷(Marco Bettin)在第四届进博会线上推介会上表示,今年的进博会是全球经济复苏的标志,意中基金会的目标是保证意大利企业的全程参与,并且鼓励他们和中国企业进行商谈和对接。

与此同时,上海美国商会董事会主席雷蒙(Jeffrey Lehman)也在研讨会上强调了在进博会期间促进民心相通的重要性。在雷蒙看来,通过进博会建立关系比获得财富更为重要。他解释称,进博会这一民间外交的平台有助于增进信任,进而有益于国家间关系的发展。对于疫情期间部分企业无法来华参展一事,雷蒙建议称,外国供应商可借助该国在沪商会作为"中间人",将所在国产品和服务引入中国市场。

就进博会促进民间外交开展的这一功能,上海国际问题研究院全球治理研究所所长助理赵隆在研讨会上总结称,进博会为在沪商会、协会代表处、跨国公司组建平台,让他们与来参展的中国企业、各类社团、民间代表进行直接对话,"这可以很好地整合上海开展民间外交的资源,也是进博会为民间外交提供新空间的重要方式。"不过,我们仍需思考与总结进博会在民间外交层面希望传递的核心价值与理念,并依托进博会创设议题、凝练理念、创造叙事、促进交融。

资料来源:中国国际进口博览会.上海开展城市民间外交的新空间,https://www.thepaper.cn(2021,09)

第一节 会展概述及会展客户关系管理的必要性

一、会展的概念

(一) 会展的定义

会展简称 MICE,是由会议(Meeting,主要指企业会议)、奖励旅游(Incentive Tour)、大型会议(Conference,主要指协会或团体组织会议)和展览会(Exhibition)这四个英语词汇的第一个字母组合而成。是指在一定的地域空间和时间内,为达到某些预期的目的,有组织地将许多人与物聚集在一起,而形成的具有物质交换、精神交流、信息传递等功能的社会活动。

会展经济是一个国家发展到一定程度的必然产物,而且是富国、富市必然出现的一种经济形态。会展经济不仅本身能够创造巨大的经济效益,而且还可以带动交通、旅游、餐饮、住宿、通信、广告等相关产业的发展。据专家测算,国际上展览业的产业带动系数大约为1∶9,即展览场馆的收入如果是1,相关的产业收入则为9。

作为新的经济增长点,会展业必将在我国新一轮经济增长特别是扩大服务业比重方面发挥杠杆和关键作用。"以客户为中心"是服务行业的圣经。实现会展业快速发展的必由之路就是了解客户需求,尽最大努力满足客户。

(二) 会展的类型

要加强会展客户的管理,要先对会展类型有所了解。根据会展的性质、内容等,可将其大致分成以下几种类型:

1. 政府公益会展

政府公益会展是指通过参与主办、财政拨款支持、运用行政权力等方式,政府直接参与会展的组织活动。公益会展是指以社会公益性展览会为主,目的在于宣传良好的道德观念等,盈利性较低。过去,政府会展占据了我国会展的很大比例。近年来,随着社会经济的发展和政府职能的不断完善,政府公益性会展的比重相对下降,但仍是我国会展的重要组成部分。

2. 综合会展

综合会展是指涵盖整个行业或多个行业的展览,也称为横向展览,如工业展览、轻工业展览等。综合性展览兼具贸易性质和消费性质。

3. 专业会展

专业会展是指专门展示某一行业甚至某一产品的会展,如钟表展。专业展会的突出特点之一就是经常同时举办研讨会和报告会,介绍新产品和新技术。

4. 消费会展

消费会展主要展示消费品,以直销为主要目的。对公众开放的展览基本上是消费类展览。

5. 贸易会展

商贸会展是为制造业和商业等行业举办的展览。会展的主要目的是交流信息和洽谈贸易。对工商界开放的展览具有商贸性质。

二、会展管理观念

在依托各类会展场馆和相关设施,从事会议、展览和节事活动的策划、组织和经营管理等相关活动时,会展管理者要牢固树立以下观念:

(一) 服务观念

从根本上讲,会展公司只销售一种产品,而这种产品就是它的服务。

可以说,衡量会展企业成功与否的指标无疑是会展服务的优劣。会展企业的目标应该是为客户提供最优质的服务。同样,这也是会展企业的根本经营宗旨。这种服务意识对于延伸到整个会展企业来说是非常有价值的,提供优质服务的前提和基础必须是会展企业首先要有良好的服务意识。

服务意识也是一种工作态度,这种态度应体现在工作细节的方方面面,如眼神笑容、仪容仪表、言谈举止、工作环境和程序、礼节礼貌、工作规范和服务内容等。

(二) 产品观念

会展企业提供的服务本身就是展会的一种商品,具有商品的一般性质。但是,这里有一点不同的是,会展企业的产品是一种特殊的商品,其特殊性在于这种商品的无形性。既然是无形的,参展企业的产品虽然没有被客人带走,但并不代表客人一无所有,而是客人在现场消费了展会提供的商品。这就是会展企业服务产品的生产、交流和消费的时空一致性。产品观念是会展公司管理中必须树立和坚持的重要观念。

资料链接 1-1

会展提供的是什么样的产品?

关于会展提供了一个什么样的产品,我们可以这样理解:它是一个服务型产品,包括物质、技术和精神三个层次。物质层次指的是会展使用到的一些硬件配置,如展厅、展览设施等;技术层次主要是指在展览服务中使用的工作程序和操作技巧;而精神层面是指客户在展会中的活动获得的享受,这部分是由客户的主观评价决定的,即客户对他参加展会的体验的感受,客户是否因为展览活动的体验而感到满足和快乐,以及他的内心是否产生了舒适的心情。因此,与其他事物和产品相比,会展提供的服务产品也有其自身的一些特点:

① 无形性——展会销售的产品不是实物产品,而是"无形"的服务,如服务中的微笑与敬语、设备支持的体验、方案支持的正规服务、特殊情况下的适应性服务等等;

② 不稳定性——受到展览服务所面临的人群的个性、质量、技能和熟练程序、情绪等因素的影响,最终产品的质量自然是不稳定的;

③ 无专利性——会展企业可以就同行优秀的管理方式和优质的服务方式进行相互之间的借鉴,也可以作为优秀案例向同行展示;

④ 不可储存性——会展服务的产品不可能事先生产出来,更不能贮存以备需要时拿来提供,供客户购买;

⑤ 产销同步性——会展服务活动需要生产者和消费者共同参与其中来完成,而不是生产者先生产,消费者再消费。

会展工作者在实际工作中应更加注重结合这些特点来提升自身的服务质量与标准。随着社会的发展和市场经济体制的成熟,卖方市场逐渐转向买方市场,竞争日趋激烈。服务产品的质量将成为市场竞争的关键因素,甚至成为市场竞争的主要方式。

资料来源:胡平.《会展管理概论》[M].第 2 版:华东师范大学出版社,2015

(三)质量观念

质量是企业的生命,会展企业必须实行全面质量管理。全面质量管理的基本含义是会展公司全体员工和各部门通力合作,综合运用现代管理方法,建立完整的质量体系,通过全程优质的服务,充分满足客户的要求。由此,我们必须确立以下认识。

1. 服务质量严格性

质量管理要从结果控制走向要素控制,即保证服务质量的所有要素都是合格的。这样,一改原来传统的事后检验,把质量管理的重心放在"预防"上。

2. 服务范围全面性

无论是从前台到后台、从管理到运营,还是从销售到售后,这都是一个完整的服务流程。因此,整个管理过程必须坚持以预防为主的原则,并以服务客户为理念。

3. 服务管理全员性

服务质量的优劣往往不是单一评价的,而是涉及所有部门、所有环节、所有员工。因此,要牢固树立"质量第一"的理念,人人关心服务质量,人人参与服务质量管理。

4. 管理方法多样性

在全面质量管理中,服务质量管理的方法是综合多样的,如目标管理法、统计法、PDCA工作法、QC小组(质量控制小组)等。

全面质量管理终究要落实到企业效益上——"以质量促效益"。

(四)规范观念

标准化对规范服务业行为、增加服务产出、走质量效益型道路起到了积极作用。如果达不到国际标准,会展企业就无法进入国际市场,甚至会被挤出世界贸易圈,无法生存。标准的制定和应用具有很强的科学性和严谨性,具有指导意义。

通过质量管理体系认证的会展企业在市场上具有诸多竞争优势:客户流失少、回头客多、销售成本低;使会展公司增加客户忠诚度和品牌忠诚度,从而降低了对外宣传成本;会展公司有更多的措施来防范新技术的发展和客户需求的变化带来的经营风险;产品和服务提供可以在客户需求出现之前预先定位,减少因错误决策而浪费的人力和物力资源。从长远来看,在更多情况下,它可以保持价格优势和更高的销售率。

(五)品牌观念

关于品牌,国内一些会展公司对此了解还不够。事实上,品牌对整个会展行业的发展意义重大。

具体可描述为如下三点:

① 创品牌是企业开拓市场的立足点和根基。我国一些企业已经深刻认识到这一点,例如海尔集团。海尔集团的营销口号就是"创牌比创汇重要";

② 品牌效应能给会展企业带来无穷的机遇和利益。这些效应包括:扩散效应、累积效应、放大效应、持续效应和刺激效应;

③ 国内消费者越来越注重品牌消费。

(六)营销观念

现代营销观念认为,正确确定目标市场,即客源市场的需要和欲望,提供比竞争对手更有效、更有利可图的产品和服务,让客户满意,这就是会展公司实现组织者目标的关键。换句话说,营销观念是根据客户需要什么产品和服务,会展公司就提供什么样的产品的"以销定产"的观念。会展的营销策略是围绕如何有效拓展营销信息渠道,利用现代传播工具为展会服务,在有效控制成本的基础上实施合理高效的销售计划,最终达到吸引展商和观众的目标。因此,营销观念的形成和变化,必须体现在会展公司的实际经营管理中。

营销观念是以一定的市场环境为背景形成的,该市场环境从卖方市场开始,最终转向买方市场。在当今会展公司竞争日趋激烈的市场环境下,"以客户为中心"的营销观念对现代会展公司的管理者大有裨益。"营销观念"与以往的"推销观念"在公司考量的出发点和着力点以及所使用的方法和经营目的上都有很大的不同。"推销观念"是会展公司以自身产品为出发点,更注重销售方式和推广技巧,使公司通过销售获取利润;而营销理念则是以顾客的需求为出发点,更注重整体营销活动,以利用顾客满意达到企业盈利的目的。

(七) 效益观念

会展企业是经济组织,其经营活动的目的是获取经营利益。运营效率应体现在经济、社会和生态三个方面。经济效益是社会效益和生态效益的基础,社会效益和生态效益也是提高经济效益的重要条件。管理者必须将三者有机地结合起来。效益是经营管理永恒的主题。因此,管理活动必须克服传统体制下"以生产为中心"的管理思想,以效率提升为核心,不断追求效率提升,使其成为管理活动的中心和一切管理工作的出发点。

追求效益必须有意识地运用客观规律,比如根据市场趋势及时制定合适的经营政策,或者灵活利用自身的服务优势来适应复杂多变的外部市场环境。

总之,在会展的微观管理过程中,会展服务产品(服务意识、产品意识)必须强调质量、标准和品牌(质量意识、规范观念、品牌观念)。最重要的是站在客户的立场,站在客户的角度(营销理念)设计产品,从而获得参展企业的利益(效益观念)。

三、会展客户类型

总的来说,会展活动的所有服务都围绕满足其组展商、参展商和参观者的不同需求。根据会展的类别,也根据会展的各个要素,将要参展的客户可以分为以下几类:

(一) 组展商

业界将会展的主办方称为组展商,对于展馆提供商而言,展会主办方(即组展商)是展馆最直接的客户,包括相关政府部门、展览公司和行业协会。组展商是展馆与参展商及各种资源之间的重要纽带,只有通过组展商与各方的沟通与合作,才能保证展会的正常运作。

随着政府职能的转变,政府逐渐脱离企业行为,其主要功能是创新经济运行体制,通过法律、法规和产业政策规范宏观经济运行,引导和约束会展企业的行为,制定有效的"游戏规则",促进企业之间的公平竞争。但就实际情况而言,各类展览的开展都必须经过政府相关管理部门的批准,而政府展览和公益性展览在展览行业中占有相当大的比重。因此,相关政府部门和管理职能部门仍是会展企业的主要客户。

(二)参展商

参展商是组展商最直接、最重要的客户。组展商整合各种资源,目的是希望参展商能够在展会上赢利,或者实现直销;或洽谈业务和贸易,寻找新的合作伙伴;或推广新产品等。只有参展商满意,展会才能继续扩大,组展商才能再次招募展商,展馆的运营才能继续,整个展览行业才能进入良性循环发展的快车道。

(三)参观者

参观者可分为两类:专业观众和公众。专业观众是参展商的潜在客户,他们带着一定的"商业目的"参观展会;而大众主要是最终的消费者,他们中的大多数人可能只是来展会"走一走"。虽然展览的性质是由组展商决定的,但可以通过参观者的构成来体现。参观者是参展商的衣食父母。从另一个角度来看,他们是展会的潜在客户类型。如果没有参观者,展会就没有意义。

需要注意的是,在本书中,我们从参展商的角度来讨论最直接的客户——参展商。

因此,为了满足展会客户的需求,首先要明确各个展会有哪些不同的客户。具体如图1-1所示。

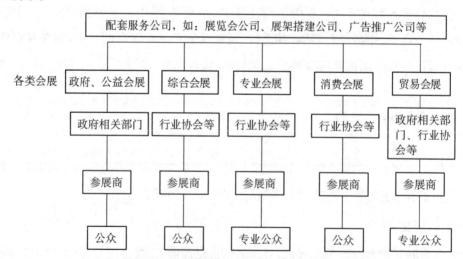

图 1-1　各类展览会所拥有的不同客户

资料来源:韩小芸,梁培当,杨莹.《会展客户关系管理》[M].北京:中国商务出版社,2008

四、我国会展行业的市场发展历程及现状

(一) 国内会展业发展历程

国内会展业起步较晚。长期以来,我国的展会基本由政府部门、协会商会、国有展览公司承办。政府严格控制展览,展览需要严格审批。2004年以来,我国会展业从起步阶段和发展阶段,逐步进入了市场化阶段。

1. 起步阶段(1949—1978年)

这期间,无论是海外展还是来华展,都取得了长足的进步。总体而言,初期展览数量较少,专业化和组织化水平不高。

表1-1 会展行业起步阶段(1949—1978年)事件列举

时间	事件	意义
1951年	中国首次参加"莱比锡春季博览会"	标志着新中国会展业发展的开端
1953年	中国贸促会接待了"德意志民主共和国工业展览会"	新中国成立后第一个来华展会
于1957年开始	中国进出口商品交易会(2007年前的中国出口商品交易会,简称"广交会")	中国目前历时最长、层次最高、规模最大、品种最齐全、到会客商最多、交易效果最好的综合性国际贸易盛会

2. 发展阶段(1978—2004年)

1978年,随着中国经济体制改革的逐步深入和对外开放的不断扩大,中国会展业迎来了蓬勃发展时期。

表1-2 会展行业发展阶段(1978—2004年)事件列举

时间	事件	意义
1978年	中国贸促会在北京成功举办了"十二国农业机械展览会"	我国建国后第一次在中国举办的国际性博览会
1986年	中国贸促会组团参加瑞士"巴塞尔样品博览会"	标志着中国展览业与现代国际展览业接轨的开始
2001年	德国三大会展巨头与上海浦东土地发展(控股)公司共同投资兴建上海新国际博览中心	标志着国际会展巨头大规模进驻中国市场的序幕正式拉开

初步形成了自办展、国内展、国外展的格局,政府或相关部门、协会或商会、国有展览公司、民营展览公司、合资展览公司等已形成组展格局,但政府或相关部门、协会或商会、国有展览公司仍占据绝对主导地位。

3. 深化阶段(2004年至今)

随着国家深化行政审批制度改革,推动简政放权工作,展会审批逐步取消,具体如下表1-3：

表1-3 展会审批逐步取消文件列举

时间	颁发单位	文件名称	内容
2004年2月29日	海关总署、商务部	《海关总署、商务部关于在我国境内举办对外经济技术展览会有关管理事宜的通知》	取消对境内举办对外经济技术展览会的主办和承办单位资格审批
2010年7月4日	国务院	《国务院关于第五批取消和下放管理层级行政审批项目的决定》	取消工商局对商品展销会的审批
2016年2月3日	国务院	《国务院关于第二批取消152项中央指定地方实施行政审批事项的决定》	取消省级商务主管部门进行审批的"地方负责的境内对外经济技术展览会办展项目审批"

同时,我国出台了一系列鼓励政策促进我国会展业的发展,包括《国务院关于加快发展服务业的若干意见》(2007年)、《文化产业振兴规划》(2009年)、《关于"十二五"期间促进会展业发展的指导意见》(2011年)等。2015年国务院公布《关于进一步促进展览业改革发展的若干意见》,首次从国家层面明确提出全面深化会展业管理体制改革,加快会展业发展。

我国逐步放开会展业管制,积极推动会展业发展。会展业发展迅速,民营展览公司发展迅速,市场地位逐步提升。

(二)国内会展行业市场地位

1. 现代市场体系重要平台

近年来,我国会展业快速发展,已成为构建现代市场体系和开放型经济体系的重要平台。2015年,国务院印发了《关于进一步促进展览业改革发展的若干意见》(国发〔2015〕15号),这是国务院首次全面系统地提出会展业发展的战略目标和主要任务。会展业的发展对行业和区域经济社会发展具有很强的推动作用。会展业不仅可以有效促进消费、扩大内需,而且有助于促进城市服务水平和基础设施建设水平的提高,提高一个城市的管理水平、文明水平、知名度和美誉度。同时,会展业有助于实体产业的技术更新和结构提升。

2018年4月10日,国家主席习近平在出席2018博鳌亚洲论坛年会开幕式时强调:"今年11月,我们将在上海举办首届中国国际进口博览会。这不是一般性的会展,而是我们主动开放市场的重大政策宣示和行动。"

2. 国内一线城市支柱产业

会展业作为投资贸易的重要平台,不仅可以有效促进产业和消费的增长,而且作为现代高端服务业的重要组成部分,对主办城市的物流、广告和通讯、旅游和购物等经济方面的拉动作用明显。目前,越来越多的城市开始重视会展业的发展,为会展业的稳定发展注入了更多的增长动力。

会展业在推进供给侧结构性改革中发挥着非常重要的引领作用。展会为生产者和消费者提供了一个平台,在生产中具有很强的引领和带动作用,为社会经济发展注入了新的活力,从而为展览业的持续增长带来了新的机遇。

北京、上海、广州、深圳等国内一线城市纷纷发文推动会展业改革发展。会展业已成为国内一线城市的重要支柱产业,且发展模式由数量扩张型向质量提升型转变。

(三) 国内会展行业市场现状及概况分析

根据2020年6月中国会展经济研究会会展统计工作专业委员会发布的《2019年度中国展览数据统计报告》数据,2019年,全国展览总数为11 033场,展览总面积为14 877.38万平方米,较2018年分别增长0.6%和2%。全年净增展览65场、展览总面积301.62万平方米。

1. 中国会展发展概况分析

(1) 区域分布:上海榜首,华东为主。

2019年,全国按展览面积排名的前十个省(直辖市)为:上海市、广东省、山东省、江苏省、四川省、重庆市、浙江省、辽宁省、北京市、河南省。以上十个省(直辖市)的展览数量占全国展览总数的71.52%,展览总面积占全国展览总面积的72.69%。

2019年全国展览场次和展览面积主要集中在华东区域,华东区域的展览数量占全国的42.3%,展览面积占全国的41.4%;其次是西南地区和华南地区。

(2) 行业分布:汽车为主,休闲娱乐为辅。

2019年项目清单所列的5 781场展览,除综合性展览507场外,其余5 274场行业性展览,按展览主题可分为行业大类27个,包含细分的行业小类131个。

2019年,综合性展览507场,展览总面积940.2万平方米,占清单项目总数的8.77%和8.19%;行业性展览5 274场,总面积10 546.36万平方米,占清单项目总数的91.23%和91.81%。

在行业性展览中,以乘用车为主题的汽车展览数量最多,达818场,占行业类展览总数的15.51%,较2018年减少43场,降幅达5%,展览总面积1 671万平方米,占行业类展览总面积的15.84%,较2018年减少229万平方米,降幅达12%。其次为建筑建材、文教。

2. 中国办展机构概况分析

(1) 区域分布：集中在北上广。

2019年展览统计将办展机构纳入统计范围中，通过比较5 781个展会项目，共有2 804家办展主体单位，同比增加71家，增幅达2.6%。上海、北京、广州办展机构共计954家，占全国办展机构总数的30.46%。

(2) 属性分布：外资和国资为行业双巨头。

组展单位按性质可划分为党政机关、行业协会、外资企业和国内企业等四大类。2019年全国展览规模前100项目中，外资企业举办的展览数量占比最高，展览数量为28场，占前100项目的28%。

而政府以及国资企业2019年举办展览面积总和最高达715万平方米，占前100项目展览总面积的36.57%。

民营企业举办的展览在全国展览规模前100项目中数量及面积皆占比最低，仅举办了16场展览，总面积276.2万平方米，分别占比16%和13.47%。

五、我国会展企业在客户关系管理方面的不足和必要性

(一) 我国会展客户关系管理存在的问题

虽然在会展企业管理链中，客户关系管理具有举足轻重的地位。但是，我国在会展客户关系的管理上还存在薄弱环节。

1. 客户管理不足

客户关系管理整体处于粗放运行状态，各个环节和信息的对接过程还存在不足。不仅各个城市的会展运营商经营状况呈现不同程度的粗放，有的甚至没有系统的客户管理系统，导致客户体验极差。

2. 客户流失严重

据统计，大部分会展公司年均客户流失率高达25%，部分展商年均客户流失率高达50%。展览公司需要在客户关系再投入上投入大量时间。我国现有的展览公司所采用的客户关系管理理论还处于起步阶段，成功率极低。

因此，客户关系管理的实施成为我国会展公司亟待解决的重要问题。

(二) 我国实施会展客户关系管理的必要性

会展业定期化、专业化和品牌化的发展趋势决定了客户在会展活动中的重要地位：

- 客户在会展价值链中位于核心地位

- 客户的连续参展是企业利益所在
- 客户的收益是会展效益的综合体现

鉴于客户在会展活动中的地位和作用,与客户建立和维持长期的合作关系对会展公司自身的生存和发展至关重要。因此,会展公司应树立"以客户为中心"的营销观念,认识到客户关系管理的重要性。

会展客户关系管理不仅可以打造更强大的客户数据库,还可以帮助会展企业树立"以客户为中心"的战略思维,培养"以客户服务为导向"的服务意识。客户关系管理的实施,是会展公司管理思想、服务意识、业务流程等各个环节全面转型的过程。在经营思路上,会展公司的重点不再是盲目扩张,而是分析有价值客户的需求,及时推出针对性服务,然后通过高满意度服务维系客户,尤其是那些能够带来高回馈的大客户。通过客户关系管理的实施,员工的服务意识也将发生质的飞跃,各部门将树立"协同工作、共同为客户服务"的理念。会展公司可以实施各种客户关系管理策略,在客户与会展公司之间建立广泛的沟通接口;还可以根据客户的实际需求,制定相应的营销策略,开发新产品和服务,增加客户消费、价值、满意、信任、归属和忠诚,提升会展企业的经济效益和核心竞争力。

第二节　会展客户关系管理的概念及特点

一、会展客户关系管理的概念

会展主办方的客户关系管理理念和业务都是通过良好的客户关系平台管理所展现出来的。会展客户关系管理工作从了解 CRM(Customer Relationship Management,一般译作"客户关系管理")开始,所以,对 CRM 的认识是会展管理客户关系的起点。

(一) 会展 CRM 的定义

会展客户关系管理(CRM)是会展企业总体战略的一种,它采用先进的数据库和其它信息技术来获取顾客数据,分析会展顾客(参展商、专业观众和普通观众)行为和偏好特性,积累和共享顾客知识,有针对性地为顾客提供会展产品或服务,动态发展和管理会展主办方与顾客关系,培养顾客对企业的长期忠诚度,以实现顾客价值最大化和会展企业收益最大化之间的平衡。

(二) 会展 CRM 的核心

会展客户关系管理的核心是"以客户为中心"。CRM 通过满足客户个性化的需要、提高客户忠诚度,实现缩短销售周期、降低销售成本、增加收入、拓展市场,以达到全面提升企业赢利能力和竞争能力的目的。任何企业实施客户关系管理的初衷都是为了给顾客创造更多的价值,即实现顾客与企业的"双赢"。

二、会展客户关系管理的层面及内涵

(一) 会展 CRM 的三个层面

考虑 CRM 系统的内涵需要从多个层次和足够明确的战略意识出发。CRM 系统内涵模型清晰地显示出,CRM 是会展企业以客户为中心的竞争战略,在这个战略高度上,CRM 分为三个层面:理念层、体制层、技术层。

其中,理念层是 CRM 成功的关键,它是 CRM 实施应用的基础和土壤;体制层是决定 CRM 成功与否、效果如何的直接因素;技术层是 CRM 成功实施的方法和手段。如图 1-2 所示,三者构成 CRM 稳固的"铁三角"。

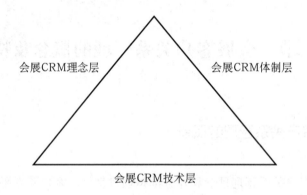

图 1-2 会展 CRM 的三个层面

1. 理念层

CRM 管理系统理念层是会展企业从多方面去考虑客户需求和感受的新态管理指导思想,并通过会展企业的管理模式、管理文化、管理思想等方面来强调客户对企业重要性的体现。

理念层不仅是 CRM 的实施基础,也是 CRM 的战略目标。会展企业将理念层作为实施 CRM 项目的战略基础,明确操作项目目标,成功率会相对较高。

2. 体制层

CRM 管理系统体制层是创新的企业管理模式和运营机制,主要从结构、组织和流程方面确保以客户为中心的客户关系理念得到实际应用。

体制层是对理念层付诸执行的表现,同时也是确保CRM理念层得到实现的制度和机制。

3. 技术层

CRM管理系统技术层是企业管理中信息技术、软硬件系统集成的管理方法和应用解决方案的总和。顾名思义,CRM的技术层是以软件的形式展现出来的集成平台,该平台通过技术手段功能把客户为中心的理念体现出来,将业务流程固定。

技术层不仅需要在技术方面保证客户中心体制得以正常运行,还能和体制层一起保证这个概念得以实现,从而达到对理念层和体制层的支持。

如果没有正确的管理思想来管理行动,会展主办方就不会成功实施CRM管理,因此正确的理念非常重要。但是只有正确的理念也不能保证CRM的成功,这必须要从流程和技术上提供保证机制,结合技术手段来约束人的行为以符合CRM的理念,最终实现CRM理念的目的。更好地理解客户管理系统的理念层、体制层、技术层三者关系有助于会展企业将CRM三个层次融会贯通。

(二) 会展CRM的内涵

会展CRM的内涵包括三项内容:会展客户价值、会展关系价值和会展信息技术。其相互关系如图1-3所示:

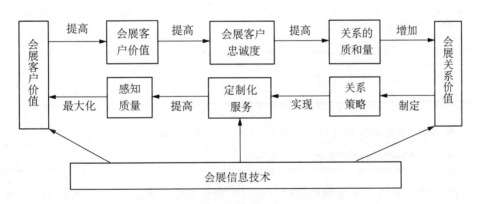

图1-3 会展客户关系管理的内涵

为顾客创造价值是任何客户关系管理战略必须具备的理论基石;在建立客户关系时,会展企业必须考虑关系价值,即建立和维持与特定顾客之间的关系能否为企业带来更大的价值;信息技术不仅支持了顾客价值最大化和关系价值管理这两项活动,而且支持了两者之间的互动过程。

会展客户关系管理的目的是实现客户价值最大化和企业收益最大化之间的平衡。

三、会展 CRM 的分类

根据目前市场上流行的功能分类方法,可将会展 CRM 应用系统分为运营型(Operational)、分析型(Analytical)和协作型(Collaborative)三类。

(一) 运营型会展 CRM

1. 运营型会展 CRM 的概念

运营型会展 CRM 也被称为会展"前台"客户关系管理,涉及会展企业与会展客户直接接触的各个方面,将互动视为客户"接触点",这些接触点可以是一个"输入"联系人,也可以是一个"输出"联系方式。运营型 CRM 系统的主要应用目的是为日常工作中直接面对客户的相关部门共享客户资源,减少信息流保留点,统一视图面向客户。

2. 运营型会展 CRM 的功能

运营型会展 CRM 主要解决客户资源问题,围绕会展客户信息让各部门协同工作,最看重的是解决问题的能力,如表 1-4 所示:

表 1-4 运营型会展 CRM 需要解决的问题

序号	内容
①	如何收集会展客户信息?
②	谁来收集会展客户信息?
③	收集什么样的会展客户信息?
④	所有与特定会展客户相关的信息是否整合过?
⑤	会展企业前台管理各部门是否树立了"以客户为中心"的理念?
⑥	可以为不同的会展客户提供不同的服务吗?

运营型会展 CRM 使企业能够在网络环境中电子化地完成从市场、销售到服务的整个业务流程。它主要包括以下五个功能:

(1) 销售套件。销售套件为企业管理销售业务的全过程提供了丰富而强大的功能,包括销售信息管理、销售流程定制、销售流程监控、销售预测、销售信息分析等。运营型会展 CRM 销售套件将成为销售人员关注客户、抓住机会、完成销售并帮助提高销售能力的有力工具。对企业来说,运营型会展 CRM 销售套件的典型作用是帮助管理跟踪从销售机会产生到结束的整个销售阶段的信息和行动。

(2) 营销套件。营销套件可以帮助企业从头到尾了解营销活动的运作。它提供了营销活动信息管理、计划预算、项目跟踪、成本明细、响应管理、效果评估等功能,助力企业管理者了解所有营销活动的有效性和投资回报。

(3) 服务套件。

服务套件能帮助会展企业以最低的成本为客户提供周到、及时、准确的服务，提供服务请求和投诉的产生、分发、解决、跟踪、反馈、回访等相关服务环节的闭环处理模式，帮助企业留住老客户，开发新客户。

(4) 电子商务套件。运营型会展 CRM 电子商务套件可以帮助会展企业整合门户网站和各种业务渠道，开发新的销售渠道和业务处理方法。

(5) 产品核心平台。运营型会展 CRM 平台是产品的基础核心平台，可实现产品的基础数据维护、安全控制、动态配置和工作流定制。

3. 运营型会展 CRM 的应用目的

应用运营型会展 CRM 的主要目的是加强与客户的联系和沟通。运营型会展 CRM 为会展客户提供了统一的客户联系平台。只要客户有接触企业，企业便可以利用这个平台实现内部共享信息。在必要的情况下，企业内部的任何部门都可以快速获得不同部门对同一客户要求的处理情况。它还为客户提供了多种联系渠道寻求技术支持和服务，并反馈消费者的意见和期望。

4. 运营型会展 CRM 的使用人员

运营型会展 CRM 应用系统是客户关系管理软件中最基础的应用模块，它为下面的人员提供了便捷。

(1) 销售人员。销售自动化需要销售人员及时提供客户的详细信息。业务包括订单管理、发票管理和销售机会管理等。

(2) 营销人员。营销自动化是运营型会展 CRM 的一个关键组成部分，其中促销活动管理工具可用于计划、设计和执行各种营销活动，识别潜在客户，并自动将他们集中在一个数据库中，并通过自动调度功能将他们分配给销售人员。

(3) 现场服务人员。服务自动化，包括自动调度工具、设备管理、服务合同及保质期管理、维修管理等。

可见，运营型会展 CRM 应用模块在功能上类似于 ERP(Enterprise Resource Planning/企业资源计划)，是提高员工工作效率的应用工具。与分析型会展 CRM 相比，销售服务和营销推广模块虽然具有一定的统计分析能力，但它是浅层的。此外，运营型会展 CRM 不包括员工与客户之间相互交互的应用。

(二) 分析型会展 CRM

1. 分析型会展 CRM 的概念

分析型会展 CRM 也被称为"后台"或"战略"客户关系管理，指的是了解发生在前台的客户活动。通过前台销售自动化、营销自动化和客服支持的协同作用积累了大量的客户信息资源,分析型会展CRM的作用就是使这些资源、产生的大量交易数据从前台提取有价值的信息,为会展企业经营和决策提供可靠的定量依据,并对未来趋势做出必要的预测,是一种企业决策支持工具。

分析型会展CRM需要诸多先进的数据管理和数据分析工具,如数据仓库和数据挖掘。数据分析的目的是真正了解会展企业的客户。

2. 分析型会展CRM的功能

分析型会展CRM应该包括大量的跨功能数据,通常存储在数据库中,来自不同来源的企业数据将有助于业务分析。具体来说,分析型会展CRM应具备以下功能:

(1)促销管理。促销管理功能使CRM能够存储和管理与销售活动相关的信息,将客户交易和互动转化为有意义的和有利可图的销售机会。

(2)服务管理。个性化和标准化服务是CRM的目标之一。为了使客户得到真正优质的服务,企业应该采取各种手段来满足客户的个性化需求,实现服务的标准化。CRM能为销售人员提供复杂的盈利能力评估规则、条件和公式,帮助组织建立最佳的处理模式和确定沟通方式。其调整优化功能还可以指导和帮助营销人员根据信息的优先级和采取行动的资源准备情况提高生产效率。

(3)数据管理。客户分析功能应使CRM具有一定的智能数据分析功能,通过这些功能使销售人员能够完整、方便地了解客户信息的总图,为销售活动的扩展提供方向性指导。此外,客户行为分析功能使销售人员能够跟踪销售活动的执行情况,了解此类活动的内容和结果信息对客户的实际影响。一个好的分析型会展CRM软件应该能够瞄准特定的客户,并通过简单的鼠标点击建立新的细分市场。

客户建模功能主要是基于客户的历史数据和影响未来购买趋势的交易模式构建预测模型。从技术角度来看,客户建模主要是通过信息分析或数据挖掘来实现的。此外,机器学习和神经网络也是重要的客户建模方法。客户建模的结果可以形成一个完整的规则库。客户建模功能可以使企业充分利用分析型会展CRM的知识处理能力,帮助企业建立成熟有效的统计模型,准确识别和预测有价值的客户沟通机会。一旦建立了这个模型,企业就可以评估每个客户的价值,并在正确的时间以正确的方式与该客户进行沟通,从而创造更多的盈利机会。

(4)沟通管理。客户沟通功能有协调作用。当该客户的某一行为触发某一规则时,会提示企业发起相应的通信活动。沟通功能整合了来自企业各个层次的各种信息,帮助企业计划和实施不同部门的不同产品高度整合的销售活动。

3. 分析型会展CRM的应用目的

分析型会展CRM注重对客户数据的分析,使企业能够更清楚地了解客户的类型以及不同类型客户的准确需求,从而最大限度地挖掘客户的潜力,更好地服务客户。建立良好客户关系的最好方法是整合一个覆盖整个企业的 CRM 系统,运营型会展 CRM 提供多种联系方式,分析型会展 CRM 提供数据深入了解客户,达到区别对待不同客户的目的。而经过不同处理后的反馈数据,可以通过运营中的 CRM 重新收集,从而回收并不断优化客户关系。

如果说运营与协作型会展 CRM 是企业的臂膀,那么分析型会展 CRM 就是企业的大脑。与运营型会展 CRM 系统不同,分析型会展 CRM 系统不需要直接与客户打交道。

4. 分析型会展 CRM 的运作流程

根据分析型会展 CRM 的特点,分析型会展 CRM 的构建首先需要信息收集部分,然后是信息管理、信息处理和信息利用部分。分析型会展 CRM 的组成如图 1-4 所示。

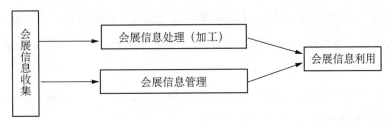

图 1-4　分析型会展 CRM 的组成

通过对这些步骤的操作,分析型会展 CRM 可以对这些问题做出正确的评价,方便决策者和分析人员正确理解。这些应包括:

- 哪些活动可以赢得更多更好的客户?
- 最优秀的客户有哪些?
- 如何才能达到最好的宣传效果和宣传业绩?
- 哪些客户是我们需要投入精力来挽留的?
- ……

正如著名的客户关系管理专家史蒂芬(Robertson Stephen)曾经说过:"我们认为分析型客户关系管理有两个核心功能:第一,使用准确且易于使用的报告工具来分析和理解客户数据;第二,在这些数据的基础上,以正确的方式、正确的时间,通过正确的渠道,定制产品、服务和相应的交互,满足客户的需求。如果将上面 CRM 的组成具体化,结合会展的实践活动,可以把图 1-4 改为图 1-5 更为直接的形式。

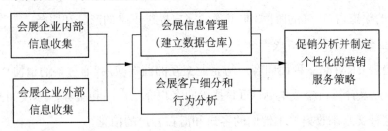

图 1-5　分析型会展 CRM 的运作

(三)协作型会展 CRM

1. 协作型会展 CRM 的概念

协作型会展 CRM 是指会展企业与会展客户直接互动(通常通过网络)的一种状态。它可以提供全面的客户互动服务,收集客户信息,与各种客户形成沟通渠道。协作型会展 CRM 强调互动,通过使用多样化、多渠道的沟通工具,使会展企业的各个部门能够与客户一起完成某项活动。

2. 协作型会展 CRM 的功能

协作型会展 CRM 解决方案将实现全方位的客户互动服务和客户信息收集,实现各种客户沟通渠道的整合,确保企业和客户都能获得完整、准确、一致的信息。其主要功能如下:

(1) 电话接口。可提供与世界先进水平电话系统集成的接口;支持 Dalogc、Lucent 等 CTI 中间件。

(2) 电子邮件和传真接口。可与电子邮件和传真集成,收发电子邮件和传真;可自动生成电子邮件,确认收到信息等。

(3) 网上互动交流。加强与网站服务器的整合,以支持互动浏览、个性化网页、网站调查等功能。

(4) 呼出功能。支持电话营销/电话营销功能,如预测拨号、连续拨号和预拨号。

3. 协作型会展 CRM 的应用目的

协作型会展 CRM 注重协同工作,适用于注重服务和频繁客户沟通的企业。主要作用是整合联盟各部门之间的各种沟通和协调渠道。其过程是:

- 首先,CRM 的操作功能是从客户的各种"接触"将客户的各种背景、数据收集和整合;
- 然后,利用在线分析和数据挖掘等技术从数据中分析和提取相关规则、模式或趋势;
- 最后,利用相应的动态报表系统和企业信息系统,有效地传递和共享整个企业关于客户的信息和知识。

这些信息和知识将转化为战略和战术行动,以提高所有渠道的客户互动的有效性和目标,通过正确的渠道,在正确的时间,向正确的客户提供正确的产品和服务。

4. 协作型会展 CRM 的组成部分

协作型会展 CRM 是一种面向客户与企业交互的前端应用,通过多通道协作和交互式语音应答(IVR)以及计算机集成电话(CTI)技术向客户介绍产品和服务。不仅如此,会展企业还可以使用这种交互来收集关于他们的客户和潜在客户的信息。

图 1-6 是四川省先创科技发展有限公司提供的协作型会展 CRM 解决方案。

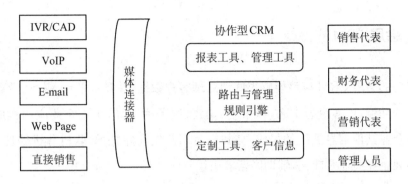

图 1-6　协作型 CRM 的组成模型

协作型会展 CRM 功能由媒体连接器、路由与管理规则引擎和桌面应用组成,外在的表现形式是移动桌面、Web 接入和 Call Center 接入。

会展 CRM 的移动桌面是真正的移动桌面,它不需要网络的支持,只要有笔记本电脑,就可以帮助用户离线采集数据,在需要作数据同步时,则与企业的 CRM 数据库连接,实现数据装载或从系统获取数据。

会展 CRM 的 Web 接入服务,使得企业可以将客户信息采集、客户自助服务和代理商管理等许多业务功能在 Internet 上实现。Web 上产生的数据都将集成到企业的 CRM 数据库中。

(四) 各类会展 CRM 的关系及定位

在实际会展 CRM 项目的运行中,运营型、分析型和协作型三者相辅相成,如图 1-7 所示。

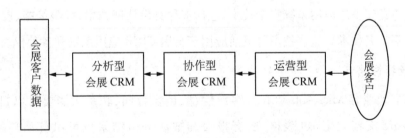

图 1-7　三种不同类型会展 CRM 的关系

如果将会展客户关系管理比作一个完整的人,那么运营型会展客户关系管理是肢体,分析型会展客户关系管理是大脑和心脏,协作型会展客户关系管理是感官。

目前运营型会展 CRM 产品占会展 CRM 市场份额的绝大部分。运营型会展 CRM 解决方案虽然是企业业务流程自动化、企业与客户之间沟通与合作的基本保证,但随着客户信息的日益完善已经难以进一步满足企业的需求,在现有会展 CRM 解决方案的基础上扩展强大的商业智能和分析能力尤为重要。因此,分析与协作型会展 CRM 无疑将成为未来市场的热门需求。

四、会展 CRM 的特点

一个成功的会展 CRM 应该能够很好地处理客户数据,并具备平台、联系、运营和业务分析四个层次的功能,以客户为中心,以市场、销售、服务为主导,采用企业应用集成(EAI)等方法实现与企业其他信息系统的集成。同时,运用数据仓库技术、联机分析处理技术、数据挖掘技术实现企业商业智能化,辅助经营者决策。

良好的会展 CRM 软件系统一般具有以下特点。

(一)灵活性管理

CRM 所提供的工作流模块功能强大,使用灵活,操作简单。它不仅可以定义和修改工作流,还可以监控工作流程和重新定义流程。同时,还可以对操作过程的在线日志进行管理,以便查询和评估工作效率。

(二)预见性分析

会展 CRM 可采用数据仓库技术、联机分析处理技术、数据挖掘技术,通过大量现有客户信息来预测客户未来的行动,帮助企业在正确的时间向客户销售正确的产品和服务。

智能客户分析系统一般包括客户分类分析、市场活动影响分析、客户联系时机优化分析、增量销售和交叉销售分析。

(三)安全性技术

拥有一整套完整的应用系统安全技术,包括多种身份认证技术、权限策略、授权机制、数据加密和数字签名技术。这些技术可灵活应用于会展 CRM 应用系统和各种模块。

(四)兼容性格式

它可以有效兼容 Microsoft Office,客户信息、销售合同、联系人摘要可以自动生成用户选择的 Word 文档或 Excel 表格,所有报表和智能分析结果也可以自动转换为 Office 文档。

(五)联网性架构

所有与客户交互的模块都基于 Internet,使企业的各种业务操作都可以"随时随地"进行。

(六)延展性集成

由于会展企业应用了集成(EAI)和数据仓库技术,使得会展 CRM 系统具有良好的可扩展性。

本章小结

通过本章的学习，掌握会展客户关系管理（CRM）的概念，明确"以客户为中心"始终是会展CRM的核心所在。理念、体制和技术三个层面共同构成了会展CRM稳固的"铁三角"，只有真正清楚三者关系，才可能成功实现会展CRM价值。

会展经济是一个国家发展到一定程度的必然产物，而且是富国、富市必然出现的一种经济形态。从微观层面出发考虑，会展管理者要牢固树立七大观念。

在我国，会展客户关系管理对会展业发展至关重要，而目前我国仍处于会展管理的初级阶段。客户关系对会展企业自身的生存与发展具有至关重要的作用。因此，会展企业应该树立"以客户为中心"的营销理念，认识到客户关系管理的重要性。

 **练习题**

1. 客户关系管理的概念是什么？核心是什么？
2. 会展客户关系管理有几个层面？
3. 会展客户关系管理的内涵是什么？
4. 会展CRM的分类有几种？请分别阐述。
5. 会展分析型CRM的功能有哪些？
6. 从微观层面出发，会展管理者应牢固树立哪七大观念？
7. 会展客户可划分为哪几种类型？
8. 简述会展客户关系管理的必要性。

案例分析

广州白云国际会议中心的服务营销

近年来，在倡导节俭、务实的新会风下，整个会议产业市场面临着挑战。处于会议产业链中下游的白云国际会议中心主动创新转型，使产品与服务更加贴近市场、更具竞争力。

白云国际会议中心改变了营销策略，面向市场重新定位，对目标客源、价格体系、渠道推广、团队建设等做出了调整，并运用价格杠杆盘活场地资源，提升综合收益。通过服务营销，白云国际会议中心集中依照"将顾客价值置于不可动摇位置"这一核心理念来开展运营工作，实现最大的经济效益。

一是精准把握客户需求,持续改进产品与服务。总经理深入一线服务客户,精细督导接待工作,及时掌握客户需求的第一手信息,并反复根据客户需求调整优化服务,最终吸引会议团队。同时,在满足会议团队餐饮需求的同时,最大程度地拓展社会散户。

二是加强客户关系管理,大力拓展商务大客户。总经理亲自抓营销,每周定期梳理客户档案资料,动态更新客户数据库,运用大数据思维和专业CRM等管理软件,每天过问营销业绩、客户需求和反馈意见,将营销工作作为首要任务。亲自协调解决营销问题,通过努力打造在白云国际会议中心办会"有规模、有影响力"的品牌效应。最大限度提升客户的价值,提升主办方的满意度,成功将其转化为忠诚客户。

三是注重对客服务品质,提升宾客参会体验。将"绿色+休闲"概念植入产品与服务,改造美化绿色生态环境,丰富功能配套项目;针对会议团队新特点创新入住模式和用餐安排。利用流水线作业、移动设备服务等手段,减少办理入住时间。应用酒店管理系统和微信平台,将精细化管理工作常态化,提升运营效率和增强顾客体验。实现对顾客的服务等待时间下降30%,工程维修响应效率提升30%,客房服务效率提升35%,网络宾客满意度不低于95%。

四是加强企业品牌传播,展现专业化服务形象。以岭南东方酒店品牌标准为导向,完善会议中心运营管理体系,提升高端服务能力和接待标准,改建服务质量和提高顾客满意度;通过举办国际性、区域性大会提升业界地位和品牌知名度。通过展会推介、行业交流、新媒体应用和宣传手段手册等渠道,主动将区域品牌向全国性品牌推广。凭借优质贴心的服务,进一步提升了市场价值和品牌知名度,形成了服务—品牌—传播—服务的良性循环。

资料来源:庞华.《会议运营与服务管理》[M].北京:中国旅游出版社,2018

思考题

1. 案例中广州白云国际会议中心是如何践行会展CRM的三个层面的?
2. 通过广州白云国际会议中心的实践成果,你认为会展CRM的必要性体现在何处?

第二章

会展客户关系营销

 学习目标

- 了解会展客户关系营销的概念及理论基础
- 熟悉会展客户关系营销的市场模型、层次及价值测定
- 掌握会展客户关系营销的实施原则、对象、途径

 重要概念

会展客户关系营销	会展目标市场营销	会展关系营销
会展数据库营销	会展一对一营销	会展企业内部市场
会展企业相关利益者市场	会展客户让渡价值	会展忠诚客户

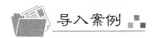

汉诺威成为世界展览中心城市的启示

世界展览中心城市需要在三个维度上取得突破,汉诺威成为世界展览中心城市的三项核心指标,世界级的商业大展、世界级的展览场馆和世界知名的展览主办企业等都非常亮眼。

汉诺威在 2016 年世界展览城市实力综合评价中排名第 4 位,这主要得益于汉诺威的展览场馆展能评价得分世界排名第 3 位、展览会发展指数世界排名第 3 位、组展商发展指数世界排名第 8 位,这份排名显示出汉诺威在展览业发展方面非常均衡。

另外,世界展览中心城市打造需要发挥政府的作用。汉诺威能为成为世界展览中心城

市,离不开下萨州政府和汉诺威市政府发挥的作用,汉诺威展览中心是由汉诺威市政府投资建造,汉诺威展览公司也是由下萨州政府和汉诺威市政府联合投资;在汉诺威举办的众多世界级展览会主要也是由政府主办推动发展起来的,如汉诺威工业博览会等。德国联邦政府、下萨州政府和汉诺威市政府对展览业的主导和推动作用,还体现在政府为展览业的发展营造了良好的国际国内舆论环境,在国内外营销汉诺威的展览会,起到了超级宣传员的作用。

汉诺威成为国际展览中心城市,既离不开政府的强力主导和推动,也离不开充分发挥市场机制的作用,更与汉诺威展览企业不断推进市场化经营、国际化经营和规模化经营密不可分。

资料来源:刘明广,罗巍.《国际会展业经典案例》[M].北京:清华大学出版社,2019

第一节 会展客户关系营销概述

一、会展客户关系营销的概念

会展客户关系营销是指在展会营销活动中,通过与参展商、专业观众、政府机构和行业协会等建立良性互动、长久的关系,达到拓展市场、维持客户长久关系、保持客户高度忠诚,最终达到"双赢",实现会展公司可持续发展。

二、会展客户关系营销的理论基础

要正确理解会展客户关系营销的概念,必须先了解关系营销。营销观念与关系营销是会展客户关系营销的理论基础。

(一)营销观念的发展演变

营销观念是指企业拓展市场,实现经营目标和销售目标的根本指导思想。它是企业的思维方式和经营理念,直接关系到营销活动的成败和企业的兴衰。营销观念的意义在于指导企业在整个经营过程中如何处理与客户、社会和其他利益相关者的关系,其核心问题是:企业开展生产经营活动的中心是什么。

营销观念随着市场活动的出现而产生,随着市场活动的发展而演变,大致经历了三个阶段:

表 2-1 营销观念发展演变的三阶段

阶段	时间	内容
阶段一：以生产为导向	19 世纪末—20 世纪 20 年代	· 由于生产力水平低下，导致社会产品的供给不足，市场环境时常表现为供不应求的卖方市场 · 制造企业将关注重点放在一味地追求如何让企业扩大生产、增加产值和降低产品成本，而不是消费者的需求上 · 这种观念追求在企业的经营活动中逐渐形成了以生产为中心的指导思想，即生产观念（也称生产导向）
阶段二：以销售为导向	20 世纪 20 年代到第二次世界大战结束	· 由于科学管理、技术进步以及随之而来的大规模生产的推动，商品产量迅速增加，市场环境开始由供大于求的卖方市场局面向外部供大于求的买方市场局面转变 · 企业管理的重心已经从只关注集中生产转变为重销售，关注"如何销售产品"这个中心问题 · 使得公司在经营活动中逐渐形成了以销售为中心的指导思想，即所谓的销售观念
阶段二：以客户为导向	1950 年以后	· 随着科学技术的发展，产品产量急剧增加，颜色和品种日新月异，市场竞争愈发激烈，生产与消费的矛盾日益尖锐，真正形成了不同于以往的供过于求的买方市场 · 在这种市场环境下，企业要想获得稳定的长期利润，首先必须从市场和消费者的个性需求出发 · 逐步形成"以消费者为中心"和"以市场为导向"的指导思想，即市场导向

"以客户为导向"是在实践过程中不断发展形成的，其先后出现了四个具体的营销观念：

表 2-2 "以客户为导向"的四个具体营销观念

观念	内容
市场营销观念	是"以市场为导向"型企业的基本指导思想。企业应该全力以赴研究和满足消费者的个性化需求，才能赢得长期利润。即在长期盈利的原则下，强调"以消费者为中心"的观点
生态营销观念	是指以消费者需求与企业优势相结合为中心的企业营销指导思想。强调企业要想在竞争中生存和发展，就应该像生物一样适应自然环境。企业要积极适应市场环境，扬长避短，充分发挥优势，生产经营适合市场的产品
社会营销观念	是一种现代市场观念，要求企业在满足消费者需求、赚取利润的同时，还要注意维护公众利益的责任。强调向市场提供产品的企业不仅要满足消费者的需求，还要兼顾和顺应消费者和整个社会的长远利益

(续表)

观念	内容
关系营销观念	是指企业与其客户、经销商、供应商等建立和加强关系,通过共同履行承诺和互惠互利的交流,使相关各方达到各自的目标。要求企业不仅要与客户和中间商保持良好的关系,还要保持长期的关系,这是关系营销的核心概念和核心内容。这种从追求纯粹的利润最大化到各方利益最大化的转变,不仅是关系营销的主要特征,也是现代营销发展的新趋势

从以上对营销观念转变过程的分析可以发现,营销观念转变的过程实质上就是不断强化客户地位的过程。正是为了适应这种变化,企业最终需要时刻关注客户需求,采取适当措施更好地满足客户需求,从而与他们保持长期的战略合作伙伴关系。

资料链接 2-1

会展市场营销的类别

随着经济社会的发展,技术的应用越来越成熟,会展客户也越来越成熟。他们不再被会展企业所主导,开始对会展企业提出更高、更个性化的要求。越来越多的会展企业认识到消费者是产品生产、渠道选择、售后服务等企业活动的决定性力量。毕竟,单靠企业的生产无法摆脱市场需求的制约,应该关注消费者的需求。会展企业也随之开始进入到了以客户为中心的市场营销时代。

表 2-3 会展市场营销的四个类别

类别	内容
会展目标市场营销	会展目标市场营销是指会展企业在进行市场细分并选定目标市场后,针对目标市场的特定需求,开发出与之相适应的营销组合,满足目标市场需求的过程。会展目标市场营销的3个步骤是:市场细分、目标市场选择、市场定位
会展关系营销	会展关系营销是指会展企业通过与市场营销伙伴、客户建立良好的关系,并依靠这种关系,比竞争者更有效地满足客户的需求,更快速地完成会展企业经营的过程
会展数据库营销	会展数据库营销是指企业通过建立、维持、利用会展客户数据库和其他数据库(产品、供应商、批发商和零售商等),与会展客户进行接触、交流信息和成交的过程
会展一对一营销	会展一对一营销是指在会展企业信息系统中建立人文关怀流程,帮助市场营销人员和产品设计人员更贴近参展商和观展观众,以提升产品或服务来满足会展客户的个别需求,体现人文关怀,达到价值最大化,其核心是以"客户份额"为中心,通过与每位客户的互动对话,与会展客户逐一建立持久、长远的"双赢"关系,为会展客户提供定制化的产品

(二) 关系营销的产生背景

关系营销是从"大市场营销"的概念衍生和发展起来的。1984年,科特勒提出了所谓的"大市场营销"概念,旨在解决国际市场进入壁垒问题。在传统的营销理论中,企业的外部环境被视为"不可控因素"。隐含的假设是,当企业在国际营销中面临各种贸易壁垒和舆论壁垒时,他们不得不无所作为且听天由命。因为现在贸易保护主义越来越盛行,传统的4P组合策略(4P是指Product、Price、Place和Promotion)已不足以打开封闭市场。要打开一个封闭的市场,企业不仅要运用产品、价格、分销、促销四大营销策略,还要有效地运用政治权力和公关两种营销手段。这种战略思维就叫做大市场营销。

关系营销的概念虽然直接来源于科特勒的"大市场营销"思想,但它的产生和发展也极大地受益于其他科学理论的运用、传统营销观念的扩展以及信息技术浪潮的推动。

1. 广泛借鉴其他学科基础

关系营销的概念首先是对其他科学理论的广泛借鉴。这种借鉴主要来自系统论、协同学的役使原理和传播学的交换理论。

表2-4 关系营销的三大学科基础

类别	内容
系统论	**系统论**将社会、组织和其他事物视为一个个系统,而这些系统又由若干子系统组成,整个系统的运行取决于这些子系统及其构成要素之间的相互依赖和相互作用。 根据系统论的观点,会展企业是一个由子系统组成的,并与其所处的环境系统具有可确认边界的系统。研究人员和管理人员需要了解子系统内部和子系统之间以及企业与环境之间的相互关系,从而确定变量之间的关系模式或结构,并采取有效措施保证系统的高效运行。如果是这种情况,企业营销就需要处理和管理上述关系。
协同学	**协同学**认为系统性质的变化是由于系统中各要素子系统之间的相互作用所致,任何系统运动都有两种趋向:一种是自发的无序运动倾向,是系统崩溃瓦解的原因;另一种是子系统间协调合作运动,是系统走向有序的原因。 当系统与环境进行物质、能量和信息交换时,自组织能力体现在对环境系统中各个子系统的控制和调整,使它们协同作用,和谐有序运行。这对于研究企业与外部环境的关系具有重要意义,也正是关系营销所寻求的利益好处。虽然系统具有自组织能力,但如何减少无序状态和无序状态维持的时间,无疑是对于关系营销具有现实意义的课题。
传播学	**传播学**认为,传播是关系中双方交换信息的符号传递过程,传播的最终目的是使信息的发送者和接收者的认识能够趋向一致。 企业与消费者之间的信息交流首先是企业必须了解消费者所拥有的信息形式和信息内容,然后通过一定的渠道和方法来明确消费者需要的信息,并使用一致的信息与消费者进行交流沟通,即"用同一种声音说话"。广告、促销、公关关系、直销、包装、媒体策划等所有营销活动构成了传播的全部意义,从这个意义上说,传播就等同于是营销,营销的过程也是传播的过程。

2. 有效拓展传统营销理念

传统营销理论以单个企业为分析单位,认为企业营销是利用内部可控因素影响外部环境的过程。内部可控因素汇总为 4P 组合,即产品(Product)、价格(Price)、分销(Place)、促销策略(Promotion)。营销活动的核心是制定和实施有效的营销组合策略。但实践证明,传统营销理念已经越来越难以直接有效地帮助企业获得经营优势。

因为没有一家公司可以独立提供运营过程中所有必要的资源,就会展企业来举例:

- 必须通过银行获取资金
- 从社会招聘人员
- 与科研机构进行交易或合作
- 通过经销商分销产品
- 与广告公司联合进行促销和媒体传播

不仅如此,会展公司还必须被更广泛的相关成员所接受,包括同行公司、社会、公众、媒体、政府、消费者组织、环保团体等(如图 2-1 所示)。公司无法应对所有自身所面临的环境压力。因此,企业与这些环境因素息息相关,构成了保证企业生存和发展的商业共同体。

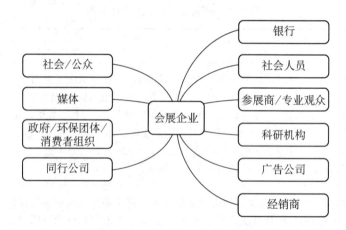

图 2-1　会展企业互动关系网络图

社区中的合作伙伴建立适当的关系并形成庞大的网络。对于大多数公司来说,公司的成功就是充分利用了这个网络资源的结果。这样,对企业资源的理解就从企业"边界"内延伸到企业边界之外,包括所有关系到企业生存和发展的组织、群体和个人,以及那些"节点",即他们之间的相互关系所构成的整个互动关系网络。这些关系的稳定是否能给网络成员带来利益,也就是实现"多赢"的结果,取决于有效的关系管理,包括利益的共享,以及伙伴之间通过"情感投资"关系等。

3. 有力加强信息技术驱动

现代信息技术的发展为各种营销伙伴关系的建立、维护和发展提供了一种低成本、高效率的沟通工具,解决了关系营销所必需的基本技术条件。

人们对关系营销的讨论和关系营销的实践由于技术的驱动已经从纯粹的客户关系扩展辐射到更广阔的企业与供应商、中间商、竞争对手、政府和社区之间的关系。这样,关系营销的市场范围就从客户市场扩展到供应商市场、内部市场、竞争者市场、经销商市场、网红市场、招聘市场等,从而大大拓展了传统营销的意义和范围。

三、会展客户关系营销的相关模型

(一)会展客户关系营销的市场模型

会展客户关系营销的市场模型概括了营销的活动范围,如图2-2所示。会展企业要想在这个行业立于不败之地,就必须了解六大市场,处理好它们之间的关系。

1. 会展企业客户市场

会展企业客户市场是六大市场模型的核心。会展企业的客户是会展企业生存和发展的基础,市场竞争的本质是对客户的竞争。

研究表明,在获得新客户的同时,企业还必须注意留住客户、培养和发展客户忠诚度。企业可以通过发展会员关系、数据库营销等多种形式,更好地满足客户需求,增加客户信任度,加强双方关系。

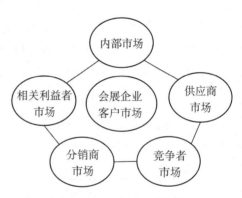

图2-2 会展企业客户关系营销的六大市场

2. 会展企业供应商市场

为了采购到必要的资源,会展企业必须和供应商形成紧密的合作网络。任何会展企业都不可能单独解决其生产和服务所需的所有资源。在实际的资源交换过程中,资源的构成是多方面的,至少包括人力、财力、物力、技术、信息等。

会展企业与供应商的关系决定了企业可用资源的数量、质量和速度。此外,会展公司在市场上的声誉也部分来自于与供应商形成的关系。

3. 会展企业内部市场

会展企业内部市场不仅包括直接为外部客户提供服务的服务人员,还包括企业市场部的销售人员,以及所有企业员工。

内部影响源于将员工视为会展企业内部市场的观念。因为在为客户创造价值的生产过程中,如果有任何环节出现低效率或低质量的问题,都可能影响最终提供给客户的价值。只有对自己的工作感到满意的员工才能展现出更高的效率和效益,为外部客户提供更优质、更舒适的服务,最终提高外部客户的满意度。因此,任一会展企业要想获得外部客户的满意,首先必须获得内部员工的满意。

内部营销与外部营销

随着经济全球化和网络时代的到来,企业在开展营销活动时,仅依靠外部营销已不再能适应环境的变化。只有把培育员工忠诚感的内部营销与培育客户忠诚感的外部营销相整合,才能增强企业应变能力,提高客户的满意度,培育真正忠诚的客户。

一、内部营销与外部营销的关系

1. 内部营销观念由外部营销观念发展而来

内部营销最早是由芬兰学者格鲁努斯和美国学者贝里于20世纪50年代初提出的。他们发现,服务人员的态度和行为直接会影响企业的经营绩效。企业要提高客户的满意程度,首先必须有满意的、忠诚的员工。而要培育忠诚的员工,企业就必须借助于企业运用于外部市场的营销手段和方法。

2. 内部营销是外部营销的基础,并服务于外部营销

客户满意与员工满意之间的关系,如图2-3所示:

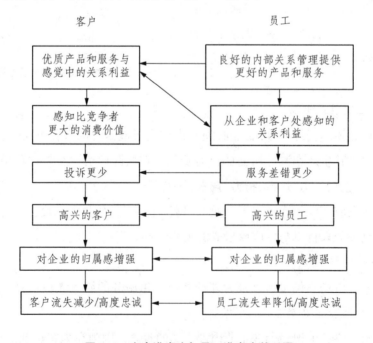

图2-3　客户满意度与员工满意度关系图

> 外部营销的成功实施是以全面开展内部营销为基础的。不论是工业企业还是服务型企业,员工对工作的满意程度直接决定了企业产品和服务的质量,从而也决定了客户的满意程度。
>
> 此外,外部营销在企业中通常是由专门的营销部门负责的,但在整个企业系统中,如果没有研发、生产、人力资源、后勤等部门的支持与协作,外部营销的开展将寸步难行。只有在企业中开展"通过满足其需要的工作来吸引、开发、奖励和保留合格的员工"的内部营销,外部营销才能更好地理解目标客户的需求,才能更好地为其提供个性化的服务。
>
> 3. 内部营销与外部营销、交互营销一起构成了企业营销战略整体
>
> 格鲁努斯指出,内部营销与外部营销和交互营销一样,是企业营销战略整体内在的组成部分,内部营销的目的是吸引并留住具有客户服务意识的优秀员工。从三者的功能来看,外部营销是指企业向客户提出承诺,而内部营销则是使员工具备履行承诺的能力,使其通力合作,以提高客户的满意程度。
>
> 资料来源:韩小芸,梁培当,杨莹.《会展客户关系管理》[M].北京:中国商务出版社,2008

4. 会展企业竞争者市场

在会展企业竞争者市场上,会展企业营销活动的主要目的是那些拥有可互补自己资源的竞争者的协作,实现知识的转移、资源的共享和更有效地利用。会展企业与竞争者结成各种形式的战略联盟,通过与竞争者进行研发、原料采购、生产、销售渠道等方面的合作,相互分担,降低费用和风险,增强经营能力。

种种迹象表明,现代竞争已发展为"协作竞争",在竞争中实现"双赢"的结果才是最理想的战略选择。

5. 会展企业分销商市场

分销商的支持对于会展的成功至关重要。销售渠道对现代会展企业来说无非是生命线。随着营销竞争的加剧,掌握了销售通路就等于占领市场。优秀的分销商是企业竞争优势的重要组成部分。

通过与分销商的合作,利用人力、物力、财力,会展企业可以用最小的成本实现市场的获取,完成会展产品的流通。

6. 会展企业相关利益者市场

会展企业相关利益者市场包括与会展企业存在着千丝万缕联系的金融机构、新闻媒体、政府、社区及消费者权益保护组织、环保组织等各类社会团体。

因此,会展企业有必要把它们作为一个市场来对待,并制定以公共关系为主要手段的营

销策略。

(二) 会展客户关系营销的三个层次

会展客户关系营销有多种表现形式,总体来说可分为三个层次。

表 2-5　会展客户关系营销的三个层次

层次	内容
一级关系营销	一级关系营销是会展企业通过价格和其他财务上的价值让渡吸引客户与会展企业建立长期交易关系,是最低层次的关系营销。 　主要手段是利用价格刺激增加目标市场。使用市场营销计划(如对客户给予财务奖励)就是典型的代表。
二级关系营销	二级关系营销是既增加目标客户的财务利益,又增加他们的社会利益的营销模式,在建立关系方面由于价格刺激,通过了解单个客户的需要和愿望,提供并使服务个性化和人格化来增加与客户之间的社会联系。 　主要手段是建立客户组织,以某种方式将客户纳入到企业的特定组织中,使企业与客户保持更为紧密的联系,实现对客户的有效控制。建立会展客户俱乐部就是典型代表。
三级关系营销	三级关系营销是使企业和客户相互依赖对方的结构性变化,增加结构纽带,与此同时附加财务利益和社会利益,要求提供的服务对关系客户有不能通过其他来源得到的价值,放弃关系将会付出很高的转移成本。 　主要手段是为关系维持添加足够价值,建立形成"双边锁定"。良好的结构性关系将提高客户转向竞争者的成本,同时也将增加客户脱离竞争者而转向本企业的利益。

关系营销的三个层次没有优劣之分,只有找到适合客户需要的方法就能够达到关系营销所倡导的效果,与客户建立长期、互利、稳定的"双赢关系"。

表 2-6　会展客户关系营销的三个层次的区分

层次	区分
一级关系营销	・较低层次的关系营销 ・短期对客户很有吸引力 ・长期难创造持久的客户关系,易因竞争失去客户
二级关系营销	・介于一级、三级之间的关系营销 ・服务个性化和人格化,增进客户的社会价值感知
三级关系营销	・高层次的关系营销 ・双方互惠互补互相依赖,为双方带来长期价值,会展企业获得持久竞争优势

(三) 会展客户关系营销的测定指标

1. 会展客户让渡价值

会展客户让渡价值(Exhibition Customer Delivered Value, ECDV)是会展客户的总价值与总成本之间的实际差值。客户让渡价值的概念最早由菲利普·科特勒提出。会展客户关系营销可以增加会展客户让渡价值。

参展商的参展选择基于两种利益。一是会展产品或服务本身的核心利益,二是参展的时间、地点、数量、品牌带来的额外利益。

整体会展客户价值包括会展客户在参展和消费过程中获得的所有利益。除了客户的货币成本外,总体客户成本还包括买方的预期时间、身心成本。

2. 会展客户维系成本

科特勒研究会展客户维系成本,提出测定的四个步骤,如图 2-4 所示:

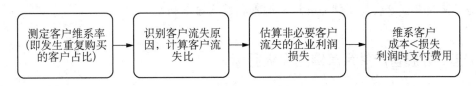

图 2-4　会展客户维系成本测定步骤

尽管客户流失总是存在,但丹尼尔·查密考尔这样分析"漏桶"原理:环境松散的时候,企业不注重维护客户,让客户像漏桶的水一样流走。这样,当买方市场形成时,企业就会受到影响。进攻性营销的成本大于防御性营销的成本,因此最成功的会展企业应该及时修补桶中的漏洞以减少会展企业客户流失。

四、会展客户关系营销的本质特征

会展客户关系营销将会展企业置于社会经济的大环境中进行考察,是会展企业视为与客户、供应商、竞争对手、政府和公众互动的过程。

会展客户关系营销的本质特征有:

1. 沟通双向性

在关系营销中,沟通应该是双向的,而不是单向的。社会学认为,人际关系是信息和情感交流的有机渠道。好的关系是通畅的渠道,恶化的关系会堵塞渠道。沟通可以由公司或营销目标开始。广泛的信息交流和信息共享,才能赢得各利益相关方的支持与合作。

2. 战略协同性

在竞争日益激烈的市场中,明智的营销经理强调与利益相关者建立长期互利互信的关系。在这种关系中,双方都有调整自己行为的空间(包括顺从和顺应两种选择),可以相互学习,取长补短,齐心协力,实现共同利益。

3. 营销互利性

关系营销是建立在双方利益互补的基础上的。如果任何一方都无法获得利益的满足,这种关系很容易破裂。因此,需要双方了解对方的利益,找到互惠互利的点,实现双赢。

4. 反馈及时性

关系营销需要建立专门的管理组织来跟踪利益相关者的态度。关系营销应该有一个反馈渠道,它的主要任务是连接关系中的两方,提供实时信息。

5. 利益长期性

发展关系营销的目的是为了不断获得长期的联系,所以要兼顾各方利益的整体最大化,而不是追求损害整体或长期利益的局部期限利益或短期利益。

五、会展客户关系营销的实施目标

会展客户关系营销实际上是一种双赢的策略。会展企业与会展客户之间存在着相互依存的关系,也存在着共同的利益。一方面,会展顾客为获得使用价值而付出价值;另一方面,会展企业交付产品使用价值以获取利润。

会展客户关系营销的核心是留住客户。会展企业通过关系营销网络的建立,在其成员之间建立起稳固的、相互依存的业务关系,并在此基础上开展营销活动,为客户提供满意的产品和服务,降低会展企业交易成本和时间,实现建立客户忠诚度、达到双赢、使得公司实现长期稳定发展的营销目标。

根据何尔曼·迪勒的说法,关系营销的目标是建立客户忠诚度而不是客户保留。因为不忠诚的客户一旦面临有其他选择的可能,他们就会离开。通过实施关系营销和培养客户忠诚度,不仅可以为公司带来丰厚的利润,还可以节省成本,增加利润空间。

第二节 会展客户关系营销的实施

一、会展客户关系营销的实施方案

(一)筛选合作伙伴

会展企业首先选择有价值且必须建立关系的合作伙伴。

例如,对于展会的活动组织者来说,哪些参展商或展会参观者必须建立联系,哪些是还需要进一步确认和确认之后再建立关系营销的重要参展商;对于参展商来说也是如此,要选择合适的专业买家,积极开发一些潜在的消费者(参观者)。

选择重要参展商的原则不仅是其当前的盈利能力,还有参展商未来的发展前景。展会主办方可以先选择5—10家最大的参展客户进行关系营销。如果其他参展客户的业务符合展会性质或能为展会带来如赞助等其他收入,也可以选择。

(二) 指派客户关系经理

会展公司应为每个选定的重要参展合作伙伴指派专门称职的客户关系经理,负责展览相关事宜,这是建立关系营销的关键。每个会展客户关系经理一般只管理一个或几个客户,并指派一名总经理管理客户关系经理对其负责。

会展客户关系经理对会展客户负责,是有关客户的所有信息的聚集点,是会展公司服务客户的动员者,为服务客户的销售人员提供关系营销方面的培训。会展总经理负责制定客户经理的工作职责、考核标准、资源支持等,提高客户经理的工作质量和效率。

(三) 制定工作计划

为与会展企业相关方进行适时的沟通,会展公司必须分别制定长期和年度工作计划。该计划应确定客户关系经理的职责,明确其报告关系、目标、职责和评价标准。每个客户关系经理还必须制定长期和年度客户关系管理计划。年度计划必须确定目标、战略、具体行动计划和所需资源。

(四) 了解客户关系变化

会展企业必须设立专门部门,对参展商、展会观众、展会活动供应商等营销系统参与者的态度进行跟踪,以了解客户关系的动态变化。同时,会展公司通过信息反馈和客户关系跟踪来确定客户的长期需求,密切关注合作伙伴变化,了解他们的关注点。在此基础上,会展公司一方面要调整完善客户关系营销策略,进一步巩固相互依存的伙伴关系;另一方面,要及时采取措施,消除客户关系中的不稳定因素和增加有利于各方利益共同增长的利益因素。此外,通过有效的信息反馈,会展公司将改进产品和服务,更好地满足市场需求,更好地组织展览活动或会议、展览、节事活动等。

二、会展客户关系营销的实施措施

(一) 组织设计

为了在内部协调部门间、员工间的关系、向社会发布信息、处理意见等,通过有效的客户关系营销活动,使展览公司的目标得以顺利实现,展览公司必须遵循六大原则,即正规化原则、适应性原则、针对性原则、整体性原则、协调性原则、效益性原则,为展览企业建立客户关系管理机构。该机构除协调内外关系外,还负责收集信息,参与展览公司的决策和前期策划。

(二) 资源配置

人力资源的配置主要通过部门间人事转换、内部晋升、跨业务部门座谈会等方式进行。信息资源的共享方式主要有:利用计算机网络,制定政策或帮助减少信息过载,建立"知识库"或"回复网络",组建"虚拟团队"。

(三) 效率提升

关系双方所处环境的差异,会影响双方关系的建立和交往。当跨文化的人进行交流时,他们必须克服文化障碍。对于企业文化不同的会展公司来说,文化融合对双方能否真正协调经营有着重要影响。关系营销是在传统营销的基础上,融合多种社会学科的思想而发展起来的,融合了系统论、协同学、传播学等思想。关系营销的特点是,对于现代公司来说,除了处理好公司内部的关系,还可以与其他会展公司结成联盟。会展公司营销过程的核心是建立和发展会展参观者和节事活动供应商、其他展览组织者、竞争对手、政府机构和其他公众的良好关系。无论在哪个市场,各种社会关系都起着非常重要的作用,甚至成为会展公司营销活动成败的关键。因此,关系营销越来越受到会展企业的重视。

三、会展客户关系营销的实施原则

这里的客户不再指狭义客户,而是会展企业营销中的所有相关方。会展客户关系营销的本质是与营销中的所有相关方建立长期稳定的相互依存的会展营销关系,从而实现相互协调发展。因此,必须遵循以下原则:

(一) 主动沟通原则

在关系营销中,所有关联方应主动联系和接触其他关联方,相互交流信息,了解情况,形成制度或以合同形式定期或不定期会面,就变更的情况、关联方的需求相互沟通,主动为关联方服务或解决困难和问题,加强合作伙伴关系。

(二) 承诺信任原则

在关系营销中,各方应相互作出一系列书面或口头承诺,并以自己的行动兑现承诺,以赢得各方的信任。承诺的本质是自信的表达,兑现承诺就是把誓言变成行动,是维护和尊重关联方利益的体现,也是取得对方信任的关键,也是会展公司(企业)与关联方保持着和谐的伙伴关系的前提与基础。

(三) 互利互惠原则

在与关联方互动的过程中,必须满足关联方的经济利益,在公平、公正、公开的条件下,关联方可以通过成熟、优质的产品或价值的交换获得利益。

作为一种营销方式和手段，关系营销的最终目标是不断追求企业利润的最大化，因此，应根据实际情况选择合适的营销策略。这不仅需要整合营销资源和高性价比的产品和服务，以保持与客户的长久关系，还需要处理好与社会组织、公众和政府职能部门的关系。只有这样，才能显示出关系营销在会展行业的旺盛生命力和广阔的应用前景。

四、会展客户关系营销的实施对象

会展客户关系营销将会展公司的业务活动扩展到更广泛的领域，使会展公司的营销活动从简单的组织客户和进行交易发展到维护与参展商、专业买家、供应商、相关展览组织者和竞争对手、政府职能部门等方面的关系网络。营销方式和目标已经从过去通过对手竞争、价格竞争等方式转变为通过合作或提供"错位"物资，从过去的追求短期和局部利益最大化转变为追求长期的、整体的双赢。

五、会展客户关系营销的实施途径

现代营销的发展表明，会展客户关系营销的实质是对客户及其他利益群体关系的管理。会展客户关系营销的宗旨是从客户利益出发，努力维持和发展良好的客户关系。因此，会展客户关系营销的中心归根结底就是建立和发展营销网络、培养客户忠诚、降低客户转移率。

从营销理论和实践看，关系营销的实施途径包括以下七个方面：

(一) 提高客户忠诚

营销大师菲利普·科特勒在《市场营销学》一书中提到著名的"80/20"法则，即80%的销售额来自于20%的企业忠实客户。

传统的会展交易营销过于追求短期的利润评估，一味地盯着新客户，在很大程度上忽略了客户是否满意，在开发新客户的同时流失了老客户，这是非常不经济的做法。而会展客户关系营销在注重一次性交易的同时，更注重老客户的满意问题，这样做的好处是明显的。

会展忠诚客户是指对某个会展企业有一定偏好，并可能长期反复参与并购买其办展服务和产品的客户群。他们不仅对同一会展主办方提供的典型产品有热情，也更愿意接受他们的扩展产品。这类忠实客户具有很强的示范效应，在他们的影响下，更多的人会关注他们的忠诚行为，或者在他们的指导下进行购买或成为新的忠诚客户。因此，忠实客户可以被视为同一消费群体的意见领袖。

（二）增加让渡价值

会展客户的让渡价值是指会展企业转移的客户感受到的实际价值。一般表示为会展客户购买总价值与总成本之差。由此，提高会展客户获得的总价值是使会展客户获得更大"让渡价值"的途径之一。在现代市场经济条件下，会展企业能否维持现有客户群的关键在于其提供给参展商或专业观众的"客户转移价值"。

为了增加"让渡价值"，企业应考虑从以下三个方面来入手：

一是企业要深入分析生产经营等各种因素，积极寻求降低成本、增加客户总价值的途径，用这些可能的途径来替代较高的生产成本和营销费用，为客户提供更具"客户转移价值"的产品；二是识别不同客户群对产品价值的期望和对各种成本的不同重视程度，根据不同客户群的需求差异有针对性地增加客户总价值，在增加产品的实用价值的同时降低客户总成本；三是争夺客户以及追求"客户让渡价值"最大化的行为往往导致成本的增加和利润的减少。因此，尽管企业身处于市场营销的优化实践中，也应考虑适度增加"客户让渡价值"，以确保过度的"客户让渡价值"所带来的利益超过因此而增加的成本费用问题。

（三）提升关系层次

会展企业与客户之间的关系可分为依次递进的三个层次，即财务层次、关系层次和结构层次。其相应方式与特点，如表 2-7 所示。

表 2-7　会展企业-会展客户关系三层次

层次	内容
财务层次	· 指的是会展企业与客户之间，建立以商品为媒介的财务利益层次上的关系 · 通常采用价格优惠、有奖销售、折扣等手段，刺激客户购买产品或服务 · 在会展企业与客户的交往中，财务利益是最基本的行为动因
关系层次	· 又称社会层次，指购销双方在财务层次基础上，建立起相互了解、相互信任的社会联系，并形成友好合作关系 · 会展企业不仅重视传统的营销工作，更重视交往营销，主动与客户联系，了解其需求和愿望，并想方设法满足客户的需要 · 体现相互了解、信任和默契，因为各会展企业做法不同，所以不易被对手模仿，比财务层次上的营销前进了一步
结构层次	· 指会展企业利用资本、资源、技术等要素组合，精心设计生产、销售、服务体系，提供个性化产品和服务，使客户得到更多的消费利益和"客户让渡价值" · 以客户需要为导向，主动设计、调整经营结构和治理结构，最大限度地满足客户需要，提高客户满意程度；同时，提高会展企业技术壁垒，增加客户转移成本和难度 · 是关系营销的最高层次

公司选择的关系营销水平越高,就越有可能获得潜在利益并提高竞争力。这三个层次对于企业来说都是必不可少的,但可以根据具体情况加以不同的侧重。问题要点在于,企业营销人员首先要在脑海中建立起层次结构,然后在适当的场合和情境下,尽可能多地使用高层关系营销的方法,以达到更好的效果。

(四) 建立垂直系统

营销人员自身如何处理与渠道的关系,也是关系营销应该关注的一个重要方面。传统的营销渠道体系是一个高度分离的组织网络。在这种网络体系中,展会主办方、参展商、展会观众、展品供应商的态度出现异化,往往是因为各自利益不让步,导致合作关系破裂。

因此,要改善会展公司所在渠道公司之间的关系,就需要建立垂直营销体系。垂直营销体系是实行专业化管理、集中策划的组织网络。在这个网络体系中,每个成员都不同程度地采用一体化管理和联合管理,即主办方、参展商、展品供应商等,联合起来以提高经济效益,成为利益共同体,即形成一个共同体,组成一荣俱荣、一损俱损的垂直营销体系。企业需要注意的是,垂直营销体系不仅要考虑合作伙伴的利益,还要考虑消费者的利益。

(五) 建立柔性体系

随着生产技术的进步,消费者的消费差异化和个性化明显增强,尤其是细分市场的规模越来越小,有时小到"一对一"。为了适应这种形式,企业必须根据不同的需求制造个性化的产品,即建立柔性制造系统(Flexible Manufacturing System),既满足"多品种、小批量"的要求,又适应"大批量、流水线"操作的技术要求。

(六) 协调同行关系

竞争关系和合作关系都是会展企业必须面对的关系。关于如何处理与同行的关系,会展企业一般有两种典型的态度:一是将竞争对手视为敌人,是"树敌"意识;另一种是相信两者虽然都是会展企业,但也有差异,故认为他们能在同一个市场上竞争或互相带来商机,实行的是"错位"管理,是"不树敌"的竞争。

(七) 建立 CRM 系统

CRM 系统的建立就全面准确地了解客户相关信息,进而采取相应的营销措施,维护老客户,开发新客户,使企业从客户那里获得最大利益。CRM 为企业提供全方位的视角,赋予企业更好的客户沟通能力,帮助企业实现客户盈利最大化。为防止客户流失,企业应建立企业 CRM 系统,做好客户信息的收集工作,制定营销计划和沟通策略,根据客户的差异为客户提供个性化的解决方案。

 **本章小结**

所谓会展客户关系营销,是把营销活动看成是一个会展企业与消费者、供应者、分销商、竞争者、政府机构及其他公众发生互动作用的过程,以达到建立长期的、相互信任的"双赢"关系。

会展客户关系营销实施的主要内容包括:会展客户关系营销的实施方案、实施措施、实施原则、实施对象及实施途径等。随着会展企业应用技术能力的提高和市场信息实时化的增强,它终将取代传统交易营销,成为现代会展企业的营销趋势。

 练习题

1. 营销观念为何会不断发展?它都经历了哪些阶段?
2. 简单说一说你对关系营销概念的理解。
3. 会展客户关系营销的概念是什么?传统营销是如何向关系营销转变的?
4. 列举说明会展客户关系营销的基本模式和价值测定。
5. 会展客户关系营销的实施指的是什么?
6. 会展客户关系营销的实施原则、对象及途径是什么?

 **案例分析**

慕思儿童深入探索亲子关系,超级 IP 助力品牌六一营销破圈

近日,慕思儿童结合"六一"儿童节以创新的方式与消费者沟通,借助打造品牌专属 IP "慕思儿童节",通过在全国终端门店落地"买成人主卧送儿童房"的营销活动,在微信发起"给孩子选最好"的千人拼团,在全国四大城市落地亲子泡泡跑活动以及线上网红直播等一系列营销活动,向广大消费者全面传达本次活动"亲子好时光,全家好睡眠"的营销主张。

近半月的营销传播战役,慕思儿童从不同渠道、不同角度与消费者进行互动,与消费者在用心为儿童打造健康睡眠上实现高度共鸣,成为家居行业与消费者互动的经典案例。

关注孩子,不要关住孩子。慕思儿童巧妙地抓住了之前因无奈被宅家已久的孩子们渴望到户外游玩的迫切心理,在全国四大城市——贵阳、苏州、合肥、重庆的地标家居商圈落地大型亲子泡泡跑活动,并联动来自媒体、精准社群以及经销商私域流量等众多流量关注亲子关系和健康睡眠的关系,更大范围掀起活动的讨论声量,让慕思儿童的品牌理念进一步得到强化。

图 2-5　四城落地亲子泡泡跑,强化慕思儿童节 IP

5月30—31日,慕思儿童邀请了上千个家庭参加亲子泡泡跑活动。家长和孩子们徜徉在梦幻的泡泡盛宴,实现亲子同乐;趣味的游戏和丰富的礼品让亲子快乐加倍;品牌的展陈区让大家随心体验慕思儿童优质的产品,瞬间拉近了品牌与消费者的距离。

消费者的亲身参与和亲自体验,不仅对慕思儿童节 IP 进行的精准有效的触达和二次传播,实现了 IP 热度的裂变式增长,而且进一步强化了大家对慕思儿童节这一 IP 的关注。

图 2-6　精准触达目标人群,全面引爆 IP 势能

慕思儿童打通了私域流量、精准社群、自媒体圈以及大众媒体的影响力,实现了目标人群的精准触达以及活动热度全面引爆。

首先,慕思儿童通过经销商渠道,在全国实行"慕思儿童节"IP活动的布置并进行前期宣传。慕思儿童不仅在终端门店匹配了吊旗、地贴、包柱、宣传海报等物料,同时还在商圈的各大广告位上画,实现了门店到商圈的全面覆盖。

其次,由母婴育儿社群以及生活类KOL进行引流和扩散。慕思儿童特别集中在家长沟通交流的主阵地——母婴育儿社群进行慕思儿童节营销活动的传播,同时借助他们关注度较高的生活类KOL实现广泛覆盖,通过覆盖精准人群的触媒方式,在他们中间形成轰炸效应,最大化引爆IP势能。

最后,通过大众媒体对活动进行报道传播,为慕思儿童节IP背书。慕思儿童专门邀请了光明网、央广网、新浪网、凤凰网等知名媒体为慕思儿童节进行背书,利用媒体的公信力让消费者建立对品牌及IP的信任和长期的忠诚。

慕思儿童深度挖掘精准消费者与品牌以及项目之间的关系,要精准触达实现转单,更要提升品牌高度。因此,在本项目中,慕思儿童在媒介的选择方面都有独到见解:如善于利用自有渠道——经销商私域流量及门店布置进行前期精准而广泛的传播,而后利用母婴社群和生活KOL面向目标受众进行精准传播,最后借助大众媒体进行再次扩散及背书。这样,慕思儿童节IP的打造就事半功倍。

资料来源:互联网整理而来

思考题

1. 慕思儿童会展客户关系营销的实施对象是谁?
2. 举例说明该案例体现了哪些会展客户关系营销的实施原则。

第三章

会展客户生命周期及价值

- 了解会展客户生命周期的不同阶段
- 理解会展客户价值
- 掌握会展客户价值分析方法

 重要概念

会展客户生命周期	会展客户关系考察阶段	会展客户关系形成阶段
会展客户关系稳定阶段	会展客户让渡价值	会展服务价值
会展形象价值	会展客户关系价值	会展客户终身价值

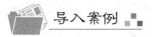

会展客户关系生命周期的五个阶段

客户关系生命周期的变化规律一般有以下五个阶段：

(1) 关系培育阶段。

展会通过市场细分，确定特定的目标客户群，并通过市场调查识别目标客户的需求，然后针对这些需求采取有效的营销手段吸引他们对展会的注意，使目标客户逐步对展会产生一种认知。在此阶段，展会与客户之间并没有发生真正的接触，客户基本上都是通过各种信息渠道了解展会，展会则是通过各种营销渠道和营销手段培育客户与展会的关系。对展会来说，客户此时只是"潜在客户"；对客户来说，展会只是他们可选择参加的目标之一，展会与他们之间的关系还很脆弱。在这一阶段里,展会的宣传推广等营销手段和口碑传播至关重要。它们的好坏直接影响客户的决策,影响到展会与客户关系的进一步发展。

(2) 关系确认阶段。

通过展会的宣传推广等营销手段和口碑传播,客户在持续认知展会的基础上开始考虑是否参加该展会。客户通过对参加该展会所期望获得的价值和准备付出的成本的评估,决定是参加该展会还是参加其他同类展会。一旦客户决定参加该展会,那么潜在的客户就变成了现实的客户;如果客户认为参加该展会得不偿失,那么他们就可能去参加其他同类展会。客户一旦参加了该展会,则客户与展会之间的关系就得到初步确认。

(3) 关系信任阶段。

客户刚开始参加某一个展会,大多出于一种尝试,即他对该展会还并不是特别信任,他必须通过自己的亲身经历增强自己对该展会的判断:该展会是否值得参加?要得到答案,客户往往要参加一次或几次展会。如果参加几次展会以后,客户已经完全信任该展会能实现自己参加展会的目标,那么他就会成为展会的忠实客户,展会与客户之间的信任关系就得以建立。

(4) 关系弱化阶段。

客户的需求和参加展会的目标是随着时间的变化而变化的,除非展会能不断创新以满足客户的要求,否则,客户在参加几次展会之后必然会发现展会已经对自己没有了吸引力,参加展会的所得很小而成本却很大,这时,他们对展会就会由信任而转变为不信任。一旦客户对展会产生不信任,客户与展会的关系就将开始弱化。

(5) 关系消失阶段。

客户与展会的关系开始弱化后,如果展会不及时采取补救措施,那么该关系就会继续弱化,当这种弱化的客户关系达到某一个客户不能容忍的临界点时,客户就将不再参加展会,这时,客户就会流失,展会与客户的关系就将基本结束;如果经过展会的客户挽留措施,客户还是难以挽回,那么,展会就将失去该客户,展会与客户的关系就将消失。

资料来源:会议展览-北京光耀星空

第一节　会展客户生命周期理论

一、会展客户生命周期的含义

会展客户生命周期是指从会展企业与客户建立关系到完全终止关系的全过程,是客户关系水平随时间变化的发展轨迹,它动态地描述了客户关系在不同阶段的总体特征。

二、会展客户生命周期的范围

以组展商的主要客户参展商为代表,所谓的"会展客户生命周期管理"是指从参展商考虑接受哪家组展商的服务开始,到接受服务之后对其收入贡献和成本的管理、偏差趋势的预警和保留,直到组展商与参展商的合作关系终止并赢回的全过程。

这个过程包括许多价值创造环节,即参展商的参展意向、新参展商的获得、参展商对展会收入贡献的刺激和增加、参展商日常服务成本的管理、交叉销售或叠加销售、展馆调整、签约展商续约、展商品牌间转让管理、客户关系分离预警与留存、坏账管理、挽回流失客户。这些环节其实都包含了参展商日常运营的关键点。11个环节串联起来,形成了营销价值链,这也是组展商制定客户战略的起点。

会展客户生命周期管理围绕这11个关键的价值创造环节,利用丰富的客户数据进行深度分析,为会展客户设计个性化策略,然后通过组展商与参展商之间的大量接触点来实施这些策略。

三、会展客户生命周期的阶段

(一)会展客户生命周期阶段的划分

在会展客户生命周期中,会展企业与客户之间关系的发展是分阶段的。会展客户关系的阶段划分是理解会展客户生命周期和研究会展客户价值的基础。本书采用五阶段模型,如图3-1所示:

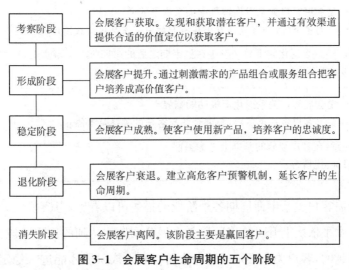

图3-1 会展客户生命周期的五个阶段

根据 CRM 理论,可以采用科学的方法计算客户生命周期价值,进而分析业务决策。根据用户生命周期划分用户,可以帮助我们了解不同生命周期的用户需求,制定运营策略,减少用户流失。

(二) 会展客户生命周期阶段的特征

以五阶段为例:

表 3-1　会展客户生命周期阶段及特征

阶段	特征
考察阶段	• 是会展客户关系的孕育期 • 双方缺乏相互了解并存在较大的不确定性,从交换价值的互惠性和双方的信誉度两个角度来考察关系价值 注意:应考虑双方潜在的责任、权利和义务 目标:评估对方的潜在价值,减少不确定性
形成阶段	• 是会展客户关系的快速发展期 • 双方彼此感到满意,相互之间的了解和信任不断加深。随着交易量的扩大,关系回报越来越多,客户关系持续并成熟,相互依赖的范围和深度也越来越大 目标:现阶段通过重复购买扩大企业产品或服务的使用范围,进一步增强客户关系的紧密度
稳定阶段	• 是会展客户关系发展的最高阶段 • 双方都含蓄或明确地表达与对方的长期关系,双方对彼此提供的价值高度满意,双方的相互依赖程度在整个关系发展过程中达到了最高点,双方关系处于相对稳定的状态 目标:维持双方之间大量有形和无形的投资,并进行高层资源交流
退化阶段	• 是会展客户关系发展过程中关系水平的逆转阶段 • 交易量下降,一方或双方正在考虑结束关系甚至寻找候选关系伙伴 注意:关系退化并不总是发生在稳定期之后的第四阶段。事实上,这种关系在任何阶段都可能发生
消失阶段	• 是会展客户关系退化至极端的临界点 • 会展客户将不再参展,会展企业与客户的关系基本停止 注意:在客户细分的基础上考虑赢回 目标:挽留客户

从以上对会展客户关系生命周期各个阶段的描述可以看出,考察阶段、形成阶段和稳定阶段的客户关系水平依次上升。稳定阶段是会展公司期望达到的理想阶段。由于客户关系的发展是不可跨越的,客户关系必须经过考察阶段和形成阶段才能进入稳定阶段。因此,会

展企业应尽量缩短考察阶段和形成阶段,让其客户关系尽快进入稳定阶段,最大限度地发挥稳定阶段,才能使会展企业获得更多的客户价值。

(三) 会展客户生命周期阶段的策略

根据会展客户生命周期各个阶段的特点,在相应的生命周期中使用相应的策略,实现资源优化,如表 3-2 所示。

表 3-2 会展客户生命周期阶段的策略

阶段	策略
考察阶段策略	当客户了解了会展公司的业务,或者会展公司想在某个领域开发客户时,双方开始沟通建立联系,关系进入考察阶段。会展公司投资调研并选定目标客户。但此时客户对公司的贡献很小,甚至为零贡献。 此阶段,会展企业应当广泛调研、甄别客户,注意防范不利因素
形成阶段策略	会展公司成功开发目标客户并已有业务往来,业务逐渐扩大。此时企业投资大幅降低,客户开始为企业做出贡献。会展企业客户交易收入超过投资,开始盈利,客户价值不断提升。 此阶段,会展企业切不可"拔苗助长"
稳定阶段策略	会展客户及会展公司相关的业务全部或大部分与公司发生交易。此时企业的投入较小,客户对企业的贡献较大。会展企业与客户之间的交易处于高盈利期,客户价值达到最大化。 此阶段,会展企业要随时"警钟敲响",密切关注客户忠诚度变化,及时发现导致客户满意度下降的不良诱因,在萌芽状态下将其消除
退化阶段策略	客户与会展公司之间业务量逐渐或急剧下降,而客户自身的总业务量没有下降时,则表明客户已进入退化阶段。从总体趋势来看,客户价值在递减。 此阶段,会展公司需要细分客户。如果潜在价值很小,可以完全放弃这些低价值客户;如果仍具有很高的潜在价值,可以增加对这些客户的投资或实施挽留以确保其忠诚度
消失阶段策略	当会展公司的客户与公司不再有业务关系,且债权债务关系已经理清时,意味着客户生命周期的彻底结束。此时,公司有一点成本,没有收入,客户价值为零。 此阶段,根据客户价值潜力而考虑是否再次投资将其赢回

在会展客户终身价值的分析中,成熟期会展客户价值最高。在会展客户生命周期的不同阶段,会展公司应尽可能延长客户生命周期,尤其是成熟阶段。为了获得较高的会展客户终身价值,需要尽可能推迟衰退阶段的来临。

四、会展客户生命周期管理的实施目的

会展客户生命周期管理的目的主要是根据不同客户的不同生命周期阶段合理配置企业

资源。

当会展客户处于不同的生命周期阶段时，会展企业需要不同的适时策略。同时，会展客户生命周期管理促进了对每一类客户的纵向深入了解，会展客户生命周期管理中的指标有利于量化管理。企业应依据客户生命周期阶段来区别对待客户，实现企业资源的优化配置。

对会展企业而言，客户有生命周期。通过与客户的持续互动，会展企业必须提供各种信息并与客户进行沟通，从而有效影响客户行为，从而留住有价值的客户，不断增加利润。只有在动态的过程中定期分析和了解客户的状态，了解不同客户的利润贡献，才能方便会展企业选择向哪些客户供应哪些产品。

第二节　会展客户价值理论

一、会展客户价值背景

客户价值(Customer Value)的重要性已成为理论界和商界的共识。但不同的学者从不同的角度对会展客户价值进行了研究，并提出了不同的观点和意见：

表 3-3　客户价值(Customer Value)的代表性定义

菲利普·科特勒从客户让渡价值和客户满意度的角度阐述了客户价值。他认为客户让渡价值是指总客户价值与总客户成本之间的差额。总客户价值是客户期望从特定产品或服务中获得的一系列利益。客户总成本是客户在评估、获取和使用产品或服务时发生的估计成本。
蔡瑟姆(Zeithaml)使用客户感知价值的概念来解释客户价值。他认为顾客感知价值是基于客户感知到的所得和感知到的所失而形成的对产品效用的总体评价。
盖尔(Gale)于1994年将顾客价值定义为顾客获得的产品相对于产品价格的感知质量。
伍德拉夫(Woodruff)认为顾客价值是顾客在一定的使用情境下对产品属性、属性有效性及使用结果达到其目的的感知偏好和评价。

从上述定义可以看出，对客户价值理解的差异主要体现在客户价值的流向、方向和所有者识别上。综上所述，对客户价值的理解可以分为两类：

一类认为客户价值的方向是从"企业-客户"的角度来理解客户价值。这种视角将客户视为企业的一项资产，关注不同客户可以为企业带来的价值。从这个角度来看，客户价值衡量了客户对公司的相对重要性。这种客户价值理念认为，客户价值的管理就是识别高利润的客户，并配置相应资源，使客户价值最大化。

另一类认为客户价值的方向是"客户-企业",即从客户的角度理解客户价值。这种理解认为顾客价值是顾客所感知的价值,是顾客在消费过程中期望或感知到的产品或服务给他带来的价值。

虽然对客户价值流向和所有者的定义有不同的理解,但从上述各种具有代表性的定义可以看出,无论是"业务-客户"还是"客户-业务",都强调"以客户为中心"。

事实上,会展企业要想生存发展,在竞争中取得优势,一方面必须根据会展企业实际情况合理配置资源,实现客户价值最大化;另一方面,会展企业的经营必须以顾客满意为最终导向,必须满足顾客心目中的感知价值。因此,从这个意义上讲,会展客户价值应该体现为双向的,即客户价值体现在"企业-客户"和"客户-企业"两个方面。在本书中,我们将这两个不同的价值分别称为会展客户让渡价值和会展客户关系价值。这两个层面的会展客户价值高度相关。

总之,只有不断提升会展公司为客户提供的价值,客户给会展公司带来的价值才能持续实现。从长远来看,为客户提供的价值增长会给会展公司带来可持续发展。

二、会展客户让渡价值

会展客户让渡价值是会展企业给客户带来的价值,是一个站在客户的角度进行价值分析的综合性指标,指客户在与会展公司交易过程中通过交易过程为其带来的价值,即客户获得的利益,是会展客户从拥有和使用产品或服务中获得的总价值和总成本的比较,反映了客户获取价值与支出成本的总体比较,构成了客户理性消费决策的理论基础。如图3-2所示。

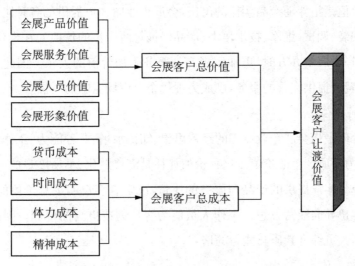

图3-2 会展客户让渡价值的决定因素

其中，会展客户总价值是指顾客期望通过购买商品或服务获得的全部利益，由会展产品价值、会展服务价值、会展人员价值和会展形象价值四部分组成。会展客户总成本是指客户为获得产品或服务所花费的时间、精力和货币。

处于让渡价值劣势的会展企业如果要争取客户资源，那么有两个可供选择的途径：一是增加会展客户总价值，它要求加强或者是增加供应者的会展产品价值、会展服务价值、会展消费价值和会展潜在价值；二是降低会展客户总成本，它要求减少购买者的各种成本，包括降低价格、简化订购和送货的程序，或者提供担保以减少客户的风险。因此，会展企业只有实现了客户让渡价值的增值，才能建立、维持和增进高质量的客户关系。

如果客户从某种产品或服务中获得的收益大于付出的成本，则认为该产品或服务可以为客户创造价值，才有可能让客户满意。两者差异越大，客户让渡价值就越大，客户的满意程度也就越大。也就是说，会展企业如果能够创造超额客户价值和客户让渡价值，就有了保持长期利润的基础，这就是客户价值意味着形成竞争优势的意义。

（一）会展客户购买总价值

提升客户让渡价值，首先应该提升会展客户总价值，主要包括会展产品价值、会展服务价值、会展人员价值、会展形象价值等。

1. 会展产品价值

会展产品价值是由产品的功能、特性、品质、品种与式样等所产生的价值组成的。它是会展客户需要的中心内容，也是会展客户决定参展的首要因素，因而在一般情况下，它是决定会展客户购买总价值大小的关键因素。

2. 会展服务价值

会展服务价值是指伴随产品实体的出售，会展企业向客户提供的各种附加服务，包括产品介绍、送货、安装、调试、维修、技术培训、产品保证等所产生的价值。在现代市场营销实践中，参展商在选择会展主办方时，更加重视产品服务附加价值的大小。因此，在提供优质产品的同时，向消费者提供完善的服务，已成为现代企业市场竞争的新焦点。

3. 会展人员价值

会展人员价值是指会展企业员工的经营思想、知识水平、业务能力、工作效益与质量、经营作风、应变能力等所产生的价值。这种价值往往是潜移默化、不易度量的。会展企业员工直接决定着企业为客户提供的产品与服务的质量，决定着客户购买总价值的大小。综合素质较高又具有客户导向经营思想的工作人员能为客户创造更高的价值。因此，会展企业应高度重视对公司人员综合素质与能力的培养。

4. 会展形象价值

会展形象价值是指企业及其产品在社会公众中形成的总体形象所产生的价值，包括会展企业的产品、技术、质量、包装、商标、工作场所等所构成的有形形象所产生的价值,会展公司及其员工的职业道德行为、经营行为、服务态度、作风等行为形象所产生的价值,以及会展企业的价值观念、管理哲学等理念形象所产生的价值等。会展形象价值在很大程度上是会展产品价值、会展服务价值、会展人员价值综合作用的反映和结果。形象对于会展企业来说是宝贵的无形资产,对会展企业的产品产生巨大的支持作用。因此,会展企业应高度重视自身形象塑造,进而为客户带来更大的价值。

(二) 会展客户购买总成本

会展客户购买总成本不仅包括货币成本,而且还包括时间成本、精神成本、体力成本等非货币成本。一般情况下,客户消费会展产品时首先要考虑货币成本的大小,因此,货币成本是构成客户总成本大小的基本因素。在货币成本相同的情况下,客户在购买时还要考虑所花费的时间、精神、体力等,因此这些支出也是构成会展客户购买总成本的重要因素。

1. 时间成本

时间成本是指顾客寻找、等待产品或享用劳务时,在时间方面的耗费。在顾客总价值与其他成本一定的情况下,时间成本越低,顾客购买的总成本越小,从而"顾客让渡价值"越大。在会展经营中,会展参加者常常需要花费较多的时间去寻找所需场地与服务,并在缴款时等候一段时间才能完成购买和洽谈行为,特别是在会展高峰期更是如此。

在服务质量相同的情况下,会展参加者等候时间越长,所花费的时间成本越大,购买的总成本就会越大。同时,等候时间越长,越容易引起参展者对会展的不满意感,从而中途放弃购买的可能性亦会增大。因此,努力提高工作效率,在保证产品与服务质量的前提下,尽可能减少会展参展者的时间支出,降低顾客的购买成本,是为顾客创造更大的"顾客让渡价值",增强企业产品市场竞争力的重要途径。

2. 精神、体力成本

精神与体力成本是指顾客购买产品或享用劳务时,在精神、体力方面的耗费。在顾客总价值与其他成本一定的情况下,精神与体力成本越小,顾客为购买产品所支出的总成本就越低,从而"顾客让渡价值"越大。在会展中,有一部分产品属于专业产品的展出,参展者对这类商品有必要的商品知识和消费习惯,但对厂牌商标没有什么偏好。展出这类产品时,会展组织者应对其正确归类并有醒目标识和标价,以便顾客快速准确地选购商品。另外还有一部分产品属于品牌和高档消费品的展出,参展者对这类产品的品牌和使用性能有较高的要求,愿意用更多的时间选购而不轻易购买。

在参展者参展过程的各个阶段,均需付出一定的精神与体力。如当参展者对某种产品产生了购买需求后,就需要收集该种产品的有关信息。参展者为收集信息而付出的精神与体力的多少会因购买情况的复杂程度不同而有所不同。

参展者一般需要广泛全面地收集产品和服务信息,因此需要付出较多的精神与体力。对于这类产品,如果会展组织者能够通过多种渠道向顾客提供全面详尽的信息,就可以减少参展者为获取产品信息所花费的精神与体力,从而降低精神与体力成本。

三、会展客户关系价值

(一)会展客户关系价值的概念

会展客户关系价值是从会展企业的角度理解的客户价值,是指企业在整个关系维护期间,会展企业通过与特定客户建立、发展、培养和维护关系所获得的价值。

虽然客户具有价值,但每个客户价值不同。如何划分或把握客户的价值需求,为目标客户提供个性化、合适的产品或服务,成为每个企业都必须考虑的话题,但这样的问题不是一个有统一答案就能回答的问题。因此,进行客户价值分析,细分客户需求,实施客户分类管理,有利于企业适应客户多样化的需求,为不同的客户提供不同的价值收益,从而有效利用企业资源,实现企业资产的最大利用。

资料链接 3-1

客户及客户资源特性

(一)客户

客户是企业的利润来源,是企业得以向前发展的动力。正确理解客户概念是客户管理的首要问题。在现代营销管理理念中,"客户"与"顾客"之间存在差异。客户管理中对客户的概念扩大化。在关系营销中,即使是公司上下流程中的员工也被认为包含在客户范畴内。因此,可以定义:客户是接受公司产品或服务,并且其相关信息由公司掌握,其服务主要由公司专业人员为其提供的组织或个人。

对客户含义需要有如下几点理解:

(1)客户未必是产品或服务的最终产品接受者

在供应链中,对于上游公司来说,其下游的公司组织或个人就是他们的客户。

(2)客户未必是用户

下游的批发商和零售商客户只有在消费其供应链上游制造商生产的产品和服务时才是其用户。

(3) 客户未必只涉及公司外部

人们习惯于为企业外客户提供服务,而将供应链上下游企业和企业上下流程工人简单视为同事或合作伙伴,无视公司内部的客户服务意识,导致服务的内部中断。

(4) 客户在公司有相应档案资料

许多服务行业企业会建立客户信息数据库,以帮助他们提供服务和发展业务。

(5) 客户是所有接受产品的组织与个人的统称

在现代客户理念的指导下,个人和组织都是企业产品或服务的接受者。

按照定义,"参展商"和"参观者"当然是组展商的客户。尽管不同的行业、公司对客户可能有不同的理解,但客户对于公司的共同属性是:客户是与其利益既矛盾又统一的"上帝"。客户既是盈利的渠道,也是实现的手段,是公司的关键资产之一。

(二) 客户的资源特性

传统观念将企业的资源限制在土地、资本、劳动力、企业家才能等生产要素上。这些生产要素都是企业内部的可控因素。管理的任务是合理配置企业的人力、财力、物力等各种生产要素,充分利用这些资源,使产出和利润最大化。虽然企业也认识到客户的重要性,但由于客户在公司之外,客户往往被视为公司实现经营目标的外部条件,被排除在公司资源范围之外,因而被视为不可控因素。

但是,随着科技的发展和市场竞争的日益激烈,企业营销管理观念已经从"以企业为中心"转变为"以客户为中心",使企业对客户的认知发生了根本性的变化。公司越来越意识到客户不仅是他们的营销对象,也是他们的资源。而且,其重要性可以说远远超过了企业内部的各种生产资源。

将客户视为企业的主要资源,这是因为:

第一,现代企业的竞争优势已不仅仅体现在产品上,而是体现在市场份额。谁份额大,谁就在竞争中占优势;

第二,对市场份额的争夺实质上是对客户的争夺,而是否拥有客户取决于企业与客户的关系状况,归根结底取决于客户对企业所提供的产品和服务的满意程度;

第三,客户的满意程度最终取决于公司自身的努力。只要企业能够充分了解客户需求,更好地满足客户需求,就有可能不断提高客户满意度。客户满意度越高,公司的市场竞争力越强,市场份额越大,公司的盈利能力也就越强。

把客户作为企业可以开发利用的重要资源,是企业认识上的一个重要进步。因此,客户不再是企业的外部不可控因素,而是企业实现经营目标的重要可控资源。但是,严格意义上的客户资源并不符合一般意义上的资源定义。尽管客户在某些方

> 面具有企业通用资源所共有的一些特征,但企业不能像其他资源一样拥有对客户的控制权和所有权。因此,对于客户来说,不能通过一般的资源获取方式来拥有这样的资源。正因如此,客户资源的管理也不同于一般资源的管理。企业只有充分重视客户的发现、开发和保护,与客户建立长期、稳定、互利的建设性合作伙伴关系,才能从客户那里获得长期利益,实现利润最大化;维护和加强与客户的关系,培养客户忠诚度,才能使客户真正成为公司的有用资源,为公司的发展做出贡献。
>
> 资料来源:王春凤,曹薇,范玲俐:《客户关系管理》[M].上海:上海交通大学出版社,2016
> 齐志权:《客户关系管理》[M].北京:中央广播电视大学出版社,2014

(二)会展客户关系价值的构成

罗伯特和科尔曾指出:"一家公司的价值等于其客户关系价值的总和。一家公司的价值取决于其客户的数量和质量。"从这个角度来说,增加客户关系的价值,并通过各种营销方式提高客户满意度和忠诚度,让客户为企业创造更多价值,这是客户关系管理的基础。

会展客户关系价值可以分为两部分:一部分是由于客户关系的存在给会展企业带来的利润,另一部分是建立和维持这种关系所必需的支出。

会展客户关系价值的大小取决于这两部分的差值,即:

$$ECRV = ECRP - ECRC$$

其中,ECRV(Exhibition Customer Relationship Value)表示会展客户关系价值,ECRP(Exhibition Customer Relationship Profit)表示会展客户关系带来的利润,ECRC(Exhibition Customer Relationship Cost)表示因客户关系而产生的成本。通过计算客户关系价值,可以帮助会展企业找出最有价值的客户。

(三)会展客户关系价值的衡量

会展客户关系价值与会展客户关系的盈利能力密切相关,而客户关系的盈利能力与客户关系的维护时间,即客户关系生命周期有关。客户关系生命周期越长,其盈利能力就越强。客户的终身价值可以由两者共同衡量,其间关系如图3-3所示。

图3-3 会展客户关系价值的衡量

所谓会展客户终身价值,是指在会展客户与公司保持关系的整个时间段内,客户为会展公司带来的收入和利润贡献,表示为客户对会展公司的利润贡献减去公司对获取和维护客户的贡献所产生的关系产生的成本后所得的差额。由图3-3可知,会展客户关系价值可以通过客户终身价值来衡量。

会展企业客户关系管理的目的是增加客户关系的价值。管理者应该制定一套方法来发现有价值的客户关系,公司应该根据每项活动对关系价值的影响来评估活动的效果。管理者可以根据会展客户关系价值来衡量客户关系管理的成功与否。一般来说,会展企业可以从以下几个方面来衡量客户关系的价值:

1. 会展客户关系的盈利能力

所谓会展客户关系盈利能力,是指会展企业与其客户之间的关系在一段时间内为企业带来利润的能力,是衡量关系价值的最重要指标。

简单地说,客户关系的盈利能力等于公司从客户关系中获得的收入与维持关系的成本之间的差额。用于衡量客户关系盈利能力的"时间段"通常是指一个财政年度。以这种方式定义的盈利能力是一个绝对数量,而不是一个相对数量。盈利能力较高的客户关系可以为公司创造更多的净现金流。在评估客户关系的盈利能力时,公司应考虑在建立、维护和发展关系方面投入的资源。公司可以通过增加关系收入和降低管理关系的成本来提高关系的盈利能力。

2. 会展客户关系的寿命长度

会展客户关系寿命的影响因素主要有以下三方面:

- 关系寿命和关系获利能力是计算关系寿命价值的起点
- 会展企业与客户在交往过程中可能建立各种纽带。因此,能够持续一定时间的关系往往具有较强的基础,而这种关系同时也可以作为公司优势的证明
- 借助关系管理工具,客户关系维系时间越长,会展企业就有更多的机会去发展这种关系

管理者认为,客户满意度直接决定了客户关系的寿命。但是,只有在一定的情况下,对于一定的关系策略,客户是否满意以及客户满意的程度,才决定了会展企业与客户关系的寿命。事实上,客户关系寿命取决于客户忠诚度。除了客户满意度,客户忠诚度还受到其他因素的影响,比如消费者价值、客户信任和归属感。

3. 会展客户关系的潜在价值

以上四个衡量关系价值的指标,既可以从当前状态衡量关系的价值,也可以从期望的角度衡量客户关系的潜在价值。事实上,衡量关系价值的关键问题不是识别当前状态,而是鼓励企业通过关系价值实施关系驱动战略。企业可以根据现有客户关系的潜在价值,将企业

投入的资源合理分配到各个项目中。与建立新的客户关系相比,企业应该把更多的精力放在发展现有的客户关系上。

无利可图的客户关系也可能具有强大的盈利潜力。为实现客户关系的潜在价值,企业应管理客户关系,增加客户关系收入,降低关系成本。客户经常从多家公司购买产品或服务,如果一家公司能够说服客户只购买自己的产品和服务,就可以实现客户关系的潜在价值。

4. 会展客户的能力价值

在会展行业,会展企业也根据客户的能力评估客户关系价值。适时消费的客户因为能够增强企业盈利能力而非常有价值。此外,为满足客户不同时段的需求,企业必须培养新的能力。

对于那些健康的客户关系,客户与公司分享他们的能力是非常必要的。客户的能力会迫使会展企业学习和发展。因此,即使是那些无利可图的客户关系对公司也存在价值。一家会展企业不可能比它最好的客户更强大。因此,从关系价值的角度来看,企业与客户之间的相互学习非常重要。

5. 会展客户的推荐价值

不乏有经常向他人推荐公司及其产品和服务的客户。因此,客户还有推荐价值。与客户的接触也会影响关系价值。归属感强的客户往往会向他人推荐公司并称赞公司,从而为企业带来更多与新客户建立关系的机会。因此,这些客户非常有价值。这些客户是某个行业客户网络的节点。随着经济和社交网络的发展,客户推荐的价值将越来越突出。

然而,衡量客户关系价值的指标因公司而异。在选择战略时,会展公司还必须确定衡量关系价值的指标。

(四) 会展客户关系价值管理的目的

会展客户关系价值管理的根本目的是使会展企业的经营理念、能力、流程和组织结构与客户感知的价值因素相适应,从而为客户提供最大价值。当前,考虑到产品和价格差异化竞争越来越弱的现状,如何吸引客户实现持续增长成为各大会展企业面临的主要问题。

因此,越来越多的会展公司采用客户关系价值管理方法来识别客户关系价值。而这种价值不仅体现在产品上,还体现在过程和服务上。会展公司必须调整和积极打造自身能力,以便在每个客户接触过程中为客户创造所需的价值。

第三节 会展客户价值的分析方法

会展客户关系的管理流程是：了解客户、客户价值、争取客户、保持客户。

要想实施好会展客户关系管理，就必须做到先认识我们的客户。利用会展客户价值分析方法，判断客户价值，增加客户接触点，争取有价值的客户。

会展客户价值分析是在了解客户价值基础上，动态监测客户价值的发展趋势，为实现客户价值管理提供信息支持。在客户价值分析的研究中，最著名的是盖尔提出的客户价值分析工具。这种模式最早在盖尔的《管理顾客价值》一书中提出，此后被频繁引用，几乎成为客户价值分析的标准。这里，我们重点介绍盖尔的客户价值分析模型。盖尔共提出七种客户价值分析工具，包括：市场感知质量水平；市场感知价格水平；客户价值图；得失（win/lost）分析；客户价值分析对照图（head-to-head area chart）；关键事件表和矩阵。前三种尤为重要，本节将结合有关方面的研究发展动态进行重点描述。

一、市场感知质量水平

通过对顾客价值内涵的探讨，我们了解到市场感知质量水平对感知价值形成的重要性。在盖尔的客户价值分析模型中，市场感知质量分析也是客户价值分析的核心。

根据盖尔提出的模型，衡量市场感知质量水平主要分为四个步骤：

第一步，使用焦点小组或其他形式召集目标市场的客户（包括公司客户和竞争对手客户），要求他们列出除价格外影响购买决策的其他重要因素；

第二步是确定不同质量属性在客户决策中的权重。最简单的方法是让客户根据每个质量因素在决策中的重要性进行评分，然后收集不同客户的意见，形成统一的权重集；

第三步，选择那些对公司和竞争对手有很好了解的客户（包括公司的客户和竞争对手的客户），让他们对公司和竞争对手的质量属性进行评价，然后利用客户对公司质量属性的评价，将某个属性的得分除以竞争对手的相应得分，即可得到该公司在各属性中的表现率；

最后，根据每个属性的权重，计算所有质量属性的加权平均值，从而得到一个整体的市场感知质量水平。

事实上，每个行业的公司都有自己的特点，通常在一定的质量水平上处于领先地位。因此，市场感知质量水平将在很大程度上取决于不同的评估标准和权重组。归根结底，是由客户的感知偏好所决定。因此，对于不同的目标客户群，对质量和标准的认知是不同的。客户关系管理的一个重要目的是区分具有不同感知偏好和特征的客户群体,只有针对不同的客户群体采取定制化策略,充分满足他们的需求,才能实现客户价值最大化。

二、市场感知价格水平

市场感知价格水平主要用于评估客户对某种产品或服务的感知。在盖尔的模型中,市场感知价格水平是客户价值分析的重要工具之一。事实上,市场感知价格水平的评价类似于市场感知质量水平的评价。唯一的区别是要求客户列出成本感知的影响因素,而不是质量感知的影响因素。在获取成本感知因素的基础上,需要客户列出不同因素的权重,评估竞争对手对每个价格因素的感知。

某些行业价格构成要素透明,无须评价市场感知价格水平,但是对于大多行业来说,需要对市场感知价格水平进行评价。表 3-4 以汽车会展为例,阐明了测评市场感知价格水平方法。

表 3-4 测评市场感知价格水平满意度

价格满意属性	重要性权重	满意度	
		会展品牌 A	其他会展品牌
购买价格	60	9	7
赠品折价	20	6	6
转售价格	10	9	8
供款率	10	7	7
价格满意度		8.3	7.0
价格竞争力指数		1.18	
相对价格比率		0.85	

表 3-4 中,市场对 A 品牌的价格满意度为 8.3,其他品牌的满意度为 7.0。因此,与其他品牌相比,品牌 A 更具竞争力(价格竞争力指数为 1.18);而相对价格比率为 0.85,说明在消费者眼中,A 品牌的价格水平低于其他品牌。

一般来说,领先的优质供应商提供的产品往往更贵(存在溢价)。如果感知溢价水平大于实际溢价水平,质量领导者必须采取措施让客户了解实际价格差距并不像他们想象的那么大。

但是,对于企业来说,最重要的还是要保证产品的高品质。如果一家公司的产品具有较高的市场感知质量,即使价格高昂,也足以为客户创造领先水平的价值。

三、客户价值图

客户价值图是盖尔客户价值分析模型中最直观的工具。它清楚地描述了客户在选择供应商时的决策因素。客户价值图是在衡量市场感知质量水平和市场感知价格水平的基础上绘制的。图3-4是根据采集数据绘制的客户价值图(以汽车会展为例)。

客户价值图功能强大。绘制客户价值图可以帮助企业清楚地了解自己和竞争对手的市场定位,有效地制定客户价值战略,为客户创造更大的感知价值,扩大销售。当一家公司处于平均价值线右下方时,它往往具有更高的客户感知价值,因此更容易获得市场份额。如果一个品牌或产品目前在左下象限,代表低质低价,右下象限代表低价高质,右上象限代表高质量高价,而左上象限代表高价低质量。

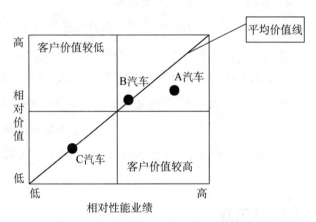

图3-4 以汽车会展为例的客户价值图

如果客户认为A牌在价值和性能上均高于B、C等其他品牌,即客户对A牌感知质量高于其他品牌,那么,在图3-4中A车展被置于平均价值线下方和客户价值图(优质高价)的右上象限,表明它比其他品牌的汽车为客户创造了更多的价值。

客户价值图不仅可以用于比较不同公司之间的感知价值水平,还可以用于比较同一公司内不同产品或服务的价值定位。在企业内部的业务组合中,有些业务可能会获得大量溢价,但缺乏高感知质量的支持;而有可能其他业务虽具有更高的市场感知质量,但实际市场价格偏低。客户价值图可为高级管理人员提供整体业务组合描述,以便他们进行调整和修改业务组合策略,在客户价值最大化和企业利润最大化之间取得平衡。

盖尔的前三个工具由于使用简单、内涵清晰,在客户价值分析中被广泛应用。其实其他四种分析工具在客户价值分析中也很重要,但由于操作复杂,现实中很少使用。但是,通过得失分析,企业可以了解客户选择或放弃自己的产品或服务的原因,找出客户的价值感知因素,分析其产品或服务相对于竞争对手的优劣势,从而进行针对性改善。客户价值分析对照图使用图形来描述公司哪些价值因素做得比竞争对手好,哪些领域做得不好,用于提高绩效和增加客户感知价值。

 **本章小结**

理解会展客户生命周期的基础是对会展客户关系阶段的划分。会展客户生命周期是指会展客户、参展商从成为会展组展商公司的客户开始并产生商业关系,成长、稳定、下降,最后分离的过程。会展客户关系生命周期管理的目的就是根据不同客户的不同的周期阶段合理配置企业资源。

不同学者从不同的角度对客户价值进行了研究。不同定义之间对客户价值的理解分歧主要体现在对客户价值的流向、方向性和所有者认定等方面。客户价值管理的根本目的是使企业内部的经营理念、组织结构等与客户感知的价值因素相适应,以向客户传递最大化的价值,最终营造持续的竞争优势。

做好会展客户关系管理需要以认识客户为前提。有关客户价值分析的研究中,市场感知质量水平、市场感知价格水平、客户价值图三种分析工具使用最普遍。

练习题

1. 会展客户生命周期是什么?
2. 会展客户生命周期包括哪些阶段?对应阶段的特征是什么?策略又是什么?
3. 简述会展客户生命周期管理的意义。
4. 会展客户关系价值的概念是什么?
5. 客户关系价值如何衡量?
6. 为什么要进行客户价值管理,它的意义是什么?
7. 客户价值分析工具有哪些?

 **案例分析**

回归客户　创造价值|彰泰融创平台品牌战略全新发布

央广网8月2日消息(记者安垚) 7月31日,彰泰融创平台召开了2021年上半年经营分析会,回顾总结上半年运营发展情况,聚焦共识、赋能提升,既对上半年企业经营情况进行一次全面复盘,同时也是下半年全新品牌战略"回归客户　创造价值"的首次正式发布。

回归客户,以客户需求为原点,不忘初心

一路走来,彰泰融创从行业发展的亲历者,成长为城市进化、生活进化的参与者、共建

(彰泰融创平台海报,企业供图,央广网发)

者,纵然时代的价值观、居住观都在发生翻天覆地的变化,在"老传统"与"新思潮"的相互碰撞下,人们对于幸福的追求却始终不变,"让您的幸福更长久"的初心也始终未改。

随着新中产的崛起、消费升级以及行业的变革,地产行业已经进入后开发、重运营时代,并逐步转向以客户为中心的"C端思维"。提供好的住所只是基础,贯穿服务、社群、配套等对生活的全维服务才是硬核价值,这也正是拥有40万业主的彰融平台的立身之本。

一直以来,彰融平台始终坚持以客户为导向,致力于幸福品质生活的创造与推动,形成了区隔行业的、以客户为核心的产品研发观、服务观,这既是生存发展的必需,也是彰融平台促进城市美好与繁荣所应承担的责任与义务。

创造价值,潜心深耕,实现高质量发展

29年来,在幸福生活服务商的品牌定位之下,彰融平台秉承长期主义的追求厚积薄发,深耕11城102盘,赢得了40万业主的信赖与支持,站在彰泰与融创、全国行业龙头与广西区域龙头强强联合的新起点上,如何服务好这个庞大而宝贵的群体,为其创造幸福价值是首要的思考问题。

面对时代与行业的众多变化,每一个对于未来的提问,都将催生对应的思考,在2021年上半年经营分析会上,围绕"回归客户 创造价值",彰融平台运营、研发、客关、园林、物业等9个部门、分子公司横向协同,以下半年品牌战略升级为契机,不仅重新审视了彰泰融创作为行稳致远的行业深耕者的价值,更不断探索拓展了品牌运营的广度和深度,为客户、为社会创造更多价值的可能。

在会议中,来自彰融平台中后台部门与前台部门的领导代表,在"回归客户 创造价值"的主题串联下进行了直面交流,形成了若干共识:完善管理体系,是保障价值的根本;洞察客户需求,是创造价值的基点;创新服务模式,是幸福价值的延伸。

彰融平台未来要走的,是一条以产品力筑基护城河,以服务力构建竞争壁垒的道路,用更专业、更多元、更幸福、更有温度的产品和服务,为客户创造价值,用更具情怀的匠心回应时代需求。

回归客户创造价值,品牌发布会即将赋新启幕

对于彰融平台而言,29年来不断践行的"让您的幸福更长久"的品牌理念,正是超前的客户思维的体现以及对客户互动关系核心的把握,全新提出的"回归客户 创造价值"专注于利他、感恩的核心要素,则是对"客户为本"价值观更具象的表达。

2021年,既是彰泰集团坚持长期主义、持续创造价值的第29年,也是主动变革、强强联合,彰融平台迈入发展新赛道的第一年。8月司庆感恩季,幸福有加,彰融平台全新品牌战略发布会、回馈老业主系列活动幸福启幕在即,共鉴品牌战略焕新盛事。

资料来源:回归客户 创造价值|彰泰融创平台品牌战略全新发布_央广网(cnr.cn)(2021-08)

思考题

1. 本次彰泰融创的经营分析会议内容对我们有效提升会展客户价值有哪些启示?
2. 这些启示结合客户生命周期各阶段应如何运用?

第四章

会展客户满意度与忠诚度

 学习目标

- 理解会展客户满意度、会展客户忠诚度
- 掌握会展客户满意度与忠诚度的指数模型
- 了解会展客户满意度与忠诚度的关系

 重要概念

会展客户满意度	会展物质满意层	会展精神满意层	会展社会满意层
会展理念满意	会展营销满意	会展视觉满意	期望品质
魅力品质	会展客户满意陷阱		

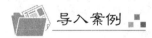 导入案例

科技会展——用技术提升服务品质

随着会展行业的发展,将有越来越多的科技手段用于会展行业的各个层面,例如:智能消防、VR技术、5G技术、物联网技术、大数据等。博览中心运用各项技术,将场馆建设成为智慧场馆、科技场馆,为会展主办方、参展人员提供全面、周到、细致的服务,促进会展行业健康有序发展。

1. 智能订餐

参展代表可以通过展馆的网络平台提前进行订餐,展馆餐饮部根据参展代表的要求制

作餐食,在提交的时间段内送到订餐代表手中。智能订餐既可以解决参展代表的餐饮问题,节约时间,又可以帮助展馆餐饮部门提高工作效率、提升服务效率。餐饮部门根据订餐要求准备食材,又可以进行合理配置,避免浪费食材。

2. 智能消防

在展会过程中,需要进行大规模的场地布置,木质产品、化工产品、纺织材料、电力产品等应用广泛,则会对消防要求十分高。智慧消防的应用,可以时时检测消防设施是否有效,出现险情时,可以及时报警处置,提高场馆的消防安全。

3. VR应用

VR技术在会展领域的应用,将线下与线上场馆相结合,线下提供会展服务,线上VR技术可以将场馆的环境、参展布置情况、通道等提前展示给主办方和参展人员,让主办方提前看到效果图,使参展人员了解会展的具体安排,既节省时间、成本,又立体形象。

展会在举行过程中,参展的企业和观众可能来自国内各地,甚至是其他国家,对于住宿、餐饮、交通均有不同需求。"武汉国际博览中心VR线上展馆2.0"将增加相应的模块,提供全面、一体化的服务,搭建公众号小程序,通过VR技术与小程序的功能性相结合,相当于建设了一条信息、数据流通的快车道,实现展会一站式服务、数据收集、平台系统分析等软硬件外延式功能,包括提供馆内精准定位、反向寻车和室内精细化导航、防疫信息、展会信息、酒店信息、会议预定、餐饮服务、绿植租赁及商城文创等功能。通过信息化手段促进观众与展馆间的信息交互,在优化服务的基础上进一步提升展馆价值。此外,还可根据线上引流效果获取线上广告等收入,扩大增收渠道。

VR技术在线上展会的运用也具有很大前景,线下展会周期短、集中度高、流量有限,主办方如果通过线上展会与线下结合起来,可以做到展前线上进行引流、展中进行客户数据积淀、展后为展商及观众继续保留沟通通道,从而达到展会365天不落幕。

4. 5G技术应用

5G技术的蓬勃发展,助力会展业服务能力的提升。5G技术在会展业的应用,提高了展馆智能化应用时的传输效率,将智能管理固定化、模块化;提升了参展人员的体验感;解决了场馆在展会期间的信号问题,可以保证参展人员的信号畅通。

此外,智慧交通、人脸识别、智能测温、大数据等技术也广泛应用于会展行业,帮助场馆提升服务质量。特别是在疫情之后,为防范疫情传播,保障参展人员的安全、健康,人脸识别、智能测温系统的广泛应用,既解决了场馆的防控需求,提升了场馆的服务效率,又保障了参展人员的健康安全。

科技创新可以促进会展行业的发展,会展行业应用各种科技手段,将线上、线下会展相结合,提高会展服务水平,让参展人员可以享受到优质的服务,是科技创新为会展行业带来的红利。

资料来源:刘俊,沈文斐.科技会展——用技术提升服务品质[J].商展经济,2020(13):1-3

第一节　会展客户满意度

美国市场营销大师菲利普·科特勒在《市场营销管理》中指出:"企业的整个经济活动要以顾客满意度为指针,要从顾客角度,用顾客的观点而非企业自身利益的观点来分析考虑消费者的需求。"

如何留住现有客户、开拓新市场、增加市场份额成为会展企业经营发展中的一个关注点,因此,会展客户满意度管理就显得尤为重要。

一、会展客户满意度的概念

会展客户满意度(Exhibition Customer Satisfaction,ECS)在内容上是指组展商对参展商提供产品和服务的整体体验和整体评价,代表了展会结束后对展会活动全方位、直接性的综合评价,是客户对会展企业、会展产品、会展服务和会展服务员工最直观的认可。客户根据他们的价值判断来评价会展产品和服务。

它涉及展览活动的策划和安排、服务水平和展览效果。展览和会议的基础服务和配套服务的质量、展览目标的实现程度、展览的成本效益也将直接影响举办展览获得的客户满意度。归根结底,会展客户满意度是将产品或服务的实际体验与参展商的预期价值进行比较的结果。如果实际感受高于预期,参展商会感到满意,否则他们会不满意。

菲利普·科特勒认为,客户满意度是指一个人将产品的可感知效果与其期望进行比较后的愉悦或失望感觉。亨利·阿塞尔认为,当产品的实际消费效果达到消费者的预期时,就会带来满意,否则会引起客户的不满。

从上面的定义可以看出,满意度是感知效果与期望值之差的函数。如果可感知的效果超出预期并且差异结果是正的,客户将非常满意或高兴;如果可感知的效果与预期相符且两者之间没有差异,则客户会感到满意;如果可感知的效果低于预期,差值如果是负的,客户就会不满意。

二、会展客户满意度的特性

(一) 社会客观性

会展客户对某类会展产品满足其要求的程度的感知,是在一定的社会实践中(包括与其他顾客群体和组织的互动),特别是在该类产品的消费实践中逐渐形成的。它的存在及其对组织和活动的影响都是客观的,不受提供产品的组织的主观意志的影响。

(二) 个体主观性

会展客户的满意度,是基于他们对会展产品的感受。虽然感受的对象是客观的,但评价的结论是主观的。会展客户的满意程度与其自身条件有关,如知识经验、收入状况、生活方式价值观等,也与媒体舆论和谣言有关。不同的参展客户可能对同一产品有完全不同的评价,同样的客户在不同的条件下也可能对某一产品有不同的评价。

(三) 动态可变性

虽然某类会展客户对某类产品的满意程度的认知一旦形成就相对稳定,但是,由于各种产品质量的不稳定性,以及市场环境、技术发展和社会生活的变化,必然会导致客户满意度的动态变化。因此,客户满意度不是一成不变的。

资料链接 4-1

会展客户满意度的影响因素

根据会展客户满意度的定义,会展客户满意度是客户建立在期望与现实基础上的、对产品与服务的主观评价,一切影响期望与服务的因素都可能影响客户满意度。

从会展企业工作的各个方面分析,影响客户满意度的因素归结为以下几个方面:

表 4-1 影响会展客户满意度的因素

企业因素	是会展产品与服务的提供者,其规模、效益、形象、品牌、公众舆论等内在或外部表现的东西都会影响客户的判断
产品因素	包含 4 个层次的内容: ① 与竞争者同类产品在功能、质量、价格方面的比较 ② 会展产品的消费属性 ③ 会展产品包含服务的多少 ④ 会展产品的外观因素

(续表)

服务和系统支持因素	会展企业的营销与服务体系是否一致、简洁,是否能为客户带来方便,售后服务时间的长短,服务人员的态度、响应时间,投诉与咨询的便捷性都会影响客户的满意度
互动沟通	会展客户服务可以包括一些平凡的事,如采用免费电话使客户方便与会展企业沟通的方法。会展企业员工应该耐心提供服务,提供必要的确认,保持积极态度,以及提供任何需要的组织支持
情感因素	从会展客户的调查中获得的很多证据说明,相当一部分的客户满意度与核心产品或者服务的质量并没有关系。实际上,会展客户甚至可能对他(她)与服务提供商及其员工的互动中的大多数方面都感到满意
环境因素	会展客户的期望和容忍范围会随着环境的变化而变化。对于会展企业员工来说,认识到环境中存在的区别,对客户提供超越其期望的高质量服务和创造客户满意度是很重要的

从对客户满意度的直接影响因素看,可以将影响满意度的因素分为不满意因素、满意因素与非常满意因素 3 类。

表 4-2 会展客户满意度影响因素的分类

不满意因素	是指与会展客户希望相反的消极条件或事件。客户购买产品的最低要求,集中在会展产品或服务的主要方面,如会展产品质量、应该提供的基本会展服务、客户意见反馈渠道等方面。如果产品或服务存在不满意因素,则客户的满意度下降;反之,则客户的满意程度既不会提高,也不会下降
满意因素	是指与会展客户满意期望相当或略好的因素或事件。例如,价格折扣,款式、性能、型号的多样选择性等。满意因素越多,客户的满意度也越高。但是,满意因素并不能弥补不满意因素
非常满意因素	超出客户事先预料,对会展企业产品有积极影响的性能、服务

会展企业可以通过减少或彻底消除客户的不满意因素,提供更多的满意因素和非常满意因素来达到提高客户满意度的目的。

资料来源:张慧锋.《客户关系管理实务》[M].2 版.北京:人民邮电出版社,2014

三、会展客户满意度的层次

影响会展客户满意度的因素有很多,同时,客户满意度呈现出多层次的特点。可以从横向和纵向两个方面分析得到不同的会展客户满意度层次。

(一)纵向层面分析

从纵向层面分析,会展客户满意度可以分以下三个层次:

1. 会展物质满意层

会展物质满意层是参展商消费办展企业提供产品的过程中产生的满意。物质满意层由产品的使用价值所支持,如功能、质量、设计、包装等。物质满意层是客户满意中最基础的层次。

会展的核心产品是指会展活动的主办方为所有参展商提供的最基本的效用。例如,参展商购买的展位和服务可以实现展示产品和接待观众的基本功能,购买的展位设计服务新颖独特,具有吸引参展商注意力的效果。

2. 会展精神满意层

会展精神满意层是指参展商消费展会组织提供的产品形式以及产品的延伸服务过程中产生的满意度。精神满意层由产品的外观、颜色、装饰品位和服务进行支持。

会展形式产品包括质量、特点、形式、品牌和会展宣传等内容,会展延伸产品是指会展为客户提供的附加的、更全面的人性化服务。

3. 会展社会满意层

会展社会满意层是会展客户在对办展公司提供产品进行消费的过程中所体验到的社会效益维护程度。社会满意层由产品的道德价值、政治价值和生态价值来支持。

会展产品的道德价值是指产品在消费过程中不会与社会公德相冲突的现象;产品的政治价值是指产品在消费过程中不会引起政治动荡和社会动荡;产品的生态价值是指产品在消费过程中不破坏生态平衡。

例如,客户在参展期间感受到展会对环保、就业、相关产业、城市建设维护等相关方面的促进,让客户感知到社会的认可和赞誉。

以上三个层次具有层递关系。从社会发展过程中的满意度趋势来看,人们首先追求的是物质满意层。只有在这个层次达到基本的满足之后,才涉及到精神满足层次;同样,只有在精神层达到基本满足后,才涉及到社会满足层次。

(二) 横向层面分析

从横向层面分析,会展客户满意可以分为以下三个层次:

1. 会展理念满意(Exhibition Mind Satisfaction,EMS)

会展理念满意(EMS)是会展企业精神、使命、经营宗旨、经营理念、经营方针和价值观给会展企业客户带来的心理满足感。会展理念满意是客户满意的灵魂,是客户满意最重要的决策层面。让客户满意的经营理念是公司一切行为的指导思想,也是会展公司的基本精神。

正确的会展企业客户观是会展理念满意的核心。以"客户满意"为指导方针,树立"客户满意、客户至上"的经营理念,将考虑客户的需求和满意放在一切考虑因素首位,尽可能尊重客户的利益,维护客户的利益,站在客户的立场考虑和解决问题,逐步升华成一套独特的、能够规范全体员工的市场行为和社会行为的指导思想体系。

客户满意度是企业的一项无形资产,可以根据"乘数效应"随时转化为有形资产。会展理念满意包括展览的定位、价值观和经营理念。

2. 会展营销满意(Exhibition Behavior Satisfaction,EBS)

会展营销满意(EBS)是指通过会展运营给客户带来的满意程度,也就是通常所说的会展企业行为满意度。会展企业行为满意是客户对会展公司"行动"的满意,是诉诸计划的理念满意的行为方式,是客户满意战略的具体实施和运作。

在EBS过程中,要了解客户,从客户的角度全方位服务客户。只有充分把握客户的心理需求和需求趋势,才能及时推广令客户满意的产品和服务。EBS强调行为的运作和效果所带来的内部和外部客户的满意度。它是一种偏向于效果的行为系统。会展企业行为满意度是建立系统、完整的行为运营制度。该制度为全体员工所认可和掌握,制度中的每一位员工都是公平公正的。系统运行的结果将给客户带来最大的满意度,保证最佳的经济效益和社会效益。展览营销满意度包括展览规则、行为准则、宣传推广、展览布置和撤展规定等。

3. 会展视觉满意(Exhibition Visual Satisfaction,EVS)

会展视觉满意(EVS)是客户对视觉可见外部形象的满意度,是客户了解会展公司的一种快捷、简单的方式,也是会展公司加强公众印象的集中化、模块化、最直接的手段。一个会展企业是否有视觉满意系统将直接影响到客户对会展企业的满意程度。

会展视觉满意是顾客满意的主要内容。它帮助客户了解、识别和监督会展公司。在设计视觉满意时,会展公司应该做到:构思深刻,构图简洁;形象生动,易于识别;新鲜别致,别具一格;符合美的效果。

同时,要认真考虑客户的喜好,尽可能让客户感受到亲切自然,将"客户满意,客户至上"的理念渗透到企业标志、商标、包装、户外标志等静态的企业识别符号中,以提升会展公司形象,获得客户的满意。

会展组织者应将满足客户的实际和潜在需求作为会展发展的重要组成部分,改善会展服务,在会展服务的各个环节尽可能满足客户的特殊需求,跟踪研究客户对会展满意度的动态变化。

四、会展客户满意度的标准

会展客户满意度的衡量标准是预期服务与感知服务之间的差距。两者的关系类似于理想与现实的关系,也可以理解为会展客户满意是通过比较客户对会展服务的期望和感知而产生的。

会展客户满意度源于客户对会展产品或服务的感知和认识，是客户满意情绪的量化指标，反映了客户对会展产品或服务的满意程度。会展服务满意度是客户对会展服务代表提供的服务的满意程度。

由于有些会展服务有基本标准，客户在购买前就已经对产品或服务的质量和功能有了判断，从而形成了"预先期望"。客户购买后，客户会将获得的产品和服务的实际价值与其之前对产品或服务的期望进行比较，分析两者的差异程度，为依据形成个人满意度作。如上所述，这种比较给会展客户带来的满意度可以用表4-3中的关系来概括。

表4-3 会展客户满意度的三种情况

类别	条件
超出期望	感知的会展服务＞预期的会展服务
满足期望	感知的会展服务＝预期的会展服务
低于期望	感知的会展服务＜预期的会展服务

当客户期望的会展服务小于感知的会展服务时，客户感受到的是超出期望值的服务，此时会展产品或服务的实际价值超出其预期，客户感到满意；当期望的会展服务等于感知的会展服务时，客户想要的与收到的一致，此时客户感受到的服务满足了期望的价值，此时实际价值与其期望一致，客户认为可以接受；当期望的会展服务大于感知的会展服务时，客户想要的更少，此时客户会认为会展产品或服务的实际价值甚至达不到他（她）的期望，客户觉得服务低于预期价值，客户不满意。

因此，要提高会展客户满意度，首先要准确了解客户对会展产品或服务的期望，其次，最大程度地实现或超越期望。

五、会展客户满意度的意义

一般而言，会展客户满意是客户对企业与员工提供的产品和服务的直接性综合评价，是客户对会展企业、产品、服务和员工最直观的认可。客户根据他们的价值判断来评价产品和服务。

菲利普·科特勒认为，满意度是一个人的感觉状态的水平，它来自于对产品的预期性能或产量与期望进行比较。从商业角度来看，客户服务的目标不仅仅是让客户满意，让客户满意只是营销管理的第一步。

美国维特化学品公司总裁威廉姆·泰勒认为，我们的兴趣不仅在于让客户满意，还在于发现客户认为可加强企业-客户伙伴关系的有价值的东西。

在公司与客户建立长期合作关系的过程中,公司为客户提供超出其预期的"客户价值",使客户在每一段购买过程和售后体验中都能得到满足。每一次满意都会提升客户对会展公司的信任度,从而使会展公司获得长期的利润和发展。

对于会展企业而言,如果客户感到满意,就会通过口耳相传的方式将消费感受传播给其他客户,帮助会展品牌扩大知名度,美化公司形象,不断为会展公司的长远发展注入新动力。

现实中,会展公司往往将客户满意等同于信任,甚至是"客户忠诚"。事实上,满意只是信任的前提,信任才是结果。会展客户满意度只是对某种会展产品或服务的正面评价。换句话说,即使客户对某家会展公司表示满意,也只是基于并仅限于他们收到的产品和服务让他们满意,而不仅仅是信任产品。一旦某个时间的产品和服务不完美,或者不能满足客户的期望,那么客户就不会对会展公司感到满意。事实上,会展客户满意度只是一个感性的评价指标。但是,会展客户信任强调的是客户对会展品牌产品和拥有该品牌的公司的信任感。信任会展公司的客户才能理性面对品牌公司的成败。美国贝恩公司的一项调查显示,在声称对产品和公司满意甚至非常满意的客户中,65%~85%的客户会转向其他产品,只有30%~40%的客户将购买相同产品或相同产品的相同型号。很多会展企业的收益都可以追溯到会展客户满意,而会展客户满意在很大程度上与员工满意正向相关。本质上,该价值链如图4-1所示。

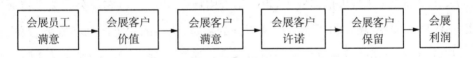

图4-1 会展客户满意价值链

对于会展公司,一开始,客户是否愿意与会展公司建立关系,很大程度上取决于客户的满意与否。高度满意的客户会愿意与会展公司建立关系,即客户对会展公司的初步满意有助于在会展公司和参展商之间建立客户关系。而从长远来看,这种满足感为企业提高长期盈利能力奠定了基础。实现客户最高满意程度是营销的最终目标。

总之,会展行业竞争激烈,提供比竞争对手更好的服务和更满意的客户,是会展公司提高份额、赢得长远利益的关键。

第二节 会展客户忠诚度

通过前面的分析,我们知道会展客户满意度对会展企业重要性的同时,也了解到客户满意并不意味着客户忠诚。换句话说,即使现在您的客户是满意的,也不意味着接下来他会一直忠于购买该会展主办方的产品和服务。事实上,他们仍有诸多理由离开你。

当今,激烈的竞争给了每一位用户非常广泛的选择。无论是否对某种产品满意,他们都不需要执着于某一种产品,也不需要对某家会展公司提供的服务保持"惯性"。虽然客户满意是提升客户忠诚的一个重要因素,但客户对会展公司的满意与保持对公司的忠诚之间确实没有必然联系。营销学之父菲利普·科特勒曾研究发现,企业获得一个新客户的成本是维护一个老客户的5倍。虽然,该数据因行业而异。因此,赢得客户满意后,会展企业最应该做的工作就是尽可能将这种客户满意向客户忠诚来转化。

一、会展客户忠诚度的概念

会展客户忠诚度是指会展客户受到诸多因素影响后对某一会展主办方的产品或服务产生依赖感,进而重复性购买其产品或服务的程度。

二、客户忠诚度概念的演化

因为,在早期关于忠诚度的研究中,很多学者用顾客复购率、顾客与公司关系持久性、顾客购买方式、购买频率、顾客购买的产品和服务的数量、购买的同类产品和服务占总金额的百分比以及客户对公司的口头宣传等来衡量客户忠诚度。例如,美国学者纽曼(Joseph W. Newman)和沃贝尔(Richard A. Werbel)认为忠诚顾客是指那些只考虑该品牌的产品而不去寻找其他品牌信息,反复购买该品牌产品的顾客。而这种客户忠诚定义只强调客户忠诚的实际购买行为,并没有考虑心理含义。许多管理者认为,忠诚客户是指长期反复购买公司产品和服务的客户。

美国著名学者德因(1969)首先提出企业应该综合考虑客户忠诚的行为成分和态度成分。德因认为,客户对该企业的态度或在企业的购买行为只是解释了客户忠诚其中一个成分,企业要综合分析客户的购买行为和客户对企业的态度两个成分,公司必须综合分析客户的购买行为和态度,才能更准确地衡量客户对企业的忠诚度。一个真正忠诚的客户不仅会反复购买公司产品,而且会真正偏爱此公司。

1994年,美国学者狄克和巴苏根据客户对企业的相对态度(态度成分)和续购率(实际行为成分),提出如图4-2所示的忠诚客户分类框架。

	高	低
高	A. 忠诚者	B. 潜在忠诚者
低	C. 虚假忠诚者	D. 不忠诚者

图 4-2 忠诚客户分类

资料来源:Dick Alan S., and Kunal Basu. Customer Loyalty: Toward an Integrated Conceptual Framework. Journal of the Academy of Marketing Science, 1994, 22(2): 102.

狄克和巴苏认为,客户忠诚度取决于客户产品续购率和对公司的相对态度。只有那些续购率高且明显更喜欢该公司的客户(图 4-2 中的 A 类)才是该公司的忠实拥护者。

潜在忠诚者(图 4-2 中的 B 类)通常在行为上表现出低续购率,但在情感上,他们确实对公司有高依恋度,只是由于公司的一些内部规定或其他环境因素限制了他们的购买。例如,一对夫妇经常一起出去吃饭。只是妻子喜欢吃火锅煮肉,但丈夫是素食主义者。结果是这对夫妇不得不去一家双方都能接受的餐厅。如果餐厅想保持这对夫妇忠诚,则应同时提供一些肉类汤锅和素食。

虚假忠诚者(图 4-2 中的 C 类)续购率高,但实则对公司并不满意。他们反复购买某一产品的原因往往是出于惯性或别无选择。在这种情况下,一旦市场上出现了新的竞争对手或有其他公司可以为他们提供更大的消费价值,这些客户就很可能会发生动摇,购买其他公司的产品和服务。

有些客户并非天生就忠于某公司(图 4-2 中的 D 类)。这些客户追求多元化,喜欢从不同的公司购买他们当下所需要的产品。

许多国内外学者都认同理查德·奥利弗教授提出的客户忠诚四分类。1997 年,理查德·奥利弗教授进一步完善了之前的顾客忠诚分类。他指出顾客忠诚是指顾客长期购买自己喜欢产品和服务的强烈意愿,以及顾客实际重复购买的行为。真正的忠诚客户不会因为外部环境或竞争对手营销手段的影响而转向其他。

1999 年,理查德·奥利弗教授进一步指出,顾客忠诚按其形成过程可分为行为忠诚、情感忠诚、认知忠诚和意向忠诚。

三、会展客户忠诚度的测量

在会展客户忠诚相关研究中,可以采用以下四种方法计量:

(一)会展客户行为忠诚

会展客户行为忠诚度用客户在同类企业的消费总额的百分比(即客户的"钱包占有

率")、客户的口头宣传来衡量。人们对忠诚度的计量首先始于对客户行为的测量,比如反复购买某个品牌产品和服务的决策行为。这类顾客不关注同类其他会展竞争企业的营销活动和营销信息。会展公司可以根据客户购买公司产品和服务的体验信息,包括客户所购产品数量、购买方式、购买频率以及与公司关系的持久性、其在该公司的消费金额占其同类公司总消费额(即客户的"钱包份额")百分比,衡量客户的行为忠诚。

行为忠诚反映了会展客户实际消费行为。然而,企业只衡量行为忠诚无法解释客户反复购买的深层次原因。根据奥利弗的客户忠诚定义,企业应从客户的态度和行为两个方面来衡量。真正忠实的客户不仅会反复购买而且更偏爱该公司。出于惯性或市场垄断地位而反复购买某家公司产品和服务的客户并不是真正的忠实拥护者。由于行为忠诚的测量方法没有对顾客重复购买的原因进行解释,因此,使用这种测量方法的管理人员无法准确区分真正忠诚者和虚假忠诚者。

(二) 会展客户情感忠诚

会展客户情感忠诚包含顾客对买卖双方关系的情感投入,是顾客在多次消费体验满意的基础上形成的对该会展企业的偏好。狄克和巴苏于1994年指出,企业不单要衡量顾客的实际购买行为,还要衡量顾客对企业的态度。忠诚的客户不仅会反复购买某家公司的产品,而且是真正喜欢该公司。巴诺斯发现真正忠诚的客户可以感受到他们与公司之间的情感联系。而这种情感联系才是客户保持忠诚,继续购买并向他人推荐公司产品和服务的真正原因。与会展公司缺乏情感联系的客户不是真正的忠诚者。正是这种情感联系促使客户从惯性购买转为与会展公司建立起长期关系。

美国学者捷克比和科斯纳特认为,同时从行为和态度两个方面对客户忠诚定义才是完整的。他们指出的态度方面实质是客户的情感忠诚。企业可从客户对企业的喜爱程度以及客户对双方关系的投入程度等方面来衡量客户对企业的情感忠诚,可通过客户对本企业的态度计量客户的情感忠诚。但是,出于种种原因,喜欢某个企业的客户不一定就会购买这个企业的产品和服务。

(三) 会展客户认知忠诚

早在1980年,美国学者李(B. A. Lee)和泽斯(C. A. Zeiss)就指出,顾客忠诚除行为和情感成分外,还应包含认知成分。忠诚的客户非常关心他们能获得的利益、产品或服务的质量和价格,追求质优价廉,但不考虑品牌因素。

会展企业可以从以下几方面衡量客户的认知忠诚:

- 客户在购买决策过程中首先想到本会展企业的可能性
- 客户在众多产品服务中首先选择本会展企业的可能性

- 客户可以承受本会展企业产品和服务的价格浮动范围
- 与竞争会展企业相比,客户更偏爱本企业的程度

(四)会展客户意向忠诚

许多业务经理和学者根据客户的行为意图来衡量客户忠诚。与当前客户的态度和行为相比,企业管理者更关心客户未来的行为。然而,顾客的购买意图并不一定转化为实际购买行为。

一般来说,会展企业很难准确预测购买意图是否会转化为实际购买行为。因此,客户意向忠诚不等于客户真实忠诚。客户的忠诚意向不仅包括客户与会展公司保持关系的意愿,还包括客户追求自己喜欢的会展品牌的动机。会展公司可以根据客户与会展公司保持关系的意愿及其行为意向来衡量客户意向忠诚。

(五)四类忠诚之间的关系

消费者行为学学者认为,消费者在形成消费态度的过程中,首先会收集产品和服务信息(认知);消费者对这些零散复杂的信息进行重新整理和处理后,会做出正面或负面的综合评价(情感评价);在此综合评价的基础上产生一定的行为意向。1999年,奥利弗指出顾客忠诚的形成过程是:认知忠诚、情感忠诚、意向忠诚和行为忠诚。朱沆和汪纯孝(1998)在酒店的实证研究中得出顾客忠诚的情感成分决定了行为成分的结论。根据消费者行为理论,消费者的态度由认知、情感和行为意向成分组成。行为意图作为态度的一个组成部分,可能会也可能不会转化为实际行为。但多数学者的实证研究结果表明,顾客的购买意向对顾客的实际购买行为有显著影响。消费者行为中的态度理论认为顾客的认知忠诚、情感忠诚和意向忠诚本质上是态度忠诚的三个组成部分。

根据社会心理学理论,态度是指人们根据自己的认知和好恶,对周围的人、事、物、世界表现出持久的行为倾向。人的态度影响行为,顾客对服务企业的态度也会影响他们的消费行为。

只有在认知、情感、意向和行为四个方面对会展公司忠诚的客户才是会展公司真正的忠诚者。

四、会展客户忠诚度的意义

20世纪90年代,美国一家名为Bain & Company的公司对客户忠诚与企业赢利能力之间的关系进行了实证性研究。该项研究结果表明,在不考虑其他因素的情况下,客户在接受企业服务的前五年,为企业提供的利润逐年增加。

根据克里斯廷·格罗鲁斯的研究,可以总结得到,会展客户忠诚度对会展企业赢利能力

的影响主要表现在以下几方面：

表 4-4 会展客户忠诚度对会展企业赢利能力影响的方面

影响方面	内容
新老客户维系成本	会展行业需要使用外部营销工具来赢得新客户。实践表明，获取新客户成本非常高，而维系老客户的成本却在下降。一般来说，获取一个新客户的成本是维护一个老客户的成本的5～6倍。可见，忠实客户可帮助节约企业成本
基本利润	在会展服务行业，最初几年内客户支付的价格都无法弥补服务成本
成本节约	客户和会展企业在相互了解后，服务过程会更加顺畅，服务速度也会提高，服务错误率降低。这样一来，为每一位客户提供服务的成本就会降低，相应地，会展公司的利润就会增加
客户推荐	忠实老客户往往通过口碑推荐为会展公司带来新客户，从而降低吸引新客户的成本
溢价支付	会展行业的老客户比新客户更愿意为会展服务支付更高的价格，并且为新客户付出的多项成本在老客户那里是可以不必要花费的

除了上述因素外，会展客户忠诚会提升员工和投资者的自豪感和其对会展公司的满意度，这将有效稳定和提高员工、股东的保留率；高满意度的员工也更有可能向顾客提供更好的服务，忠诚的股东也不会存在因短期利益而损害长期利益的举动，而这些都将进一步增强客户忠诚，形成良性循环，最终实现减少总成本的同时提高生产率。

五、提高会展客户忠诚度的途径

企业面临的共同问题是：如何提高客户忠诚度？

以下归纳出培养客户忠诚过程中经常用到的一些有效方法：

（一）赢得员工忠诚

一个明确的事实是，拥有高客户忠诚度的会展公司通常具有高员工忠诚度。如果一家会展公司的员工流失率非常高，那么该会展公司几乎不可能实现高水平的客户忠诚度。这是因为客户是通过与公司特定员工的直接联系而不是业务联系来获取产品和服务的。因此，顾客忠诚的核心原则是先恰当地服务员工，再服务顾客。

（二）注重客户需求

需要有一个详细的计划并与客户积极寻求联系，与客户的接触应被视为心与心的交流。可以通过接触帮助客户与会展公司更好地相互了解，这也是展示企业文化和展示公司对客户的态度的最佳机会。通过交流建立像朋友一样的"双赢"关系。此外，有效的接触将帮助会展公司了解当前客户需求,以便可以采取更有针对性的步骤来更好地服务客户。或许客户不经意间说出的某些表达和建议,会激励会展企业去发现新商机。

主动接触客户的途径较多:
- 主动联络客户询问意见
- 定期访问客户
- 时常举办客户联谊
- 告知客户企业态度及目标
- 从细处赢得客户满意与忠诚

(三)遵循二八法则

会展企业需遵循"80/20"法则实施客户忠诚计划。简而言之,公司80%的收入来自其20%的客户。并非所有客户对会展公司都具有相同的价值。有些客户可以为会展公司带来长期价值。明智的会展公司需要对客户进行跟踪和细分,并依据相应价值提供针对性产品和服务。

因此,在实施客户忠诚计划时需要将重点集中于20%的高价值客户,但还要考虑潜在客户并采取策略。

(四)赢得客户满意

客户满意和信任是塑造客户忠诚的最重要因素,因此应该作为会展企业的努力方向。实际上,这种具体程序很难存在,只是提出一套类似系统工程的思路程序,让会展企业意识到赢得客户忠诚是一项复杂的系统工程,而不是一蹴而就。其内容不分先后,而是作为系统中的有机组成部分相互影响、相互作用,所以应该同时兼顾。

此系统程序应至少包括如下内容:
- 提高客户兴趣
- 有意接触客户并发现商机
- 倾听客户意见,建立反馈机制
- 妥善处理抱怨和投诉
- 分析客户需求,开发新产品

(五)服务第一原则

在消费者意识日益增强的时代,优质的服务是打造客户忠诚的最佳方式。客户需要清楚地了解服务是什么以及他们如何接受服务,这包括服务态度、对客户需求和投诉的响应速度以及退换货服务。客户希望在与会展公司打交道时能够获得足够的快乐和关注,同时尽量减少麻烦。当这些客户获得良好的客户服务体验时,他们自然会进行二次购买。但如果他们有不好的购买经历,他们会将不悦情绪传播给周围更多的人。因此,为提升客户体验,会展企业必须先将服务做到家,再销售产品。

(六) 化解客户抱怨

在大多数公司中,只有10%的客户投诉有明确向公司作出陈述的机会,其余90%则没有机会作陈述。这些抱怨只体现在诸如拖欠账款、对服务人员缺乏礼貌等行动上。此外,借助在线社交平台,这些不满意的客户会轻易地将自己的感受告知成千上万的人,从而提高会展公司的声誉代价。

面对如此后果,会展企业必须在引发这种烦恼之前就快速将其解决,为客户提供坦白抱怨的途径,让客户有直接面对公司抱怨其不满情绪的机会,同时为企业争取及时了解并解决问题的时间,缓解客户的不满。会展公司可以根据客户响应时间和趋势分析设置决策标准。在海外,员工抱怨监控是高级管理层用来做出决策的重要工具。而且,服务不周带来的影响明显。对每次危害做出的补偿行为都应该被视为是企业改善服务的机遇而非抱有负面情绪地例行公事。在解决客户投诉时,需要从为客户投诉提供便利和及时有效处理投诉两个方面进行。

(七) 获取客户反馈

研究表明,客户反馈与客户对优质服务的感知密切相关。互联网的到来改变了客户感知的反馈方式。客户逐渐期待公司提供全程24小时服务。此外,如今的客户已习惯于访问网站并希望在线获得回复。一些最新的技术工具,如基于网络的自助服务、电子邮件管理和微信平台,已逐渐成为会展公司客户服务部门的主要应用。

(八) 主动分享资讯

推出有奖销售、名人广告牌,甚至改变产品的颜色和形状都可以吸引顾客。然而,这些都不是长期有效的,最有效的方法还是提供优质产品和服务。企业必须精心考虑客户需求,并尽最大努力满足。这不仅能让客户感觉满意,还会感受到企业的关注,并且与他人分享喜悦。这种由顾客自发传播出来的口碑最易吸引新客户。

(九) 拓展服务渠道

使用多种渠道与客户进行沟通有助于提高客户忠诚度,前提是多渠道获得的客户服务是同样的。为实现多渠道服务,公司须对更重渠道的资源信息进行整合,明确客户偏好某渠道的具体时间。这样,无论客户使用何种渠道,会展企业都能获得需要的、统一的信息。客户需要企业随时配合改变,否则会导致客户流失。会展企业还应建立与客户之间的多层联系。因为狭窄的接触易造成信息失真,从而导致错误判断,造成客户资源的损失。

第三节 会展客户满意度指数模型

在实践中,只有对客户满意度进行指标具体化,针对性施策,才能充分满足客户,达到满意。

以下结合会展行业,重点对瑞典的客户满意度指数模型(SCSB)、美国的客户满意度指数模型(ASCI)及卡诺(KANO)客户满意度指标模型进行介绍。

一、瑞典客户满意度指数模型(SCSB)

1989年,瑞典最早建立了全国性客户满意度指数模型,简称 SCSB 模型(Sweden Customer Satisfaction Barometer)。该模型从4个结构变量(客户预期、感知价值、客户抱怨、客户忠诚)来度量客户满意度,结构如图4-3所示。

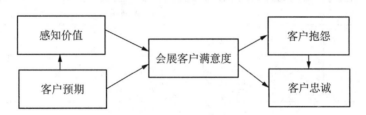

图 4-3 会展 SCSB 模型

(一)客户预期(Customer Expectations)

客户预期指购买前客户对产品或服务的期望。由于客户自身情况不同,不同客户也就会对同一产品或服务有不同需求。但有一个鲜明的特点,即在一般情况下期望是高于需求的。

(二)感知价值(Perceived Value)

感知价值指客户在获取产品或服务时,对感知收益与成本间进行权衡后的总体评价,体现客户对具有价值的主观认知,区别于客观价值。一般情况下,客户价值感知主要体现在对总成本的感知、对总价值的感知、对质量与价格之比的感知、对质量与价值之比的感知等4个方面上。

(三)客户抱怨(Customer Complaints)

客户抱怨指客户对产品或服务的实际感受不及其预期所造成的心理或行动上的负面评

价。这种差距越大,抱怨就越大。当达到一定程度,客户很可能会进行投诉。

(四) 客户忠诚(Customer Loyalty)

客户忠诚指客户对产品或服务的依恋感,主要通过客户的情感忠诚、行为忠诚和意识忠诚表现出来。客户忠诚表现在重复购买或向他人推荐上。

SCSB模型中,客户预期是外生,其他变量是内生。给定客户满意度,客户抱怨与客户忠诚是结果,忠诚度是最终因变量,可作为客户保留指示器。隐变量(客户感知和客户预期)通过显变量(客户抱怨和客户忠诚)来间接衡量。

该模型提出一个客户满意度新指标:客户满意弹性(Customer Satisfaction Elasticity)。客户满意弹性指客户忠诚对客户满意的敏感性,即客户满意提高一个百分点,相应地,客户忠诚提高多少个百分点。利用弹性指标可量化研究客户满意对客户忠诚的影响。客户对产品或服务的价值感知和期望是客户满意度的两个前导变量。

SCSB模型满意度的测评指标见表4-5。

表4-5 SCSB模型满意度的测评指标

结构变量	观测指标
客户预期	总体预期
感知价值	给定产品质量下对价格的评价; 给定价格下对产品质量的评价
客户满意度	总体满意度; 产品质量同预期的比较; 产品质量同理想产品的差距
客户抱怨	投诉行为
客户忠诚	重复购买的可能性; 保留价格

二、美国客户满意度指数模型(ASCI)

SCSB模型在广泛应用的同时也受到诸如"价值感知对满意度的影响是必然的,但是价值因素和质量因素相比,哪方面更重要?""由于客户对不同产品和服务的质量感知是有差别的,如果在模型中加入质量感知变量,客户满意度应如何衡量?"等问题。

美国客户满意度指数模型(American Customer Satisfaction Index,ACSI)对瑞典SCSB模型进行了修正:

一是将质量感知从价值感知中分离。ACSI 模型在满意度调查中增加产品或服务满足顾客需求的程度、这些需求满足的可靠程度以及总体质量等 3 个质量感知指标。1996 年,又针对耐用消费品,将质量感知进一步分为产品质量感知和服务质量感知。

二是在满意度调查中加入 2 个新指标与质量感知的显变量相对应。这两个新指标是:满足客户需求程度期望和可靠程度期望。ACSI 模型用这两个新指标与原有的总体期望指标一起来衡量客户期望。

ACSI 模型结构如图 4-4 所示。

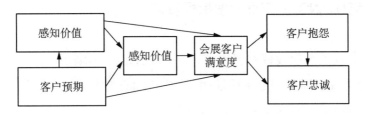

图 4-4　会展 ACSI 模型结构

该模型利用客户的消费认知过程,将总体满意度置于一个相互影响相互关联的因果互动系统中。ACSI 模型可解释消费经过与整体满意度之间的关系,并指出满意度变动的后果,从而具有前瞻性。

ACSI 模型满意度的测评指标见表 4-6。

表 4-6　ACSI 模型满意度的测评指标

结构变量	观测指标
客户预期	对质量的总体预期 对产品顾客化的预期 对产品可靠性的预期
感知质量	对产品质量的总体评价 对产品顾客化质量的评价 对产品可靠性的评价
感知价值	给定产品质量下对价格的评价 给定价格下对产品质量的评价
客户满意度	总体满意度 产品质量同预期的比较 产品质量同理想产品的比较
客户抱怨	抱怨行为
客户忠诚	重复购买保留价格

ACSI 目标是监测宏观经济运行状况,主要考虑的是跨行业与跨产业部门的顾客满意度比较。

ACSI 模型诊断指导不针对具体企业,也不涉及企业具体绩效指标。所以,对微观层面的具体企业进行满意度调查时很少使用该模型。ACSI 模型是目前体系较为完整、应用效果较好的一个国家顾客满意度理论模型。它不仅可以跨行业比较,还能跨时间段纵向比较,成为美国经济的晴雨表。

三、卡诺(KANO)客户满意度指标模型

1982 年,东京理工大学教授狩野纪昭(Noriaki Kano)和他的同事高桥富见雄(Fumio Takahashi)在论文《魅力质量与必备质量》中,首次将满意与不满意标准引入质量管理领域,标志着卡诺(KANO)模型的确立和魅力质量理论的成熟。

卡诺模型(KANO 模型)以分析用户需求对用户满意的影响为基础,是对用户需求分类和优先排序的有用工具,体现了产品性能和用户满意之间的非线性关系。卡诺把产品与服务(即客户需求)划分为 3 种类型:基本品质(需求)、期望品质(需求)和魅力品质(需求)。

(一) 基本品质

基本品质指客户认为会展产品或服务必须具备的基本品质。会展产品或服务的品质非常好,客户满意度不会因此而显著增加;但如果不好,客户就会严重不满。

(二) 期望品质

期望品质是指客户对会展产品或服务所期望具有的品质。产品具备这种品质时,客户满意度会因此而显著增加;但如果不具备,客户不满也会显著增加。

(三) 魅力品质

魅力品质是指产品或服务所具备的超越了客户期望的品质。一旦达到该品质,即使不完善,也能使客户满意度激增;但如果不具备,也不会引起不满。

卡诺的客户满意度模型如图 4-5 所示。

卡诺模型表明了基本品质、期望品质和魅力品质与客户满意度之间的关系。

从图 4-5 可以看出,基本品质和客户满意度之间成正线性相关。这种线性正相关为企业应用统计方法评测提供了很好的前提。期

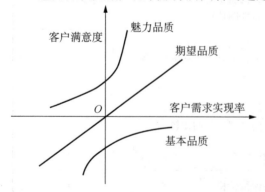

图 4-5　卡诺的客户满意度模型

望品质、魅力品质与客户满意度之间则是非线性正相关关系,这给企业的统计分析带来了较大的问题。

根据卡诺模型,会展企业为提升客户的满意度,需要分别针对不同特性采取对应措施:

对基本品质,会展企业须重视并全力以赴地满足客户的基本型需求;对期望品质,这是竞争性因素,企业应尽力争取做到;对魅力品质,会展企业应尽力提供客户所没有想到的服务和产品。

卡诺模型是定性分析,难以被量化,是对客户需求或者说对绩效指标的分类,帮助企业了解不同层次的客户需求,找出可能接触点,识别可以改善的重要因素。

第四节 会展客户满意度与忠诚度的关系

一、会展客户满意陷阱的概念

会展客户满意陷阱最早由哈特(Hart)和约翰逊(Johnson)发现。通过客户满意与客户忠诚之间关系的实证研究,发现在客户满意与客户忠诚之间存在正相关关系,包括非线性相关,即存在所谓的"质量不敏感区(Zone of Indifference)"。在质量不敏感区内,会展客户满意与会展客户忠诚关系曲线呈现平缓趋势,即满意水平的提高没有带来相应显著的忠诚度,称此现象为会展客户满意陷阱。

二、会展客户满意陷阱的成因

(一)会展客户满意陷阱的形成

会展客户满意度、客户忠诚度之间关系如图4-6所示。

可以看出,会展客户满意度与客户忠诚度关系曲线上有一段较为平缓,直到客户满意持续了较长的时间后,才呈现出近似线性的特征。客户感知理论认为前一阶段的客户感知为基本满意,后一阶段为超级满意。如果在过程中满意中断,顾客会转移购买,形成会展客户满意陷阱;只有

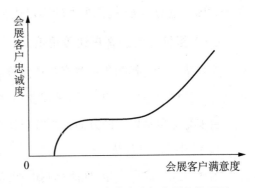

图4-6 会展客户满意度与忠诚度关系图

超级满意才会产生客户忠诚。

(二) 会展客户满意陷阱的形成原因

1. 基于双因素理论

1959年,赫茨伯格提出双因素理论。他认为保健因素和激励因素是影响人的需要和行为的两大类因素。其中,保健因素与环境有关,达不到会导致员工不满,达到也不能激励员工;激励因素与工作本身有关,达不到不会产生不满,而达到就能激励员工。从对人类心理的分析角度,该理论不仅适用于激励员工,也可应用于激励客户。

客户期望由两部分组成:基本期望和潜在期望,基于此,会展客户满意对应存在两种类型的满意。基本期望是客户认为产品或服务理应满足的需要,属于保健因素,达不到就会产生不满,达到了也不会提升满意度;而潜在期望则是指产品或服务超出期望又确实需要的部分,属于激励因素,达不到不会产生不满,达到会提升客户的满意度,进而转为忠诚。客户流失在一定概率上是由于潜在期望未达到满足,即客户满意陷阱的成因。该理论是在基本期望得到满足的前提下,对潜在期望的关注。

2. 基于竞争因素理论

在考虑会展客户满意陷阱成因时,双因素理论仅做到了从本企业出发,而未考虑竞争。事实上,会展企业在竞争中不仅重视满足潜在期望,更要在相比之下成为出色的那个,方可真正消除会展客户满意陷阱问题。所以,必须于竞争层面,维护客户忠诚。

三、会展客户满意陷阱的解决

会展客户满意陷阱的存在归根结底是由于竞争的存在。有竞争的地方就会有比较,有了多种选择的可能才会有客户的转移。实质上,只有对会展产品或服务忠诚的客户,而没有纯粹对会展企业忠诚的客户。由此,会展企业要真正解决会展客户满意陷阱问题,就要纳入竞争者因素进行考虑,提供更大的客户让渡价值以使客户满意。

(一) 提供更大的客户让渡价值

客户普遍会选择购买那些客户让渡价值最高的会展企业产品或服务。会展公司要通过提高客户让渡价值使客户忠诚,不仅要提供满意的产品和服务,并且要比对手更出色。

会展企业可从以下两方面提高客户让渡价值:

1. 提升总客户价值

为客户提供品质卓越、性能卓越的产品,满足其个性化需求,让客户充分认识到会展企业产品或服务的价值。通过人性化和情感化的沟通,使客户重视企业服务的存在。加强员工素质,增加客户对公司产品和服务质量的信任。通过打造具有良好社会形象和高知名度的品牌,客户可以享受知名品牌带来的地位和喜悦。

2. 降低总客户成本

会展企业可以利用最先进的生产和管理技术来提高制造效率,降低产品成本,让客户享受质优价廉的服务,就像沃尔玛的日常运营一般,降低客户试用成本,加强信息发布和售后。降低客户在服务、品牌形象塑造、分销网络扩展、产品决策、购买和使用过程中感知的成本。

(二) 维持更高的客户转移成本

客户为品牌转移所支付的成本由四方面组成:

1. 沉淀成本

沉淀成本是指一项投资无法通过转移或销售得到完全补偿的那部分成本,只在交易关系继续的情况下才有价值。

2. 交易成本

交易成本指达成一笔交易所要花费的成本,也指买卖过程中所花费的全部时间和货币成本。

3. 合同损失

转移的折扣损失与合同损失是指原本预期收益的损失(原有企业伙伴提供的折扣利益)或预期损失的发生(违约金或罚金)。

4. 心理成本

心理成本是指情绪因素引起的成本感知,包括改变习惯和偏好的情感成本、对选择新品牌带来的未知风险的认识等等。

如果客户转移前后获得的客户让渡价值差异大于客户转移成本,即表示客户转移是有利可图。如果一个新的制造商想要获得客户,它需要提供更多的总客户价值。或者,降低客户总成本,意味着需要牺牲产品质量的可能或提高研发效率。此外,客户转移成本高,新厂商难以介入,本企业就可达到阻止竞争对手进入市场的目的。吸引客户转移而来,增加客户转移成本,以此来留住客户是微软的成功经验。微软早期对盗版 Windows 和 Office 软件(提供高客户转移价值)的容忍,就是为了让用户形成习惯和对其产品的依赖,付出高昂的学习成本(增加客户转移成本),并最终形成垄断(客户锁定)。

资料链接 4-2

客户满意与客户忠诚之间的关系要受行业竞争状况的影响

长期以来,人们普遍认为客户满意与客户忠诚之间的关系是简单的、近似线性的关系,也即客户忠诚的可能性随着其满意程度的提高而增大。然而,近些年的相关领域的实践却对这种判断做了一定的否定。

客户满意与客户忠诚之间究竟有何关联？琼斯(Jones)与萨瑟(Sasser, 1995)的研究结果表明,客户满意与客户忠诚之间的关系要受行业竞争状况的影响,在不同竞争程度的行业中,客户满意度与忠诚度具有不同的相关性。

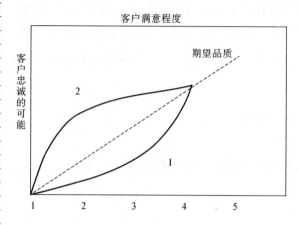

图 4-7 客户满意度与忠诚度关系

如图 4-7 所示,虚线左上方表示低度竞争区,虚线右下方表示高度竞争区,曲线 1 表示高度竞争的行业中客户满意程度与客户忠诚之间的关系,曲线 2 表示低度竞争的行业中客户满意程度与客户忠诚之间的关系。

观察曲线 1 可以看出,在竞争程度较高的行业中,随着客户满意度的增加,客户的忠诚度将以更大的程度增加,尤其是在客户达到比较满意的状态之后。这意味着如果企业能在达到使客户较为满意的状态时,再采取相应的措施提高客户的满意度,则企业可获得客户更高程度的忠诚。当然,如果采取逆向思维过程,从客户满意度降低的方向来看,则意味着如果在客户满意度比较高的程度下客户满意度被降低,客户的忠诚度则会骤然下降。这表明在竞争程度较高的行业中,企业要想获得客户较高的忠诚度,就必须提高产品或服务的质量,尽力达到使客户最满意的状态。

观察曲线 2 可以看出,在低度竞争的行业中,客户满意度对客户忠诚度的影响较小,这似乎与人们传统的认识十分吻合。然而,这只是一种假象。如果当造成低度竞争的障碍被消除后,曲线 2 很快就会变得和曲线 1 一样。在较低的竞争环境下,客户只能面对企业的产品或服务,没有其他的选择,即使客户并不是真的喜欢这家企业的产品或服务。这意味着,在低度竞争环境下的企业,不能在暂时性的客户被动忠诚下就停止对客户满意度的提升。一旦市场竞争加剧,客户将立即转向其他企业的产品或服务,企业将受到严重打击。当然,如果在低度竞争市场环境下,企业依然能够不断提升客户的满意度,客户的忠诚度也将随之提高,这会给后来的竞争者树立起难以抗衡的堡垒。

琼斯与萨瑟(1995)主要采用客户再次购买意向来衡量客户忠诚感。在市场竞争激烈的情况下,这种衡量方法可以较准确地反映客户忠诚感。但在低度竞争情况下,则很难提示客户内心的真正态度。这时客户的再次购买意向主要是由外界因素决定的,一旦外界因素的影响减弱,客户不忠诚的态度就会通过客户大量跳槽表现出来,在图4-7中表现为曲线2很快向曲线1变化。这表明无论竞争情况如何,客户忠诚感与客户满意程度的关系都是十分密切的,只有客户完全满意,客户的忠诚感才会比较强烈。

资料来源:花拥军.《客户关系管理》[M].重庆:重庆大学出版社,2012

本章小结

会展企业应充分重视客户满意度,从而采取相应的合理改进,因为涉及会展的方方面面:会展的活动内容、服务水平和参展效果等各方面,会展活动的计划与安排,展览、会议的基本服务和配套服务的质量,参展目标的实现程度、参展的成本效益等都会直接影响会展客户的满意度。

对于组展商来说,影响会展客户满意度的因素众多,客户满意度呈现出多层次化的特点。会展企业想提高客户满意度,先要准确了解客户事前期望,并且最大限度地实现,对客户满意度进行指标具体化,只有这样,才可能有针对性地采取提高客户满意度的措施。

1. 会展客户满意度是什么?
2. 会展客户满意度有哪些特性?
3. 为什么要提高会展客户满意度?
4. 应该如何将会展客户满意度转化为客户忠诚度?
5. 客户满意度指数模型有哪几种?
6. 会展客户忠诚度与满意度的关系是什么?什么是客户满意陷阱?

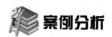 **案例分析**

智慧会展风口,谁抓住了机遇?
——各行业智慧升级与智慧会展并行

自去年3月,中共中央政治局常务委员会的会议中指出,"要兼顾疫情防控和对外经贸合作,在落实防疫措施前提下为商务人员往来提供便利,保持国际供应链畅通,创新招商引资、展会服务模式,保障各类经贸活动正常开展"。如何实现创新展会服务模式成为一年来业内重点讨论的焦点问题。

在这一年里,各地会展主管部门、展会主办方、会展场馆、行业专家等积极行动、发声,提出了在运营管理、招商招展、智慧办展等多方面的解决方案。在疫情防控常态化背景下,会展行业求新求变,寻求能够更好满足参展商的展会功能,实现"线上+线下"展会模式,践行创新理念,推动自办展览不断升级。智慧办展体现在多个方面,众多科技企业投入打造线上会展的环境下,线上会展平台取得一定成绩,智慧办展还应体现在线下展览的各个细节之处。

……

为了顺应数字经济的发展趋势,广西南宁力邦展览有限公司项目总监田昊一直在寻找数字会展平台,寻求线上会展的解决方案。从2018年开始,他就在不断尝试跟一些平台接触、合作,试图在线上会展方面有所突破。

田昊希望通过线上会展为他的客户拓展商业边界。在他看来,线上会展有着巨大的优势,它不会受到时间、空间的影响,参展商随时随地都可以参展、观展,寻求合作机会。他在不断摸索,希望能够打造"365天"不会落幕的展览。田昊眼里另一个线上会展的巨大优势是参展成本。线下展览对于很多中小企业来说,特装、人员费用是一笔不小的开支,而线上展览可以为企业节省很多开支。

疫情加速了线上会展的发展。与此同时,由广西南宁力邦展览有限公司主办的广西安博会所涉及的安防领域也面临着智慧升级。随着5G的商用,区块链和人工智能技术日趋成熟,物联网正在从"连接"走向"智能"。智慧城市、智慧社区治理与建设、智能医疗和大健康养老、智能安防、智慧家居、区块链溯源等成为新场景,这些对安防领域提出了新要求。田昊知道,安博会必须加大在智慧会展方面的投入。疫情期间,田昊接触了多家线上会展平台,但都没有很快达成合作,直到他遇到了银河会展中心。银河会展中心跟线下展览结合得非常密切。银河会展中心即时性非常强,功能非常人性化,能够仿真线下的面对面交流,让所有参展商、观展商在虚拟的空间即时对话。这些特点让田昊非常动心,符合了田昊在线上办展的需求。从接触到考察,田昊只用了一周时间就与银河会展中心签订了合作协议。

2020年第十四届广西安博会暨司法警用消防救援装备展览会与银河会展中心合作推出了线上展览,取得了不错的效果。田昊实现了他的"小目标":将持续3、4天的线下展览扩展到持续一个月的线上展览,让参展商、观展商有更多的机会寻求商机。当参展商、观展商进入这一模拟线下展览的线上空间,大家可以跟在线下观展一样按着展馆的路线走动,可以在展厅里看到自己的真人模拟所处的位置,也可以在自己感兴趣的展位驻足交流,还可以根据方向指示,走到自己希望到达的展厅、展位,而且当你进入一个展位,马上就能跟该展位的工作人员现场交流,实现在这样一个虚拟展厅里两位乃至多位真人模拟的面对面交流。当参展商需要召开推广会,他们可以直接进入到单独的会客厅。大家可以在里面发言,演示PPT,播放视频,发布新品,展示产品的功能,如同身临其境般参加了一场线下会议。

"我们的参展商、观展商对这种模式比较认可。很多企业也在上面寻求到供应商或者合作伙伴。"田昊说。下一步,他准备与银河会展中心长期合作,进行深度融合,将广西南宁力邦展览有限公司主办的所有展会都实现"线上+线下"融合发展。

"2021第15届广西国际社会公共安全产品暨司法警用反恐装备展览会"将于2021年3月26日—3月28日在南宁国际会展中心举行。展会以"智能安防、智慧城市、5G应用、物联网"为主题,继续以"线上+线下"融合方式办展。"我比较看好线上会展的未来发展。尤其是随着VR技术等新技术的开发、直播等新的商业模式的出现,线上会展大有可为。未来,我们还将在线上会展方面投入更多人力、物力。"田昊说。

资料来源:裴超,陈珂.智慧会展风口,谁抓住了机遇?——各行业智慧升级与智慧会展并进[J].中国会展,2021(03):38-43

 思考题

1. 通过田昊的观点,你认为会展行业在智慧办展方面提升客户满意度有何突破点?
2. 分析材料,你是如何理解提升客户满意度与建立客户忠诚度之间的关系的?

第五章

会展客户的建立

 学习目标

- 理解会展客户的细分
- 掌握会展客户的识别与选择
- 了解会展客户的开发

 重要概念

会展客户细分	会展企业潜在客户	会展企业忠诚客户	会展消费者客户
会展企业中间客户	会展企业内部客户	会展企业公利客户	灯塔型客户
跟随型客户	会展客户识别		

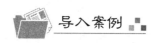 **导入案例**

未来十年"更老"和"更新"成两大主流消费群体

中国青年网北京 2019 年 8 月 1 日电 7 月 31 日,著名营销专家王海宁表示,随着社会生产力的不断发展,未来十年两大主流消费群体已经浮出水面,一类是银发一族,叫"更老,更爱健康"。随着城镇化进程的加快和老龄化社会的到来,城市老年人成为商家竞相追逐的对象。与农村不同,城里的老年人比年轻人有钱,而且舍得花钱。开启精彩人生下半场的银发一族,在全球范围内正在成为消费新主力!国家统计局数据显示,去年年底,65 周岁及以上人口就有 1.67 亿人。

另一类是千禧一代,叫"更新,新新人类"。美国把 1982—2000 年出生的人叫"千禧一代"。王海宁指出，千禧一代在消费上基本上是开启24小时随时"买买买"模式。他们是注重个性、乐于尝试新事物、品牌意识强、互联网化的一代。千禧一代的人口数量在中国有4亿多人，是美国的5倍。

我们所说的高端食品，相当一部分是面向"更老"和"更新"的两大消费群体。记者在发布会上了解到，"2019秋季中国糖果零食展暨全球高端食品展"（全食展），将于8月30日—9月1日，在宁波国际会展中心举行。同期举办中国冰淇淋冷食展（中冰展）。2019秋季全食展暨中冰展，由中国副食流通协会和台湾食品发展协会支持，龙品锡展览主办。该展览会的品牌主张为"为高端食品打call"，正是顺应了这一趋势。

7月31日，龙品锡展览在北京京瑞大厦举办了"2019秋季全食展暨中冰展新闻发布会"，及时发布行业趋势和展览会最新筹备情况。

著名营销专家、全食展暨中冰展组委会主席、龙品锡展览总经理王海宁在发言时表示，本届展览会的国际化程度进一步提高，专业化分区更加细致，配套论坛和对接活动的规格更高。展品数量和专业买家的人数将再次刷新纪录。整个中国食品行业都已经准备好了，共聚宁波，共享巨大商机。此外，王海宁还表示，全食展暨中冰展与大多数展览会不同，背后有一个由《中国糖果》《零食快报》《中国冰淇淋》以及《食品周刊》等食品细分领域头部媒体组成的媒体矩阵。通过开放部分媒体流量，使得广大参展商和前来参会的专业买家达到收益倍增的效果。

会议现场，龙品锡展览副总经理、中冰展项目总监祝宝威，对2019秋季中冰展推介时表示，为了帮助参展厂商与经销商之间的有效对接，中冰展团队对专业买家进行了邀请，包括便利店、商超、卖场、大流通渠道、电商渠道以及生鲜渠道和餐饮渠道等。此外中冰展团队还重点邀请了有大渠道控制力的经销商，如北京崔锦仪、新乡左晓霞、西安陈苏文、广州方清兴、湖北沈玉会以及东北于萍等在内的金牌经销商，再次到宁波参观和订货。而备受瞩目的"中冰展金销商大奖"——2019中国冰淇淋冷食金销商100强榜单，将于中冰展期间正式公布。

记者了解到，网红产品汇聚将会成为本届展会的一大亮点。其中，在近期红遍网络的钟薛高李大橘、橙色星球、王老吉凉茶冰棍、中街1946、红丝绒、双黄蛋和冰杨梅等网红产品将共同亮相宁波秋季中冰展。祝宝威表示，很多食品企业希望借助全食展暨中冰展的平台实现品牌沉淀，从线上营销转化为线上线下并行，完成线下营销的落地。同时，展会产品品类的多样化，能够为冰淇淋和冷冻食品厂商的企业发展战略和市场定位提供一些思路。

此外，高端化、国际化也是本届展览会的亮点之一。其中包括俄罗斯进口冰淇淋品牌古斯托夫、西伯利亚冰雪、海象等，韩国进口冰淇淋乐飞利，新西兰进口冰淇淋玛琪摩尔，泰国进口冰淇淋SALI，意大利进口冰淇淋Sammontana等，都将在2019秋季全食展暨中冰展上发布年度新品。

资料来源：财经_中国青年网（youth.cn）（2019-08）

第一节　会展客户的细分

一、会展客户细分的概念

会展客户细分是在明确的战略业务模式和目标市场中,根据客户的价值、需求、偏好等综合因素对客户进行的分类,并依据此分类结果提供有针对性的产品服务和营销模式。客户细分是客户关系管理的基础,是将一个大的客户群体划分成一个个细分群(客户区隔)的操作,同客户区隔的客户彼此相似,不同客户区隔的客户彼此有差异。

同一区隔的客户可以因为多种要素或者多种要素组合而被称之为相似。但是强调该细分要素或要素组合首先是对本企业营销目的有价值的。

企业营销管理中客户细分的第一阶段是市场细分,基于预设客户群,主观性强;而CRM强调以细分的客户区隔为基础,而非笼统的客户,结合价值定位实现差异化营销服务。两者方法相似,但出发点和角度不同,因而最终结果也不同。

会展企业需了解客户细分的概念、分析方法和原则,并根据自身情况建设与此方法相适合的管理与策略,尤其要树立正确的CRM理念,善于识别客户、分析管理客户、保留客户。

二、会展客户细分的目的

会展企业明确客户后,就应该对客户作细分。客户细分是为了回答一系列重要问题。只有搞清楚这些问题的答案,会展企业才能在有限资源条件下"因材施策",保留住高价值客户和最大部分客户群。

这些重要的问题包括:

- 谁是本企业的客户?
- 客户有哪些需要?
- 会展企业如何有针对性地吸引客户?
- 哪些客户最有价值?
- 如何满足客户需求?
- 谁是可以挖掘的潜在客户?
- 哪类客户成长性较好?

- 哪些客户容易流失?

在对会展客户细分后,会展企业会更倾向对高价值客户的行为进行预测和分析,这取决于不同类型的客户对企业的价值不同。

对于会展公司而言,培育忠诚客户的首要任务是选择正确的客户。所谓正确的客户是指那些有愿意并且有能力忠诚于企业,能为企业带来赢利的客户。并非参加会展的全部客户都是对企业忠诚的。有些前来的参展商只是抱着看一看、随便逛一逛的心理,可能遇上哪届会展就顺便来参展,以后也不会专门计划来参展。对于这类客户,组展商就没有必要为了这些客户的一次参展行为就盲目投入大量精力提供服务。而对于那些对展会影响力具有重要价值的参展客户,组展商应投入大量精力为这部分参展商服务,尽可能创造一切便利条件吸引这类客户前来参展。

三、会展客户细分的步骤

会展客户细分的步骤如表5-1所示:

表5-1 会展客户细分的5个步骤

步骤	内容
特征细分	由于客户需求往往取决于其社会和经济背景,因此,可以从其社会和经济背景相关要素角度进行细分 这些要素可以包括地理(如居住地、行政区等),社会背景(如性别、年龄、收入、行业、职位等级、宗教信仰、受教育程度、家庭成员数量等),心理素质(如个性、生活型态等)和消费历史(如置业情况、购买动机类型、品牌忠诚度、对产品的态度)等
价值细分	不同客户价值不同,有的可以连续不断创利,有的则是偶尔一次为企业带来好处,所以企业要识别不同客户的价值。在经过基本特征的细分之后,需要对客户进行高价值到低价值的区间分隔(例如大客户、重要客户、普通客户、小客户等),以便根据"20%的客户为项目带来80%的利润"的原则重点锁定高价值客户 客户价值区间的变量包括:客户利润贡献、客户响应力、推荐成交量、客户销售收入、忠诚度等
需求细分	围绕客户细分和客户价值分隔,选出最有价值的客户细分,提炼共同需求,以此为导向精细化企业的业务流程,实施差异化营销
技术聚类	目前多采用聚类技术来进行客户细分。常用的聚类方法有K-means、神经网络等。企业随时根据需要选定不同聚类算法来对客户进行细分,该过程包括数据初始化和预处理
评估结果	客户细分后,应该通过下面几条规则来测试各个细分的有效性:与业务目标相关的程度、基数是否够大、是否容易开发独特的宣传活动等

四、会展客户细分的原则

(一) 尊重客户原则
会展企业在客户管理与服务中,应坚持"客户一律平等"原则,尊重客户。

(二) 长期合作原则
在管理上,眼光放长远,不因贪图眼前一时之利而背弃长远的合作目标。不论从减少风险、提升效益或降低成本角度,客户稳定都可谓是企业稳定的前提。

(三) 确保利益原则
在合作中互惠互利、共同发展、实现双赢。只站在企业角度,一味考虑单方面利益的会展企业是不可能有长期合作伙伴的。

(四) 持之以恒原则
会展企业要常抓不懈,尤其是管理和服务板块。需要设专人对业务负责,并制定严格的考核办法。

五、会展客户细分的标准

按照不同的标准进行会展客户类型的细分。

(一) 客户重要性
会展企业通常按照客户重要性分类。如采用"ABC 分类法",将客户依次分为普通型、重要型和贵宾型三类,如表 5-2 所示。

表 5-2 用 ABC 分类法对客户进行划分

客户类型	客户名称	客户数量比例	客户为企业创造的利润比例
A	贵宾型	5%	50%
B	重要型	15%	30%
C	普通型	80%	20%

表 5-2 所列的数字为参考值,不同行业、不同企业的数值各不相同。在银行业中,贵宾型客户可能只占到客户数量的 1%,但创造的利润可能超过 50%;而宾馆的贵宾型客户的数量可能远大于 5%,为企业创造的利润可能也小于 50%。

表5-2较好体现了"80/20"法则。当然,对于80%的普通型客户,还可进一步划分。有人认为,80%中有30%的客户无法为企业盈利却消耗着企业资源,因此建议将"80/20"法则改为"80/20/30"法则,即对80%的普通客户中的这30%的客户专门采取措施,要么促使其转变为重要型,要么中止合作。

根据以上分析,获得会展企业最大利润的方法就是对不同类型客户实施专属策略。实际中,许多行业已经开始意识到要通过价值区分来对客户进行细分管理,金融、旅游、电信等领域就尤为明显,甚至已有部分企业正在运用复杂的模型来更精准精深地分析客户数据。

资料链接 5-1

最佳客户与最差客户

(1)最佳客户是指喜欢企业的产品或服务,使企业有生意可做的那些客户,他们是企业有望的回头客。好的客户会这样做:让企业做擅长的事;认为企业做的事情有价值并愿意购买;通过向企业提出新的要求,帮助企业提高技术或技能、扩大知识面,使企业合理地利用资源,带企业走向与战略计划一致的新方向。

(2)最差客户恰好相反,他们会这样做:让企业做那些做不好或做不了的事情;分散企业的注意力,使企业改变方向,从而与企业的战略和计划脱离;只购买企业很少部分的产品,使企业消耗的成本远远超过他们可能带来的收入;要求很多的服务和特别注意,以至于企业无法把精力放在更有价值且有利可图的客户上;尽管企业已经尽了最大的努力,但他们还是不满意。

将企业的所有客户进行统计,我们会发现企业经营收入的80%是由20%的客户带来的,这20%的客户就是企业的最佳客户。很明显,企业有更多的理由让他们对企业的产品或服务更满意;而对于另外的80%的客户,在竞争中放弃他们也没有什么值得可惜的,因为他们对企业的作用不大,甚至有时还会给企业制造麻烦。例如,他们的财务状况十分糟糕,不能及时付款,会给企业带来巨大的风险,就像美国"次贷危机"中的"次级客户"。如果企业没有这些客户,企业的处境可能会更好一些。

资料来源:王春凤,曹薇,范玲俐.《客户关系管理》[M].上海:上海交通大学出版社,2016

(二)客户忠诚度

将会展企业客户按照忠诚度来划分,可分成潜在客户、新客户、常客户、老客户和忠诚客户等。潜在客户是指对本会展企业存在需求,但由于某种原因还未与本企业进行合作或者交易的客户,会展企业要对其努力争取;新客户是指那些刚与企业开始交易的客户,他们对

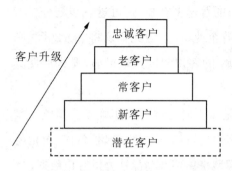

图 5-1 不同客户为会展企业创造的利润分布图

企业产品还不是很了解;常客户是指常与本企业发生交易的客户,在所有客户中交易数据相对较高;老客户是指已长期与本会展企业交易的客户,深入了解企业及企业产品,但不排除同样与其他企业有交易往来;忠诚客户则高度信任依赖该会展企业产品,是本企业长期稳定的客户,这类客户基本上就只在本企业消费。

客户对会展企业利润的贡献因忠诚度的不同而具有较大差异,可以简单图示为图 5-1。

一般来说,忠诚度与客户和会展企业之间交易时间及次数有关,忠诚的客户才会长期高频地与企业进行交易。但是,客户的忠诚度不是一成不变的,如果企业服务得法,在反复赢得客户信任之后,潜在客户就有可能转变为新客户,新客户还可以进一步变成常客户,进而转成老客户,再成忠诚客户。但如果产品或服务不得法,会导致客户群整体忠诚度回落,甚至弃企业而去。

(三)购买关系

顾客购买目的各有不同,因此与会展企业形成的购买关系也就不同。具体如表 5-3 所示。

表 5-3 与会展企业形成购买关系的不同客户

客户类别	内容
会展消费者客户	是指购买会展企业最终产品的直接消费者,通常是普通观众。这类客户数量众多,但消费额一般不高,会展企业经营这类客户付出精力很大,但很难获得显著回报。
会展企业中间客户	是指购买会展企业的产品或服务不是自己消费,而是将买来的产品或服务附加到自己的产品或服务上再进行销售,是处于企业与消费者之间的经营者,典型例子就是参展商或一些专业观众。
会展企业内部客户	是指最容易被会展企业忽略的一类客户,是指会展企业(或联盟企业)内部需要会展产品以实现商业目标的个人或业务部门。这类客户最具长期获利性。
会展企业公利客户	代表公众利益,向企业提供资源的同时直接或间接从企业获利中收取一定比例费用的客户。典型例子是政府、行业协会和媒体。

(四)交易关系

根据客户所处的不同交易阶段,对客户作以下分类:

1. 非客户

非客户是指与会展企业无直接交易关系的客户群体。

2. 潜在客户

潜在客户是指对企业的产品有需求,但还未与本会展企业发生交易的客户。

潜在客户包括以下三个层面:

- 对某个地区来说,该地区可能是潜在市场,该地区的组织或个人则成为潜在客户;
- 对某个阶层(如按城乡划分的阶层等)来说,该阶层的组织或个人则成为潜在客户;
- 对某个组织或个人来说,可能是本组织的潜在客户。

3. 目标客户

目标客户是指与本会展企业交易中,可给会展企业带来利益的客户。

4. 现实客户

现实客户是指会展企业产品或者服务的现实购买群体。

5. 流失客户

流失客户是指那些只在曾经是本会展企业的客户的群体。

(五)价值能力

1. 灯塔型客户

灯塔型客户是指在参与会展活动上喜欢有新的尝试,对价格因素可以说不是很敏感。当然,诸如这些的行为背后一定还存在一些基本特征,比如收入颇丰,对产品相关技术有一定了解,受教育程度较高,有较强的探索欲望等等。灯塔型客户群不仅自己率先购买,而且积极鼓动他人。正是由于灯塔型客户拥有的这些优秀品质,使其成为众商家愿意倾力投资的目标。

2. 跟随型客户

如果说灯塔型客户是引领潮流,那么紧跟潮流就是跟随型客户最大的特点。他们不一定真正了解会展业的新产品,但他们愿意参照灯塔型客户的购买行为和选择,他们是真正感性的消费者,注重自己的心理满足,对价格不一定敏感,但注意品牌形象。

3. 理性客户

这类客户在购买时非常谨慎,会反复思量产品的性价比,对产品(服务)质量、后期服务承诺以及价格都较为敏感。他们对其他人的建议只是保持听取的态度而绝对不会盲从,他们只相信自己衡量比较之后的判断,在每一次购买决策下定以前都会进行精密计算,从来不依赖于任何品牌。所以,这类客户交易价值很小,只能在自身满意的前提下才会为企业提供单次客户购买价值、信息价值与口碑价值。

4. 逐利客户

这类客户对价格非常敏感,他们只够买具备明显价格优势的产品。逐利客户的形成可能与基础特征的收入水平密切相关,其可能处在社会的较底层,基本上这类客户的购买选择不会影响到任何人的购买意愿,而且他们传达的信息也只是集中在价格上,因此,逐利客户的口碑价值可以忽略不计。

(六) 销售盈利

1. 经济型客户

经济型客户希望投入最低的成本以获得最大的产品价值,所以他们只关注价格,选择与那些会展企业进行交易只是因为该会展企业的产品最为便宜。吸引这类客户最简单的办法就是搞促销,因为他们不是哪个会展企业的忠诚客户,而只是"便宜"的忠诚客户。虽然他们带给会展企业的销售利润不及其他客户,但是会展企业却不能降低服务质量。

2. 道德型客户

道德型客户认为自己有义务去光顾那些社会责任感较强的会展企业。社会声誉好的会展企业可以拥有他们的忠诚。

3. 个性化客户

个性化客户看重人际间的认可和交谈。需要会展企业着重考虑他们的特殊要求。

4. 方便型客户

方便是吸引这类客户的重要因素。他们常常愿意为更加方便而额外付费,如送货上门。

(七) 销量风险

从销量与风险角度可将客户划分为以下几类:

1. 销量大且忠诚的客户

他们不断重复与同一会展企业合作,已对该会展企业产生高度的认可和依赖。他们正是会展企业最有价值的客户。如果会展企业越多拥有这类客户,那么它的盈利就越稳定,该会展企业就越能在竞争中更有潜力。

2. 销量大但不忠诚的客户

这类客户对会展企业的危险最大,这部分客户通常以自身销量优势向会展企业提出要求谈条件,如果一旦提出的要求未被满足,就会背离企业,给企业的销量带来巨大的风险,由于其比重占会展企业的大部分销售量,所以不能对其小觑。

3. 销量小且不忠诚的客户

对待此类客户就是该出手时出手,该淘汰时淘汰。

4. 销量小但忠诚的客户

这类客户虽然为企业带来的销量不多,但是也许就是企业主要盈利的明日之星,对于这部分顾客,会展企业要多加关心扶持、耐心培养、细心维护。

会展客户细分是实施会展 CRM 过程中一个非常重要的基础性环节。办展企业要选定细分的依据,明确细分标准,将客户分为不同的类别。避免由于过于宽泛而混淆不同客户的特征,达不到客户细分的目的;同时切忌过于细致的客户细分,尽管能够识别不同的客户群体,但是会消耗较高的成本。因此,要合理进行客户细分。

六、会展客户细分的模型

(一)了解客户细分问题

客户细分是在深刻熟知会展企业所面对的客户群具有的特征及需求,并在此基础之上,将整体的客户进行一定程度的细致分类。这其中需要搞清楚的问题有:

- 客户需要什么?
- 不同客户的需求有什么差异?
- 需求不同的原因是什么?
- 需求产品的风格如何?
- 需求动机是什么?
- 客户对公司的创利有多少?
- 为客户提供产品的成本是多少?

对问题回答的清晰程度决定着细分的质量,同时也深刻影响着会展企业未来的决策。

(二)构建客户细分模型

会展企业可按照表 5-4 所示模型分析各细分市场。

表 5-4 会展客户细分模型

细分市场名称	客户区分的因素	产品需求	服务需求
细分市场 1	风格	这个细分市场希望从会展企业买到什么?	客户希望会展企业提供什么服务?
	动机	客户从会展企业买了什么?为什么?	客户为什么需要这样的服务?
	利润水平	会展企业从客户身上能赚到多少?	会展企业为客户提供服务的成本是多少?
细分市场 2	风格		
	动机		
	利润水平		

构建细分市场模型不是会展企业需要完成的一次性的工作,而是一个不断反复的过程。

管理者最初可以凭经验或直觉进行构建,但是接下来则需要现实数据和相应的工具加以客观分析并随着认识的加深不断完善。

(三) 把握客户细分的关键

1. 确定细分市场数量

会展企业不能无限细分市场,而是需要限制细分数量。

虽然根据特定的营销活动,也有营销总监将客户细分市场划分成成百上千个。但是,于战略层面之上而言,过于细化的客户细分市场并不适合管理。细分的目的在于它可以驱动公司的行为,而一个公司只能处理一定数量的细分市场,通常是 4—10 个。如果太少,客户的差异化程度可能不够明确;太多则不适合管理。

2. 确定客户细分标准

确定客户细分的标准取决于企业的客户价值标准。例如,服务型会展企业则可以把重点放在客户所需的会展产品和服务上;产品领先者可以考虑客户的产品购买行为和品牌亲和力。

现代的应用软件可为以"客户关系"为核心的会展企业提供不少行为方面的数据(例如交易频率)。对于 CRM,行为模型比人口统计模型更有价值。

七、会展客户细分的意义

客户是会展企业生存和发展的基础。无数的事实证明,一个会展企业只有不断地识别抓住各种机会了解客户,获取信任,为他们提供个性化的服务,才能在激烈的市场竞争中得以立足。

不同客户价值不同。很多会展企业不再只看客户数量和盲目地为提升市场份额作努力,而是更多地看客户"质量"。因为一个会展企业发展的顺利与否大部分是取决于客户价值、客户满意度和忠诚度。究竟谁是会展企业的"高质量"客户?如何吸引、保留和开发优质客户已成为会展企业亟待解决的问题,也是决定会展企业成功实施 CRM 的重点。

此外,网络的遍布扩大了会展企业可以接触的客户范围。同时,通讯技术的飞速发展,也为会展企业了解每一位客户的信息提供了可能性。然而公司的资源仍然有限,针对客户价值优化资源应用是会展企业所必需。因此,在 CRM 中,需要对客户进行细分。

1897 年,意大利经济学家帕累托提出了"二八"法则,该法则蕴含的意义是"关键的少数和微不足道的多数"。该法则广泛应用于经济和社会生活中。对于企业而言,只需满足重要的少数就可生存发展。目前,这个法则已经成为现在管理界销售业务中熟悉的"80/20"原则。

对同一产品或服务,不同顾客的期望也会不同。顾客的要求越来越理性,迫使会展服务整体质量也有所提高。顾客消费的不只是产品的某种单一特征,而是多种特性的组合。一种产品无法满足会展企业面向的全部客户,而只针对某类主导客户及非主导客户;除此之外,特定的产品也需要是多层次,以满足多类客户群。因此,对具备不同价值的客户进行细分对企业决策具有重要意义。会展公司想知道哪些客户最有价值,哪部分客户易于流失,就必须进行客户细分,对应客户实施营销。另一方面,客户细分使高价值客户更加呈现出资源显性化,通过客户关系实现可预期的盈利分析,为会展企业决策提供依据。

简而言之,通过客户细分可提供更精准的客户服务,增加会展企业利润。从某种角度上来说,客户细分是实施CRM的基础。

通过利用信息技术支撑,会展企业将收集来的客户信息建立数据库,分析和整理现有客户数据,在识别特定客户基础上,找到具有相同或相似需求和特征的客户群并对其进行合理分类。

第二节 会展客户的识别与选择

随着市场环境竞争加剧,客户有了更多的选择自由,而消费者的需求也在多样化。客户的选择决定了会展公司的命运。会展企业要想谋求生存和发展,就必须尽最大努力吸引消费者,把他们变成客户,建立长期良好的关系。

对于分不清哪些是重要客户,哪些是最有潜力客户的会展企业,不仅其CRM无法有效进行,资源的有效配置更是缺乏基础。所以,客户识别是运作CRM实际过程中必不可少的重要部分。会展客户识别是会展企业进行客户关系管理的先决条件。对于重要的潜在客户、高价值客户和其他关键客户,如果会展企业不能对其进行精准识别,自然就得不到与该类客户建立和发展关系的机会。

一、会展客户识别的概念

会展客户识别是指根据会展用户的社交情况、消费行为等数据,分析客户的需求、购买力和决策权,搜寻适合本会展企业服务和产品的潜在客户。

理论上,每个消费者都可能是企业客户,但实际上,特定企业的客户或客户群的范围是有限的。由于产品特性的存在,生产的产品有特定的客户群,因而每个公司都有特定的业务范围。因此,只能通过识别客户来设定客户管理任务。与其花费大量的精力和金钱去追逐每一个客户,不如提前明智地识别他们。识别一个客户群,然后高效挖掘高质量客户,通过合理的客户开发策略建立良好的声誉,继而促成和维护与该类客户之间的长期合作关系。

会展客户关系管理的核心内容之一就是会展客户识别,这直接影响到会展企业实施CRM 的成败。

二、会展客户识别的作用

客户识别可更好地维系会展企业与客户的关系,可保证会展企业稳步发展。

(一)挖掘潜在客户

通过客户识别,可帮助会展企业识别潜力客户,更加深入地了解会展企业目标客户,可提取客户需求,进而帮助会展企业根据客户的需求提出目标市场的营销策略,同时还可提升会展企业的挖掘能力,降低会展企业的客户管理成本。

(二)建立客户关系

会展通过识别客户的偏好、特征及行为习惯,可将客户分为不同的层次,也可帮助会展公司构建差异化的客户关系管理办法,以此来提升会展企业客户关系管理的效果,拉近企业与客户的距离。

(三)提升客户满意度

通过客户识别帮助会展企业更好地建立与客户之间的关系。同时准确地识别客户的特征与偏好,会展企业可根据客户偏好来创新产品,满足目标市场客户的需求;还可结合客户偏好来提升企业服务质量,进而提升客户对企业的满意度和忠诚度。

三、会展客户识别的步骤

会展客户识别不仅是运行会展客户关系管理整个流程的主线,也决定了会展企业如何进行客户获取、客户保留和关系终止活动。

结合定义,会展客户识别可以分为五个步骤:定义客户信息、收集客户信息、整合客户信息、更新客户信息和管理客户信息,如图 5-2 所示。

(一)定义客户信息

定义客户信息主要是定义要收集的客户信息的类别,如客户的描述性信息、交易类以及关联类信息。

(二) 收集客户信息

在客户信息定义后,需要按照定义的数据项进行客户信息的收集,也就是采集会展企业的客户信息,根据采集形式的不同可分为自行收集、公共收集以及委托收集。

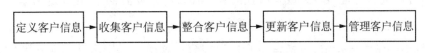

图 5-2 会展客户识别步骤图

(三) 整合客户信息

此客户信息的整合实际就是对收集的大量信息进行整理,从大量的客户信息中提取对本会展企业营销有利的信息。此信息的整合是按照某一类型对客户信息的分类处理。现阶段会展企业都采用信息化存储方式,因此,通过此客户信息数据库可去除采集的冗余信息,保证客户信息的唯一性,通过此客户信息的整合与整理提升客户信息操作的效率。

(四) 更新客户信息

对与客户信息而言,除了一些基本的信息外,其他信息都会随着时间的推移而变动,因而需要动态化地对客户信息进行更新处理,保证客户信息的有效性。对于会展企业而言,定期更新客户信息,可及时捕捉到客户的偏好与行为特征,进而可辅助会展企业进行更为准确的客户分类,进行市场营销。

(五) 管理客户信息

对于会展企业而言,客户的信息就是企业的财富,客户信息的安全性与保密性是至关重要的,所以要对收集的客户信息进行加密处理,保证客户隐私数据的安全性,同时在执行交易的过程中也需要注重信息泄露问题。

会展企业在对客户隐私进行保护的同时,还需要知晓客户对会展企业未来发展的重要影响,普及客户信息的安全管理意识,提升客户与会展企业对敏感信息的重视程度。会展企业还需要建立一系列的管理制度,通过制度来约束企业员工的行为,进而最大限度地保证客户信息的安全性。在企业内部要实施分级管理制度,根据员工的权限设置不同层次的信息访问级别,此方式也可以有效地避免客户信息的泄露。

四、会展关键客户识别与选择矩阵(KAISM)

识别潜在客户和有价值客户的方法很多,比较实用的工具是关键客户识别和选择矩阵

(KAISM),该矩阵是由彼得·切维顿提出的。该方法的目的是：识别潜在客户，对现有客户进行分类；了解客户对企业竞争优势的认知；确定相较竞争者的优势等等。

如图，该矩阵使用两个因素对客户进行分析：

其中，客户吸引力是指客户或者潜在的客户什么地方吸引企业；相对优势是指相对于企业的竞争对手，企业有什么地方能够吸引客户。

每个轴由一组因素决定，包括定量和定性因素。这两个因素由公司所在的特定商业环境决定。在使用这些因素作为测量指标之前，公司必须首先明确定义它们。为了让这个矩阵在分配资源、确定优先级和确定客户关系类型方面真正有用，公司需要在此环节上投入更多的精力。

会展公司可以将其客户大致分为四种类型（见图5-3）：关键客户、关键发展客户、维持客户和机会主义客户。将客户分为四种类型并不意味着必须在他们之间做出选择。区分客户类型主要是确定资源分配方式的一种方式。关键客户获得比维持客户更多的资源并不意味关键客户更重要，而仅表示不同。

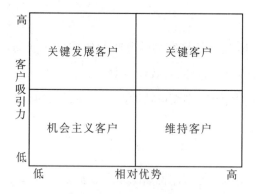

图5-3　KAISM矩阵客户类型

图片来源：马刚，李洪心，杨兴凯.《客户关系管理》，东北财经大学出版社，2015年8月

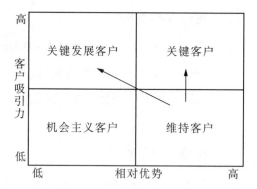

图5-4　释放资源以投资于关键客户

图片来源：马刚，李洪心，杨兴凯.《客户关系管理》，东北财经大学出版社，2015年8月

图5-4表示为关键客户投放资源投入情况，演示了为这四种类型的客户分配资源的基本原则。最宝贵的资源、人力资源和时间需要投入到关键客户和关键发展客户身上。会展企业还需要找到其他方式，使用更少的资源来管理和服务他们的维持客户和机会主义客户。这不仅节省了用于KAISM上半部分客户的时间和精力，还提高了下半部分的客户管理效率，从而获得额外利润，以用于矩阵上半部分客户。

识别最佳客户的流程及方法

（一）识别最佳客户的流程

最佳客户是从推销人员或企业的角度来进行分析的，识别最佳客户的流程是：

第一，确定本企业的赢利产品和服务，包括那些以后将会赢利的产品和服务；

第二，尽可能多地找出购买那些产品和服务的人；

① 他们是谁？

② 他们的购买模式如何？

③ 他们多久才会购买？

④ 他们购买的数量是多少？

⑤ 他们会对什么样的产品或服务产生反应或兴趣？

第三，找出最有可能成为潜在客户的那一类人；

第四，找出企业不赢利或亏本的产品，特别是那些价格高、生产周期长且不适合市场需求的产品，这些产品往往是已超过其实际利用价值的老产品；

第五，找出会购买那些不赢利产品或服务的人，并且停止对他们的营销活动，或者将不赢利产品变为更加有利可图的产品。这样虽然可能会离开一个较为舒适的市场，但却可以转向一个有利润的市场，在可接受的利润基础上创造并满足最佳客户。

（二）识别最佳客户的方法

识别最佳客户的一个最直接的方法是：对最赢利产品的资料与购买这些产品的客户资料进行比较，若能分析出客户购买的原因，并能找到具有类似特征、且有足够数量的其他客户群体，那么，这些新的客户群体就会成为可能性最大的潜在客户；然后再经过一番努力，他们就极有可能成为最佳客户。这是一个不间断的过程，目标市场随时都在变化，产品线和产品组合也将随之变化，因此业务也就一直在变化。

资料来源：王春凤，曹薇，范玲俐.《客户关系管理》[M].上海：上海交通大学出版社，2016

五、会展客户选择的影响因素

（一）企业定位

会展公司的定位直接决定了客户的选择，会展公司所采用的各种重大策略对客户的影响非常大。在发展过程中,会展公司的定位也在不断演变,在选择客户时需要进行战略调整。

(二) 产品性质

由于不同会展公司产品的性质和用途不同,其客户也不同,所以需要区分客户选择。

(三) 细分市场

不同的会展公司在处理不同的细分市场时有不同的战略和发展标准。因此,客户的选择应基于他们所在的细分市场。

(四) 竞争因素

竞争对手的营销策略和方法会影响公司客户的选择。竞争对手因素是决定会展公司客户选择的主要因素,尤其是在竞争激烈的行业中。

(五) 渠道策略

依据营销渠道的不同,会展企业的客户选择不同。

(六) 企业资源

选择不同的客户需要不同的资源配置。资源不足影响客户管理,成本太高影响会展公司利益。

(七) 其他因素

会展公司需要结合不同社会、经济和文化环境背景选择合适的客户,这与会展公司的营销环境密切相关。会展公司营销人员和经理的素质也会影响它选择的客户。

六、会展客户选择的意义

会展企业选择目标客户主要是基于以下几点考虑:

(一) 并非所有的买者都是会展企业的目标客户

不同客户的需求不同,加上公司资源有限,每家会展公司能够有效服务的客户类型和数量有限。只有市场上的部分客户才能成为会展公司产品的实际购买者,其他都是非客户。将时间、精力、金钱和其他资源浪费在不想购买或没有购买力的非客户身上会损害公司利润。相反,选择合适的客户可以帮助避免非客户成本的产生并减少浪费公司的资源。

(二) 并非所有的客户都能给会展企业带来收益

传统观念盲目看重客户数量而忽视客户质量,持有"登门即客"理念。实际上,客户本质上不同,并不是所有客户都能为公司带来利润和价值。通常,优质客户价值高,普通客户价值低,劣质客户为负价值。销售稳定的前提是客户稳定,选择合适的客户可以提高公司面临的风险底线。因此,会展企业一定要非常慎重地选择客户。

(三) 正确选择客户是成功开发会展客户的前提

当一家会展公司选择了错误的客户时,可能接触到高开发成本和高维持难度。例如,一些小企业无视自身定位,未采取适合自身的发展策略,一味激进,造成小客户流失的尴尬局面。这样不仅不能服务大客户,还会引起大客户的不满,留不住大客户,结果是空的;相反,如果会展公司选择正确的目标客户,则很可能接触到这些客户并实现客户忠诚。因此,只有选对目标客户,才能最大限度地降低开发和维护客户的成本。

(四) 目标客户的选择利于会展企业的准确定位

每个客户群都是不同的。如果会展公司跳过客户选择,就无法为确定的目标客户开发和提供正确的产品或服务。另一方面,如果各种客户并存于同一家公司,则会展公司的定位可能会混乱,会展公司的形象可能会模糊不清。

总之,并不是所有的买家都是会展公司的目标客户,也不是所有的客户都能使会展公司受益。选择合适的客户是成功开发客户的前提,不选择客户会掩盖公司的地位,混乱且无助于建立清晰的企业形象。因此,会展公司需要对与客户的关系做出认真选择。

第三节 会展客户的开发

一、会展潜在客户的概念

(一) 会展潜在客户的定义

会展潜在客户是存在于消费群体之中并且可能需要该会展公司产品和服务的参展商或专业观众,也可以将其理解为是营运组织产品的可能购买者。潜在客户是接触完全或部分匹配但尚未购买公司产品的客户。此类客户数量众多且分布广泛,但出于种种原因并未发生购买。但如果未来会展公司加强营销力度,潜在客户就有可能成为现实的客户。

从潜在客户的三个层面来看,一般来说,对地区性的潜在客户可能较容易开拓,而对单个的潜在客户却难以使其成为现实客户,阶层性的潜在客户可能居于两者之间。但是,组织不能只考虑自己的难易问题。况且,在当今经济全球化的时代,某个地区、某个阶层的客户对本组织来说是潜在的,而对本组织的竞争对手来说可能早已是现实客户了。因此,要求企业不断地去开拓。

从潜在客户的三个层次来看,开拓地区性潜在客户可能更容易,但很难将单个潜在客户转变为真正的客户,而阶级性潜在客户的开发难度介于两者之间。但组织不可只区分难易,在当今经济全球化时代,某些地区、某些阶层的客户即使是相对于本企业而言的潜在客户,但他们可能已经是竞争对手的客户。因此,会展企业需要继续开拓。

(二)会展潜在客户的要素

会展潜在客户需满足两点要素:一是有需求,二是负担得起。

并不是每个人都需要特定会展企业的产品和服务,需要它的人一定是具有特定特征的群体。二是客户须负担得起该会展企业提供的产品和服务。对于想要但付不起的潜在客户,无论会展企业再怎么努力,也无法达成最终交易。

二、会展潜在客户的特征

(一)寻找潜在客户"MAN"原则

M:MONEY,代表"金钱",即选择的对象必须具备一定的购买力。

A:AUTHORITY,代表"购买决定权",即选择的对象必须对购买行为有决定的权力。

N:NEED,代表"需求",即选择的对象必须是有这方面(产品、服务)需求的。

潜在客户必须满足以上特征。但是在实际操作中,会碰到以下情况(见表5-5),要根据具体情况作出具体对策。

表5-5 不同情况的潜在客户

购买能力	购买决定权	需求
M(有)	A(有)	N(大)
m(无)	a(无)	n(小)

资料来源:王春凤,曹薇,范玲俐:《客户关系管理》,上海交通大学出版社,2016

其中:

- M+A+N:是有望客户,理想的销售对象;
- M+A+n:可以接触,配上熟练的销售技术,有成功的希望;
- M+a+N:可以接触,并设法找到具有A之人(有决定权的人);
- m+A+N:可以接触,须调查其业务状况、信用条件等;
- m+a+N:可以接触,应长期观察培养,使之具备另一条件;

- m＋A＋n：可以接触，应长期观察培养，使之具备另一条件；
- M＋a＋n：可以接触，应长期观察培养，使之具备另一条件；
- m＋a＋n：非客户，停止接触。

即使潜在客户缺乏一定的条件（购买力、购买力、需求等），也可以将其开发出来，只要运用适当的策略，他们就会成为企业的新客户。

（二）正确选择客户源的渠道来源

产生客户源的最常见方法是循环价值链方法、人际网络、互联网、广告、产品目录和宣传材料、交易会展览会和商品市场或者满意客户的推荐等。

1. 满意顾客的推荐

满意的客户，尤其是真正的商业伙伴，是最有效的客户来源。有人认为，成功的销售人员 75% 的新业务来自现有客户的推荐。

如果会展企业希望从他们的客户那里获得最大收益，需要执行以下步骤：

- 先是确定对他们最满意并且可能为他们提供信息来源的客户，并创建名单；
- 然后明确希望的被推荐方式（例如，让客户写推荐信或让客户先给对方打电话，或直接联系潜在客户）；
- 最后，可以向客户询问他们提供的客户来源的名称以及他们是否可以提供其他帮助。

满意的客户不仅可以提供客户源，而且往往是会展企业其他业务的潜在客户，这种情况称为深度销售。向现有客户销售通常比向新客户销售更有利可图。

2. 循环价值链方法

此方法可用于满意客户、合作伙伴或尚未买过该会展产品的潜在客户。销售代表通常会尝试从每个访问过的人那里开发至少一个额外的客户源。

例如，在会议结束后，可以顺带这样说：

卖方：王总，您告诉过我您所在品牌参与过几个不同展方的会展，您曾说过满意我为您提供的服务，或许您知道其他一些会采用我们服务的成员？

买方：嗯，我想××公司的小王没准可以，甚至××公司的小张也许会采用这种服务。

卖方：您比我更了解这些人，如果您是我的话，您会先联系谁？

买方：我想是小张。

卖方：那么，我和张先生通话的时候，能提到同您的关系吗？

于是，该会展品牌成功被推荐给王先生所在品牌参展商，王先生成功推荐给张先生所负责的参展品牌，张某又推荐给另一个参展品牌……该会展企业获得了更多的收入，而所有这些合作都直接或间接地来自他的第一个推荐人——王先生。

3. 社会关系互联网

如果会展企业想建立属于自己的社会网络,则需要学会与陌生人或组织互动。

- 首先,多发布办展活动宣传或资讯,以增加曝光率;
- 其次,和一个新认识的人或组织交流接触时,更多地谈论对方,而不是你自己,更多地了解对方的兴趣和业务需求;
- 最后,对新联系人按照规范进行二次社交。

此外,加入一些商业组织,例如行业协会,利用关键人物的影响力,是建立关系网络的一种非常有效的方式。加入专家协会或商业组织可以帮助认识一些相关的知识背景和工作需求的人,其中有大量的潜在客户。依靠关键人物的影响力是人际网络的一种重要特殊形式。需要与在特定领域有影响力并愿意提供客户来源列表的人建立关系。具有核心影响力的人通常在重要部门,但他们不一定直接参与采购决策或行为。成功的销售人员会继续花时间与这些人建立关系,因为许多人会在特定社交圈中遵循他们的建议。

4. 互联网平台社交

使用 Internet 找到客户源的最重要的事情是会展公司需要确保其网站列在主要和重要的搜索引擎上。搜索引擎会定期更改标准,因此会展公司会不断监控和升级其网站,并根据类似标准销售产品分类,以便需要的客户及时找到他们的网站。许多会展公司通过付费来争取搜索列表的突出位置。一些会展公司还使用"潜在客户"性质的软件来发现其目标客户的来源。

5. 其他的宣传材料

许多会展公司使用广告、直邮、产品目录或宣传材料来吸引和推动客户需求。客户可以通过拨打免费电话或返回读者收据来获取更多产品信息。其中,更有创意的吸引顾客的方式是为他们提供企业产品信息明信片。每张明信片的一面是有关会展公司产品或服务的信息,另一面是预先张贴的邮票和会展公司地址。如果潜在客户对产品详细信息感兴趣,只需输入姓名和地址并寄发明信片即可。当联系人卡片返回给公司销售代表时,根据卡片上的信息决定是否跟进潜在客户。如果潜在客户再次发来第二张联系人卡片,销售代表将联系潜在客户跟进相关事宜。

6. 交易会和展览会

研究表明,贸易展览会吸引客户源的能力比其他形式大三倍以上。例如,已有60多年历史的中国进出口商品交易会,因为每年春秋两季在广州举办,所以又被称为广交会;2009年秋交会共有海外采购商188 170人,出口展团参展商21 934家,国际展团参展商386家,累计出口销售额达304.7亿美元。

7. 各种名录号码簿

公共事件记录、电话黄页、商会目录、报纸、商业出版物、俱乐部会员名单等等都是信息来源。常用的二手资源包括公司年报、行业报告和世界500强企业数据库详细推荐、协会百科全书、企业黄页、优秀的商业信息搜索引擎、报纸、杂志和文章等。

8. CRM 数据挖掘

先进的会展公司已开发出包含客户源、潜在客户和客户信息的交互式数据库。一些处于发展阶段的公司使用数据挖掘系统，包括人工智能和统计工具，来搜索隐藏在数据库中的大量信息背后的有价值的信息。

9. 使用推销信函件

促销信件应与其他方法结合使用。很多人对未经许可的来信非常敏感，经常不看就扔掉。

三、会展潜在客户的转化方法

实现潜在客户向现实客户转变，是会展企业客户关系管理的另一重要内容。转化潜在客户的本质是市场扩张。转化潜在客户在需要一定条件的同时，也需要会展企业营销经理和客户经理进行一系列的推广工作。这样，客户才能成长为公司的真正客户，为公司带来更多的经济利益，为进一步识别有价值的客户奠定了坚实的基础。在促进潜在客户向真实客户转变的过程中，会展企业可以遵循以下关键点：

（一）强调客户需求

产品质量和文化偏好都取决于客户的感知，而真正的营销价值在于客户的心智。要找到潜在客户并提供合适的产品，需要深入了解他们。通过与客户充分沟通，了解产品知识、品牌价值、产品实用性要求和评价标准、客户的个性和喜好等，了解潜在客户的心理，获取实际客户。客户产品战略只是会展公司为客户提供效用，即只是满足他们的需求和愿望的工具。一个会展公司的产品开发战略应该从客户的需求和愿望开始，而不是从公司的研发部门开始。市场上最成功的产品往往不是最好的产品，而是市场上最需要的产品，通常被称为适销性。

（二）加强品牌建设

对于市场上有诸多类似产品的条件下，一个会展企业只有通过一个富有客户追求的品牌才能达到目标，这是客户更高层次的需求和愿望。市场扩张是通过扩大品牌力来实现的。产品属性可以轻松复制，但品牌个性、文化价值、利益与组合是难以复制的。品牌力的渗透和扩张，形成品牌接受度与品牌偏好、品牌忠诚度，占领和获取市场。

（三）降低客户成本

对于客户来说，他们支付的成本包括金钱、时间，甚至是他们在使用产品时造成的不适。

客户通常只购买他们认可的产品。因此,企业需要分析客户的感知,并根据客户认知价值对产品进行定价。定价的关键是对买方价值的感知,而不是卖方的成本。而认知价值是通过各种沟通方式在买方的心目中得以建立的。

(四) 提供购买便利

会展公司提供产品或服务须通过特定的营销渠道和物流流程,在正确的时间和地点以正确的价值交付给客户。此时,会展公司将办展方式和降低成本的方式。会展企业要想取得优势,就必须不断分析市场状况和顾客的购买行为,根据顾客的购买方式偏好,为顾客提供最好的服务和最大的便利。

(五) 进行有效沟通

与客户的"对话"和沟通是促进潜在客户转化的必要条件。会展公司需要与客户交换信息。要实现这一目标,必须先了解客户的媒体习惯和类型,然后是他们需要的信息类型;还需要缩短回应周期,产品多样化和个性化也要求公司始终倾听他们声音,始终与他们沟通,密切关注他们的动向,满足季节、时间和人的市场需求。

(六) 重视客户接触

联系人管理解决的主要问题是公司选择在何时、何地以及在何种情况下与其客户进行有效沟通。除此之外,还需要确定联系时间、联系方式、联系内容等重要影响因素。沟通的方式和时机与沟通的内容密切相关,在接触管理的过程中,会展公司必须考虑最能影响客户购买决策的因素和潜在的客户信息传递因素。

(七) 加强客户激励

通过增加激励,可以鼓励潜在客户购买公司的产品。这是实现销售的关键。在这个阶段,企业需要考虑许多因素,其中包括:哪些是客户想要的信息,客户会从哪个渠道获取想要的信息,数据源的相对重要性,以及买家最关心的问题是什么等等。

(八) 促进顾客购买

在决策过程中,潜在客户会不断遇到各种阻力,包括财务和社会阻力,这些会影响买家的决定,所以企业可以了解买家可能受到的阻力,使用适当的营销手段,诸如调整价格等,消除潜在客户购买阻力。

(九) 实现重复销售

会展企业需要充分满足潜在客户的需求,获得良好的声誉,并且使他们能够重复购买和对其他客户产生正面影响。为了实现销售,会展企业需要有正确的销售渠道作为保证,所以要坚持继续分析目标客户和潜在客户的信息,以及妥善处理好客户考虑产品的状态、后期技术咨询服务、安装调查、测试运行、维修服务、客户意见收集等工作问题。

 **本章小结**

> 不同的客户能够为企业提供的价值是不同的。所以,企业的目标不再是简单地追求客户数量,盲目扩大市场份额,而是更多地追求客户的"质量"。如何将有限的资源最优化应用于具备适当价值的客户成为值得研究的关键问题。这需要对客户进行分类。划分客户的角度有很多种,需要结合企业自身的盈利目标来综合考虑。
>
> 客户的识别是客户关系管理的前提条件,可帮助企业对一些有潜力的客户、有价值的客户等关键客户进行准确识别,使得企业获得建立和发展客户关系的机会。事先识别出具有较大概率同企业保持客户关系的客户,有区别地开展客户保持的管理工作,就会起到事半功倍的效果。

 练习题

1. 会展客户细分的概念是什么?
2. 会展客户有哪些划分标准?
3. 会展客户关系选择的影响因素有哪些?
4. 会展客户关系选择的意义是什么?
5. 开发新客户的方法有哪些?

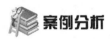 **案例分析**

跨国 S 会展公司现有盈利模式分析

就跨国 S 会展公司业务内容详细分析看,当前涉及业务主要分为:场馆租赁业务和自办展览业务两大类,对于盈利模式对应的结构分为四大类:

一是客户选择,也就是说企业想拥有什么样类型的客户,想客户消费层次处在哪个定位上;

二是价值获取,实际上就跨国 S 会展公司而言意味着通过什么渠道从客户那里获取更多回报,通过产品或服务乃至其他手段获取更多的回报;

三是战略控制,对于潜在利益如何挖掘,对于市场如何深入开发,对于经营转型如何选对试剂等,营销策划活动如何跟进等等,这些都是需要在企业战略中一步一步执行的;

四是业务范围,即对企业经营的业务要有定位,切不可盲目抄袭,看见别人卖什么好自己也去卖,这样没有定位的业务是不会长远的。

那么,按照上述内容,对于跨国S会展公司当前盈利模式四大要素构成作分析汇总如表5-6,具体分析过程如下:

表5-6 跨国S会展公司现有盈利模式四要素分析

	客户选择	价值获取	战略控制	业务范围
旧盈利模式	缺少对客户的梳理和反向匹配	自办展通过低价和服务;场地租赁维持市场行价	按照德国会展公司的模式进行的,缺少中国特色,并没有针对本地市场的具体情况作相应改变	场馆租赁和自办展

资料来源:胡名睿.跨国S会展公司盈利模式创新研究[D].东南大学,2018.

(1) 客户选择

当前跨国S会展公司主要依赖着两大业务:要么将展馆外包租赁给会展使用者,要么自己承办展会。这两种模式互相影响又能够独立发展。尤其是在当前发展的自办展中比较有突出影响力的有:欧洲百年家居风尚展、中国南京旅游房车展、中国南京物流展南京市家装主材展、中国职业教育大会暨展览和江苏绿色建筑展等,这些展会都是由跨国S会展公司举办的自办展,但是实践中跨国S会展公司缺少对客户的梳理和反向匹配。

(2) 价值获取

跨国S会展公司拥有本市相对规模最大的场馆资源,不管是配备的会展设施还是展地面积都是最先进最大的,因此它的摊位费也是非常贵的。硬件折旧每年都会增加,而要想维持会展公司的发展,则必须提升销售价格,这对一些客户而言,会承受不了这种费用,他们会转向小型会展公司。此外其在其他增值服务上并不多,自办展会虽然价格比较低,除具有标准化的服务外,再无其他特色,对于一些个性化服务或产品缺少开发和设计。

(3) 战略控制

对于经营和管理战略它是直接按照德国会展公司的模式进行的,缺少中国特色,并没有针对本地市场的具体情况作改变。从会展公司成立发展至今已经有近6个年头,在这发展期间经营战略或管理战略未曾得到更新,市场变化日新月异,但是在应对战略上一成不变则很难适应市场的发展。以江苏绿色建筑会展项目为例,它已经脱离了政府主导,变为市场主导,并创新了会展旅游项目,以旅游业的发展带动地方会展发展转型战略,使得企业获得了很大盈利空间,实现了有效转型。但是就跨国S会展公司看,他们在管理和运营中的矛盾和问题越来越突出,这说明了其发展战略已经不适应当前的市场需求。

(4) 业务范围

就其业务发展看,还是分为两种,要么租赁场馆,要么自办展会。对于个性化产品或服务开发不到位,很多可以借鉴或学习的成功案例都是可以去尝试的,但是公司高层往往过于自信,常常都是闭门造车,导致业务创新夭折。

资料来源:胡名睿.跨国S会展公司盈利模式创新研究[D].东南大学,2018

思考题

1. 分析跨国S会展公司在客户选择方面有哪些可以值得借鉴。
2. 跨国S会展公司在转化潜在客户方面有哪些优势和不足?

第六章

会展客户的维护

 学习目标

- 明确会展客户档案的数据类型及管理原则
- 理解会展客户关怀的概念及目的
- 了解会展客户互动的主要驱动因素及其相互联系
- 掌握会展客户沟通的流程及重要环节

 重要概念

会展客户信息管理	流动比率	负债流动率
资产负债率	会展客户关怀	

 导入资料

技术驱动下的会展行业变革——由"传统会展"向"智慧会展"

技术发展是行业变革的动力。传统会展借助现代科技实现了华丽的转身,智慧会展时代已经来临。智慧会展是以移动互联网技术为依托,综合运用大数据、云计算、物联网以及三维全景技术、虚拟现实技术、增强现实技术等现代科技的产物,它不仅依托于移动互联网以及智慧信息连接、智慧会展环境及智慧技术应用等内部环境智慧化,更有赖于城市的智慧化、场馆的智慧化、资源交易的智慧化等外部环境智慧化。在智慧会展发展中,我们需要紧紧抓住会展的本质特征,在为技术带来的行业变革感到兴奋的同时,防止技术崇拜,坚持"以人为本",致力于不断优化客户体验,不断提升互联网思维,以此来突破智慧会展发展的瓶

颈,实现智慧会展的健康、可持续发展。

资料来源:张健康.智慧会展的技术解构与人文关怀[J].理论探索,2017(04):44-48+79

第一节　会展客户信息管理

科学的会展客户信息管理是凝聚客户、促进会展企业业务发展的重要保障。客户信息是一切交易的源泉。进行会展客户信息管理是信息加工、信息挖掘、信息提取和再利用的需要。通过会展客户信息管理,可以实现客户信息利用的最大化和最优化。

会展客户信息管理的目的是满足客户对企业产品的需求,在提升营销效率的同时,促进销售、市场、客户服务的互联互通,与合作伙伴建立和实现长期共赢,增加市场份额。

一、客户信息获得方法

在会展客户关系管理中,检索客户信息的方法可以分为两类:一是运用传统的收集方式;二是运用现代信息技术手段。从获取信息渠道来看,有一部分是在公司经营过程中获取的。这部分信息是最重要、最真实的,也是企业最耗时、投入成本最多得来的数据,通常是通过客户访谈、市场调查、电话营销等方式来完成的;另一部分是来自第三方如行业协会、咨询机构、网站等的客户数据。这些信息一部分是缺乏真实性的,使用时需要进一步确认和改进。

获取会展客户信息常用的方法如表6-1所示:

表6-1　客户信息获得常用方法

方法	内容
参考原始记录	对于刚刚开始建立客户数据库的会展公司,可参考公司的销售记录,数据不仅真实,而且还可以获得过去和现有的客户列表,是最直接、最简便的方法,还可以使用这些信息从公司的销售记录中发现客户类型并推断潜在客户
补充信息记录	将记录笔记常便携身边。当听到或接触到潜在客户时,立即记录相关信息,以免忘记
无限连锁法	让客户推荐新客户,新客户推荐下一个客户,按此关系链条持续推荐,不断收集和积累客户信息
询问记录法	通常,高质量的潜在客户是那些对公司的产品和服务感兴趣的人,因此记录是哪些客户以不同的方式进行查询,可以获得有关潜在客户的信息

(续表)

方法	内容
反馈信息法	使用过公司产品和服务并熟悉其优势和劣势的人是其客户的最佳信息来源之一,通过他们来丰富企业的客户信息
社会关系法	它需要身边有影响力的人的帮助,利用他们的影响力,将有影响力的人的周边人转变为潜在客户,获取更多客户信息
互惠法	引入其他营销员带到自己营销团队。找个合适的时间互相讨论提供线索,或者帮助他们在合适的时间推荐你的产品或服务。当然,销售代表也承诺提供相同的服务以换取互相帮助
直接购买法	实际上,有很多方法可以获取有关潜在客户的信息,但信息的质量是最重要的。这是购买有关潜在客户的信息以获取高质量潜在客户信息并最终实现从潜在客户生成到真正客户的过渡的一种非常有效的方式
名单查找法	通过搜索邮件中的黄页或地址列表来收集客户信息
报刊名册法	报纸和花名册是查找客户信息的最佳工具之一。当然,是找一些与公司有关的报纸和资料
电子邮件法	可以通过电子邮件或聊天开发偏远地区的潜在客户。这种方式的优点是发送速度快,简单。如果客户对特定类型的信息感兴趣,公司会立即回复信件,这对收集客户信息很有用
搜索引擎法	使用搜索引擎查找信息有两种方法:分类搜索和关键字搜索。此外,互联网上有很多信息资源,因此,要学习如何选择、识别和存储有效的客户信息
在线黄页法	可以使用我国的黄页网站(YELLOW PAGE)、工商名录(DIRECTORY)查找潜在客户信息,还可以利用证券公司网站丰富的信息资源
行业网站法	行业网站内容比较专业,信息的有效性有保障。展览通常有自己的网站,网站中通常包含上届展会展出的产品清单和本次展会注册的客户名单

当然,也可以通过短信、微博、网络聊天工具等方式获取客户信息。无论选择哪种方法,最重要的是收集有关客户的真实信息。

二、客户资料涵盖内容

正如客户本身一样,客户数据的内容也是复杂的。对于个人客户,主要收集客户的基本信息、教育背景、家庭状况、特殊兴趣、个人生活和工作状况等信息。关于会展企业可以根据产品和服务的特点编辑客户资料表,详细记录和收集客户信息。

表6-2显示的是一张客户资料表。

表 6-2　客户资料表

客户姓名			地址						
电话			邮政编码			传真			
性质	□个体		□集体	□合伙		□国有企业	□股份公司		□其他
类别	□代理商		□一级批发商	□二级批发商		□零售商	□其他		
等级	□A级			□B级			□C级		
人员	姓名	性别	出生年月	民族	职务	婚否	电话	住址	文化程度	备注
负责人										
影响人										
采购人										
售货人										
工商登记号				税号						
往来银行账号										
资本额				流动资金						
营业面积				仓库面积						
付款方式				营业额						
营业品种及比重										
业务范围										
开发日期				开发人						

资料来源:张慧锋.《客户关系管理实务》[M].2版.北京:人民邮电出版社,2014

三、客户资料库的建立

建立客户资料库就是建立档案管理。建立档案管理是对各种客户数据进行系统的记录、存储、分析、整理和应用,用来参照决策,加强两者之间的关系,提高企业业绩。

完备的客户数据库是会展公司的宝贵资产,不仅在维护客户关系方面起着重要作用,而且在会展公司各个部门和最高决策层的决策中也起着重要作用。这正是商业领袖越来越重视客户数据库的原因。

客户数据库的内容包括客户服务的对象和目的、业务决策需求、企业检索客户信息的能力和组织数据库的成本等,即使是在客户数据库中中断交易的客户也不应该放弃。

一般客户资料库包括三方面内容:

(一) 客户原始资料

客户原始资料就是客户的基本信息,往往是公司直接获取的信息,如个人信息、组织信息、业务关系记录等。

(二) 统计分析资料

主要通过客户研究和分析,或使用从信息咨询行业购买的信息(客户态度和公司评级、合同履行和现有问题、与其他竞争对手的交易等)。

(三) 企业投入记录

这主要包括时间、地点、方法、会展公司联系客户时的费用记录、提供的产品和服务的记录,以及为获取和留住客户而支付的费用等等。

客户数据库通常包括客户名册、客户资料卡。

客户名册,也称为交易伙伴名单,是公司客户的综合记录。客户名册由客户登记卡和客户一览表组成。客户登记卡主要描述了客户的基本信息,而客户一览表是一个根据客户登记卡方便、全面地整理客户姓名和地址的数据库。客户名册的优点是成本低,易于存储、搜索和使用。尤其是客户一览表简单明了地反映了当前客户的情况,非常适合管理决策者使用。但是,由于缺乏全面性、客观性和动态性,这种方法也存在明显的弊端。

客户资料卡通常分为三种类型:潜在客户调查卡、现有客户卡和老客户卡。潜在客户调查卡的主要内容是交易的时间、地点、方式等基本信息。对此,可以邀请潜在客户以不同方式填写。现有客户卡用于管理当前正在交易的客户。客户发起第一笔交易后,需要创建一张现有客户卡,不仅要包括基本信息,还要包括交易状态。这应该不断记录并随着时间的推移进行补充。如果客户暂停购买,则必须将其转移到旧客户卡上。旧客户卡不必跟踪记录,但需要添加诸如停止交易原因的跟踪记录等内容。

资料链接 6-1

对于潜在客户的信息管理

搜集到潜在客户的名单后,必须登录并管理潜在客户的资料。建立客户资料卡(包括"公司"潜在客户卡、"个人"潜在客户卡两类)后,客户开发人员通过"客户资料卡"决定何时、如何进行拜访,从而提高拜访效率和效果。

一、潜在客户的数量

优秀的客户开发人员常常拥有一定数量的"潜在客户",数量会给他们带来自信和安心。要保持这种数量,就必须定期开发、补充新的潜在客户。此外,还必须区分潜在客户的重要性,将客户划分为不同的等级。这是用来保证"潜在客户"数量与质量的一种有效方法。

二、潜在客户的管理

优秀的客户开发人员懂得如何管理好潜在的客户资源,他们既不会在永远无望的可能客户身上浪费时间,更不会放过任何一个捕捉重要客户的机会。实践表明,客户开发人员对潜在客户的管理主要从紧迫性和重要性两个方面入手。

三、客户卡的管理

为了有计划地开发新客户并提升业绩,客户开发人员必须拥有一定比例的"潜在客户"。

(一)制作"潜在客户资料卡"
- 将每一位潜在客户的资料填入资料卡,同时编号、分类、分级,例如 ABC 级;
- 每周至少整理资料卡两次,按照变动情况重新分级、分类;
- 对 A 级客户的资料卡每天翻阅,对 B 级客户的资料卡每周翻阅,对 C 级客户的资料卡每月翻阅并按照发展情况提升为 B 级、A 级。

(二)潜在客户开发检核

开发客户是系统、长期的工作,为了保证开发活动有序、有效地开展,需要对客户开发活动进行定期的检核,以便及时调整思路,保证目标得以实现。
- 是否已做好行销地图?
- 对商圈的收入水准、风格、习惯、意识是否已正确把握?
- 是否将潜在客户进行市场细分?
- 是否已经做好客户资料卡?
- 是否给每个客户开发人员分配了重点开发地区或客户群?
- 是否活用了所有的促销品?
- 是否已经将过去成交而目前不发生交易关系的客户整理了出来?
- 是否按照不同产品建立了不同的开发方法?
- 是否建立了潜在客户层的开发方法?
- 是否准备好避免被挡驾或被拒绝入内的话术?
- 是否订有活动预定时间表?
- 是否利用各种场合争取订单?
- 是否充分借用了有力人士的介绍或口碑?
- 是否知道对方的关键决定人?

资料来源:张永红,白洁:《客户关系管理》[M].2 版.北京:北京理工大学出版社,2015

四、客户信息档案

创建客户信息档案是对客户信息的有效管理,其对象是包括企业过去、现在和未来的直接和间接客户。所有这些都需要构建到企业的客户管理系统中。

目前,有两种主要类型的客户信息档案:纸质型和电子型。纸质型客户信息档案包括客户资料档案卡、客户资料记录簿以及客户资料档案袋;电子型客户信息档案就是客户管理信息系统软件,是专门针对企业的需要而开发的,电信、银行等行业早已采用客户信息管理软件。

(一)客户档案数据的类型

所谓的客户档案是公司在与客户互动时形成的客户数据。客户数据是整个CRM系统的精髓,数据处理和分析是CRM的重要功能。客户档案收集和管理表明客户"基本状态"的信息,使企业能够完成客户分析、确定目标市场,并帮助跟踪产品销售。

一般来说,客户档案中的数据包含三类:

1. 描述型数据

描述型数据旨在说明客户的基本信息(姓名、地址、性别、出生日期、电话号码、职业及收入水平、家庭状况、信用情况、忠诚指数和行为爱好等),变化不快,可以长期使用。

2. 促销型数据

市场促销数据显示每个客户参与的促销活动,包括促销类型(降价促销、电话促销、广告等)、促销时间(年、月、日及具体时间点)和促销目的等信息。

3. 交易型数据

描述客户与公司交互的所有数据都是客户交易数据,包括对客户对购买产品的描述与心得,服务中心与客户致电获得的数据以及所购买产品的数据,过往购买记录(频次、数量、金额、流程、付款方式、产品使用后反馈数据、售后内容、产品使用后评价、过往问题及不满、退货请求记录等等)。

(二)客户档案管理的原则

实践证明,会展企业客户档案的建立,必须遵循集中、动态、分类管理的原则,进行科学管理。一直以来,客户档案在我国的商业实践中未得到应有重视。客户数据分散、数据更新迟缓、缺乏正确的客户分类等不足非常显著。这些问题阻碍了客户档案在管理公司应收账款和坏账风险方面的作用,使得会展公司原可以避免的大量损失成为现实。

1. 集中管理原则

会展企业客户信息的分散通常有两种体现。

一是体现于信息都掌握在业务员手中,可能会导致客户成为业务人员的客户,而非属于会展公司。由于一个会展公司的管理层并不熟悉和直接接触所有客户,所以一旦该业务员,即小范围业务中心离开公司时,其掌握的客户和业务也会被带走,给企业造成严重的损失。

另一则是体现在公司各个部门。跨部门的客户信息分散,解决了单个获取公司客户资源的问题,但也带来了部门之间、部门与公司整体利益平衡的问题,同样的情况也可能发生在总部和分支机构之间。因此,针对客户信息分散的问题,企业唯一的解决方案就是集中管理客户档案。集中管理后,企业可以统一授信,全面跟踪,及时控制潜在问题。注重加强对信用管理人员的职业道德教育,以认识到客户档案是企业的特殊资产,是企业商业秘密的重要组成部分。

2. 动态管理原则

动态管理旨在客户档案信息的不断更新。由于客户本身是不断变化的,其档案信息就应随之补充更新。比如客户信用报告就是一份即期档案形式,通常有效期为3个月至1年。如果不在期限内调阅,就需要进行新的客户调查对以往资料进行更新和补充。实施客户档案动态管理的另一目的是根据客户财务、运营、人员的变化,定期调整对客户的授信额度。

客户信息的长期积累也很重要。通过整体历史记录脉络把握客户发展趋势,更好地分析潜力。此外,历史数据是统计分析的基础,有助于减少客户财务报表体现的收益"水分",为预测提供相对准确的依据。

简而言之,客户档案是一个动态变化的集成过程,而不是静态的。

3. 分类管理原则

客户档案的正确分类主要是基于客户对公司重要性的考虑和管理客户档案的成本。档案管理应根据企业客户的规模及其对企业销售的贡献不同而有的放矢,同时,还是要考虑成本效益的原则,以有限的资源进行最优处理。

考虑客户重要性时,可以将客户分为一般客户和核心客户。分类依据是公司与客户之间的年均交易额以及互动时长。核心客户与企业之间的大额交易是主要利润来源。关注于核心客户并不意味着可以放松对一般普通客户的风险防范。普通客户虽然数目众多但普遍交易额低,应用群体分析和评分控制更方便有效。

五、客户信息管理模式

会展客户信息管理模式旨在建立一套完整的客户信息档案管理流程和方法。

如图6-1所示,客户信息管理流程首先通过综合渠道收集客户信息。综合渠道方式可保证客户信息的准确性和完整性。客户信息由专门部门——客户管理中心进行管理。该部门建立客户数据库,负责客户数据库的使用和维护。在建立数据库时,要确保数据的真实性、完整性和及时性；根据营销和服务需求使用客户数据，分析和选择客户实施营销或客户保持计划；汇集活动实施者反馈的活动数据，以备更新数据使用。

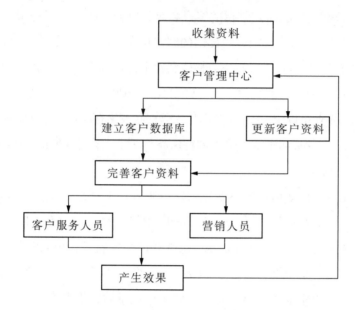

图 6-1　客户信息管理模式

图片来源：张慧锋.《客户关系管理实务》[M].2 版.北京：人民邮电出版社，2014

六、会展客户信息分析

会展公司和员工根据实际工作需要对收集到的客户信息进行分析。一般可以分析客户名称、所属行业及地区、业务方向、业务规模、关键产品、重点需求、目标市场等数据来获取公司的客户结构。

（一）客户信息分析的意义

通过分析客户信息，可以及时了解客户的需求，抓住市场机会。要想了解客户需求，就必须深入了解客户，并对其进行细分，即市场细分。会展公司常基于各种分析方法，利用数据挖掘等技术对收集到的客户信息进行反复提炼和分析，从看似普通的客户信息中发现并利用更有价值的客户需求信息。当某一客户购买公司产品时，他身边的各种人都应该成为会展公司的客户。如果会展公司正在尝试积累这些客户信息，来获得销售份额，那么可以对这些"清单"进行"精准营销"。这便是 CRM 营销的基本理论之一——数据库营销。

（二）客户信息分析的方法

会展客户信息分析主要从这些方面进行：

1. 客户构成分析

通过分析客户构成,营销人员可以及时了解总交易量和每个客户在其中所占的比例,发现客户服务中的问题,并根据客户情况采取不同的沟通策略。

客户构成分析可用系列表格来整理、记录,如表 6-3、6-4 和 6-5 所示。

表 6-3　客户统计表

产品	地址	客户数量	销售额（比例）	平均每个客户年销售额	前 3 名客户名称及销售额	
					名称	销售额

资料来源:张慧锋.《客户关系管理实务》[M].2 版.北京:人民邮电出版社,2014

表 6-4　客户地址分类表

地区:				负责人:		
序号	客户名称	地址	经营类别	不宜访问时间	备注	

资料来源:张慧锋.《客户关系管理实务》[M].2 版.北京:人民邮电出版社,2014

表 6-5　与公司交易记录表

年度	订购日期	出货日期	批号	产品名称	数量	金额	备注

资料来源:张慧锋.《客户关系管理实务》[M].2 版.北京:人民邮电出版社,2014

2. 客户经营分析

通常是在了解会展公司基本情况的基础上,通过财务报表分析明确客户资金状况和盈利能力,了解客户过去、现在和未来的经营情况,如表6-6、6-7所示。

表6-6 客户收入汇总表

客户名称:				编号:	
年度	总产值	销售收入	利润	税金	创汇
上年实际					
本年预计					
主要产品名称	产量	销售量	单位	销售额	利润

表6-7 客户财务状况分析表

客户名称:				编号:	
客户资本金合计			客户资产总额		
其中	国家资本金		其中	流动资产总额	
	其他资本金			流动资产余额	
客户负债总额				固定资产总额	
其中	流动负债		其中	固定资产净值	
	长期负债			生产设备净值	
客户资产负债率			技术开发经费总额		

资料来源:张慧锋.《客户关系管理实务》[M].2版.北京:人民邮电出版社,2014

与此同时,还可以通过财务状况计算分析客户的经营状况。这主要是通过计算客户偿债能力参数来分析的。客户偿付能力的大小是衡量客户财务状况好坏的指标之一,是衡量客户工作是否正常的重要参考。

有如下指标反映客户偿付能力:

- 流动比率=流动资产总额/流动负债总额×100%

流动比率是企业流动资产总额与流动负债的百分比。如果企业流动资产大于流动负债,这表明企业偿还短期债务能力强。流动比率在2∶1较为理想,低于1∶1的需要给予关注。

- 速动比率=(流动资产−库存−预付账款−待摊费用)/流动负债总额×100%

速动比率可以直接反映公司的短期债务偿付能力。这是对流动比率的补充，比流动比率更直观可靠。即使流动性比率高但流动资产的流动性低，公司的短期偿债能力也不高。流动资产中有价证券通常可在市场上立即出售，转换为现金、应收账款、应收票据、预付账款等，并在短时间内变现，而库存和待摊费用则需要较长变现时间。因此，流动比率高的公司，其偿还短期债务的能力未必一定强，而速动比率就避免了这种情况的发生。速动比率通常应保持在100%以上。

一般来说，速动比率与流动比率的比值在1:1.5左右最为合适。

- 现金比率＝(货币资金＋有价证券)/流动负债总额×100%

现金比率为速动资产扣除应收账款后的余额。速动资产减去应收账款计算的金额最能反映公司直接偿付流动负债的能力。一般情况，现金比率在20%以上比较好。但是，如果这个比率过高，则说明公司的流动负债没有得到适当的使用。由于现金资产没有盈利能力，过多的此类资产会增加公司的机会成本。

- 超速动比率＝(现金＋短期证券＋应收账款净额)/流动负债总额×100%

除了在计算速动比率时扣除存货，由于行业差异还可以从流动资产中剔除可能与当前现金流量无关的其他项目，由此采用超速动比率财务指标。超速动比率是通过公司超速动资产(货币资金、短期证券、应收账款净额)来反映和衡量公司的变现能力，评估公司的短期偿债能力。

- 负债流动率＝流动资产/负债总额×100%

负债流动率是衡量企业在不变卖固定资产的情况下，偿还全部债务的能力。该比率越大，偿还能力越高。

- 资产负债率＝负债总额/资产总额×100%

资产流动率是总负债与总资产之比，即总负债与总资产的比例。该比率反映企业总资产中通过借债而来的筹资比例，衡量公司在清算时保护债券人利益的程度。

3. 利润贡献分析

客户资产回报率是分析会展公司从客户处获利的一种方法。不同客户的资产回报率不同。分析这个指标还可以详细了解造成这种差距的原因。好的客户会给企业带来丰厚的利润，差的客户会给企业带来巨大的风险，甚至拖垮企业。

为确保客户都是好客户，会展企业需要定期评估他们并采取相应的行动。

可用以下指标来衡量(见表6-8)：

表 6-8　评估会展客户的指标列举

指标	内容
积极性	客户的热情是帮助企业销售的最好保证。对合作和业务发展的热情让企业客户能够带头做好自己的工作,而不是被动地听从公司的安排或一味地要求公司提供支持。许多公司将客户积极性作为衡量客户质量的第一指标,评估客户的积极性应该仔细而全面地观察
经营能力	• 经营方法灵活性。好的客户往往具有商业思维、新的经营理念、较强的自主开发能力、组织良好的管理,不会盲目跟风或随波逐流 • 分销能力的大小。主要通过判断客户分销渠道数量、市场覆盖规模、与分销商的合作关系、交货状况等 • 资金充足状况。这是衡量经销商能力强弱的重要指标 • 手头的畅销品牌数量。优秀的经销商往往拥有多个畅销品牌的经销权。该指标可判断经销商客户在行业中是否具有竞争优势
声誉	经销商信誉是合作的基础。不讲信誉的经销商,条件再好也不能合作。信誉不应超出经销商的能力范围,也不可仅从表面判断,而是应该从发展的角度来考虑
社会关系	社会关系是影响经销商经营状况的主要因素。社会关系主要指两个方面:一是家庭关系,如家庭结构、成员职业、爱好、生活方式、关系和谐、家庭健康等。这些都对经销商的经营有直接或间接的影响。二是经销商的社会地位,考察其社会地位、影响力、社会背景以及与行政部门的关系

除了上述指标外,评价客户还可从销售管理水平、销售网络、促销能力、售后能力以及与公司的关系等方面来进行。

总的来说,可以通过建立客户评价指标或建立客户动态管理机制,不断淘汰不良客户,开发并选择更适合本企业的、更好的客户。

第二节　会展客户的关怀

一、会展客户关怀的概念

顾客关怀(Customer Care)由克拉特巴克提出:"顾客关怀是服务质量标准化的一种基本方式,它涵盖了公司经营的各个方面,从产品或服务设计到它如何包装、交付和服务。"它强调对于从设计和生产一直到交付和服务支持的交换过程每一元素关注的重要性。

由此,会展客户关怀(Exhibition Customer Care)是通过对会展客户行为的分析,把握客户需求,通过持续、差异化的会展服务或产品,最终实现客户忠诚度。

过程中需要把握以下几点:

(一) 通过客户行为了解客户需求

仅仅通过询问客户是不可能掌握客户的需求的。会展企业需要在日常工作中观察客户行为信息,主动了解客户,识别客户的真实需求。

(二) 不是市场活动不是短期行为

一旦会展公司明确了其客户差异化体验标准,就需要不只停留于规则层面,还必须使其成为会展公司日常组织习惯的一部分。

(三) 会展客户关怀不是营销活动

客户关怀不是寻求客户一次性购买,而是首先让客户尽可能长期停留,以实现高客户忠诚度。基于此,从提高整个客户关系生命周期价值中受益。

客户关怀不仅具有运营意义,更重要的是情感意义。适当的客户关怀反映了尊重和诚信。真正好的客户关怀是指公司与客户建立密切的情感关系,使客户对公司产生"归属感"、强烈的责任感和共同的使命感。

二、会展客户关怀的目的

客户关怀由营销售后服务发展而来,应包括展前、展中和展后的客户体验全过程。

展前的客户关怀是加速客户与公司建立关系的催化剂,鼓励客户购买产品和服务;展会期间妥善处理各种细节,提升客户在采购过程中的卓越体验;展后高效解决使用中的维护问题,通过关怀、提醒、建议、跟踪等方式实现客户需求。

就像人与人的关系一样,忠诚与金钱无关,但与情感因素密切相关。客户关怀代表会展公司对客户的情感关怀,并为会展公司与客户的关系增添情感纽带。如果可以持续不断地将有效的客户关怀传递给客户,那么客户忠诚度自然会提高。它不是必须,但就像饭后的甜点,带来美妙的满足感。客户忠诚是企业梦想的状态,而客户关怀是实现这一状态的关键。

客户关怀的目的是提高客户满意度和忠诚度。为此,会展企业必须全面了解客户信息,准确知晓客户需求,快速响应客户需求,为客户提供便捷优良服务的同时,定期进行客户关怀。

三、会展客户关怀的范围

客户关怀最早仅限于服务领域,到如今,扩展到了实体产品销售领域,贯穿了所有营销

环节。会展客户关怀活动涵盖整个客户体验流程,具体包括:
- 售前服务:向客户提供产品信息和服务建议;
- 售中服务:产品质量必须符合相关标准,适合客户使用,确保安全可靠;服务质量,确保客户有良好的体验过程;
- 售后服务:包括售后查询和投诉、维护和维修。

四、会展客户关怀的内容

(一)售前关怀内容

售前服务的主要形式有产品推广、广告等。在销售产品之前,主要是向市场上的客户传达知识,并投资于推广产品知识、人力资源和物质资源,为打开产品销售渠道奠定良好的基础。

(二)售中关怀内容

客户购买时的关怀与公司提供的产品密切相关,包括良好的服务为客户提供多种便利,例如与客户谈判的环境和效率,简化手续,尽可能响应客户的要求。

售中服务体现为一个过程——让客户体验购买产品的全过程。顾客感知到的优质售中服务很容易形成接下来的购买行为。

(三)售后关怀内容

售后客户关怀活动侧重于高效跟进和妥善完成产品维护和维修等内容。售后跟进和有效关怀的目的是鼓励客户重复购买。这个环节体现在售后服务上,为客户提供更好、更全面、更周到的售后服务,是企业争夺客户资源的重要途径。售后服务实行跟踪服务,从记录到及时解除客户后顾之忧,定期拜访客户,征求意见,适时提供客户渴望的特殊服务。售后服务应被视为下一次销售的开始,积极推动回购,继发销售。

五、会展客户关怀的手段

会展客户关怀手段是会展公司与其客户沟通的方式,主要有主动电话营销、网站服务和呼叫中心等方式。

(一)主动电话营销

主动电话营销是公司使用数据库信息寻找潜在客户,通过电话向客户推荐符合客户要求的产品,充分了解客户,改善销售机会。

(二) 网站平台服务

通过网站和电子商务平台，企业可以及时提供各种服务。根据客户在网页上点击的信息、在网页上停留的时间等信息，企业能实时捕捉到客户请求服务的网页信息。

电子商务公司需要注意以下原则，以便通过其网站提供出色的客户服务：

1. 提供客户需要的内容

会展企业需要做好客户需求调查，以客户需求为依据，只提供需要的内容，而不是不需要的内容。

2. 定期维护和更新内容

会展企业需要定期更新内容，以吸引客户持续访问和浏览。可以将较旧的内容组织到数据库中供用户浏览和查询。

3. 从客户角度设置内容

漂亮华丽的网页确实看起来不错，但客户可能会受到互联网速度和移动设备的限制，未必有消耗于繁琐流程的时间。有时，设置简洁的操作页面，更有助于客户使用。

4. 发送合适的信息内容

互联网用户倾向于选择适合他们个人需求的信息，不想收到无关邮件。在线客服服务的关键是如何收集客户信息、了解客户，并选择提供最好的服务。

(三) 使用呼叫中心

呼叫中心通过显示特殊的电话服务号码为其客户提供电话服务。呼叫中心可以帮助企业了解、服务客户并维护。

六、会展客户关怀的方法

(一) 提供高质量产品

优质的产品是会展企业与客户建立情感纽带的基础，没有产品质量而纯谈情感的关怀显然是无用的。因此，客户关怀的第一原则是为客户提供有保障的产品。

(二) 体现人性化关怀

服务人性化强调以客户为中心，尊重和理解客户情感，满足客户心理需求的服务特色。具体来说，关注客户心理细节。这里强调，客户关怀不应只是依赖于产品咨询、维护等基础服务，而更应注重如何在与客户协商的过程中提供可靠美好的体验，强调的是基本服务以外的情感行为，是一种能够真实自然地与客户营造和谐氛围的行为。

(三)客户满意度原则

只有满足客户需求的关怀行为才会被客户认可。客户关怀理念和实践备受各家公司重视。

以中国电子商会呼叫中心、客户关系管理专业委员会联合国家工业和信息化部于近年来组织的中国客户关怀标杆企业评选活动为例,2007年索尼、惠氏、一汽大众、网易等荣获其行业"中国客户关怀标杆企业"称号。参与评选的企业是主办方的客户,在颁奖典礼上,主办方也力求改变行业大会传统的会议形式,照顾到场的行业代表,在多方利益相关方的支持和参与下,主办方联合发起了"2007中国客户关怀周"系列活动。在为期一周的时间内,组织案例报告、企业客户关怀讲座、员工关怀沙龙、客户满意度测评培训、参会嘉宾对标呼叫中心走访等系列活动。这些活动因响应客户需求而得到了参与者的高度评价。

(四)实现精准化服务

公司建立完整的客户档案,分析客户性格、业务特点、销售环境,通过与客户的日常互动,了解客户的家庭情况和销售情况、最新动态,提供更实用、更精准的服务。只有这种关怀服务对我们的客户才有意义,才能实现关怀目标,避免只有形式、没有内涵的关怀活动。

七、会展客户关怀的形式

会展公司可以根据其产品特性来制定关怀策略,区分不同规模和贡献,从关怀的频率、内容和形式上采取不同的策略来规划和实施关怀。

可以参考以下类型:

表6-9 会展客户关怀的形式

形式	内容
亲情服务	根据客户基本信息选择特定客户名单,在客户生日或重要节日送出公司贺卡或小礼物以示祝贺,派代表参加客户的重要庆祝活动
产品推荐	根据对客户进行分析得出的不同客户群体的特点,推广不同的服务产品
客户俱乐部	公司可以采取以俱乐部的形式与客户进行更深入的交流。通过互动沟通交流,挖掘客户意见和建议,有效帮助企业改进产品。同时,采用相对固定形式的俱乐部来组织客户,在某种意义上也是竞争者进入的有效壁垒
优惠推荐	根据客户分析结果,针对每个客户群体制定不同级别的优先政策,并积极推荐给客户

(续表)

形式	内容
活动组织	面向团体的活动,例如研讨会、社交聚会、学术研究、行业参观、培训安排和旅游
个性化服务措施	如24小时服务热线、技术支持等
联合推广	公司可与社会组织、合作公司、内部渠道成员等组织联合活动
公关活动	行业或产业高层公关、高层论坛、高层聚首安排,如地产行业GOLF精英赛、时尚派对等
事件活动组织	事件活动可以具有商业和公益性两种性质,以影响目标市场为目的。活动成功的秘诀在于抓住社会热点,制造轰动效应;挑战在于如何利用企业和社会的免费资源,低投入高收益

第三节　会展客户的互动

一、会展客户互动的驱动因素

总有驱动因素在推动会展客户互动的发展和演进。这些驱动因素包括不断变化的客户角色和不断变化的营销理念。当然,它们都离不开在互动演进中发挥重要作用的技术因素,还涉及社会学和传播学理论知识的发展。

(一) 营销环境的变化

在竞争激烈的市场环境里,营销环境的变化尤为明显。例如,消费从大众到极具个性化,每个消费者都变得独特,网络技术和互动媒体方式的发展也彻底改变了营销环境。

(二) 营销观念的变化

传统消费品市场如此之大,以至于生产者几乎不可能与他们的客户建立长期的互动。然而,随着交易营销的概念被关系营销的概念所取代,企业与客户之间的互动越来越频繁。

(三) 核心价值的变化

传统上,很多企业都将"利润最大化"作为自己的核心价值,强调"以企业为中心",尤其是企业独立创造自己的价值,但随着网络经济的发展,企业的核心价值已经向"以客户为中心"转移,强调与客户共同创造价值。

(四) 信息技术的进步

随着信息技术的发展,会展企业彻底改变适合大众市场的营销模式,实现"一对一营销"。客户份额和客户终身价值比以往任何时候都更加受到关注。

(五)管理方式的变化

企业管理软件的引入彻底改变了会展企业管理的方式,将许多先进的管理理念迅速转化为实践,如 ERP、CRM 等。

毋庸置疑,以上都是促成客户互动的驱动力,正是这种"合力"在推动客户互动不断发展。

二、客户互动与关系的演进

(一)客户关系的纵向深化

一般来说,交换过程的一端是纯粹的业务关系,另一端是长期的合作伙伴关系。中间位置是一种增值型交换关系。图 6-2 就是对应的关系连接谱。

图 6-2 关系连接谱

图片来源:王永贵.《客户关系管理》[M].北京:北京交通大学出版社,2007

交易型交换包括发生在匿名服务柜台的交易和在 B2B 市场中持续发生的、注重价格和及时交货的标准化产品交易,而合作型交换强调密切的信息、社会和流程联系、相互投资和长期利润预期,增值型交换关系的重点是从客户获取转向客户保留,深入了解并尽可能满足客户需求。但是这三者只是为了便于进行理解而进行的理论区分。

(二)客户关系的横向深化

企业的营销实践已从过去的直接销售转变为大众营销、定向营销、数据库营销、电话营销、互动营销,再到当前的 CRM 营销。客户关系在每个营销发展阶段中都呈现出不同的特征。表 6-10 显示了客户关系和客户互动的横向演变。

表 6-10 客户关系和客户互动的横向进化

进化阶段	时间	主要特征	客户互动方式
直接销售	20世纪60年代以前	小商店;熟客;重视关系;增加客户了解;培养客户忠诚度和信任感	个人互动

(续表)

进化阶段	时间	主要特征	客户互动方式
大众营销	20世纪60年代	集中化大规模生产,大范围分销,单向媒体沟通为主,成本效益高;大众媒体促销;品牌认知和市场份额是衡量成功的重要标志	以人工为主的媒体支持互动,频率低,缺少个性化
目标营销	20世纪80年代	通过邮件或电话等信息技术手段,联系特定目标客户,与目标客户进行双向沟通;具有获得客户直接回应的潜在可能性,回应率对于营销成功十分重要	以人工为主的媒体支持互动,注重反馈
关系营销与客户关系管理	20世纪90年代至今	在维持大规模生产和分销体系的同时,发展与客户亲密的接触;客户知识和个人接触都是为了赢得客户信任感和忠诚度;客户份额是衡量成功的重要指标	以机器为主的媒体支持互动开始出现,互动深度增加,开始对互动进行定制化

资料来源:王永贵.《客户关系管理》[M].北京:北京交通大学出版社,2007

三、会展客户互动的有效管理

随着客户角色的变化和竞争的加剧,会展企业需要进行的是有效互动。在客户管理中,客户与会展公司的互动不仅仅是信息的交流,而是与客户之间建立一定的联系。一般来说,客户只想联系具有最佳客户互动能力的会展公司,因此成功的客户互动管理会给会展公司带来更多的客户份额和运营利润。

因此,无论是出于合适地点或情境下客户互动,还是通过互动获取所需信息,会展公司都需要管理客户互动。

影响客户互动的因素有很多,但参与互动的人、技术和流程才是客户互动中的三大关键。只有整合管理,才能创造出令客户满意且有价值的互动管理。有效的互动管理应如图6-3所示,包括有效的员工、有效的内部流程和有效的信息技术(IT)等三个主要驱动因素及其间的相互作用。

(一)有效的员工

会展企业人力资源实践对客户互动的有效性有显著影响,会直接影响员工对客户互动技术和流程的了解,而不论员工是否有权实时解决客户问题。

衡量有效员工的重要因素之一是给企业客户服务代表(Customer Service Representative, CSR)授权。这有助于员工了解他们在工作场所与客户互动的自由范畴。没被传递给专业人士或高层管理者的客户互动百分比越高,说明对CSR的授权水平就越高。

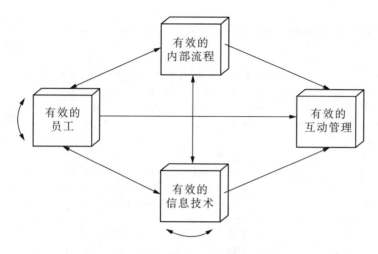

图 6-3　有效的互动管理

资料来源：Evenson A，Harker P T，Frei F X. Effective call center management：evidence from financial services：working paper. The Wharton School，University of Pennsylvania.

CSR 的辞职不仅会增加企业重新招聘和培训的成本，非接触时间也是有效员工需要考虑的一个要素，是指 CSR 与客户进行互动中用于文件处理和培训的时间。

（二）有效的流程

会展公司的内部流程也会对客户互动的质量产生重大影响。流程设计和实施应最有效地利用所有要素。例如，如果流程设计可以感知客户态度、需求和感知的变化，会展公司可以对这些变化做出反应以获得竞争优势。同样，会展企业响应变化的速度反映了流程的灵活性。

有效流程的衡量标准基本都包括入站和出站接触。入站接触与互动需求相关，而出站接触则关系到销售/电话销售以及与客户挽留相关的流程。

（三）有效的技术

信息技术可以为会展企业带来竞争优势。这些技术使得企业能够根据客户需求调整行为。正确使用技术可以使流程和人力资源系统更加灵活、更加有效。

衡量技术的有效性常考虑信息技术的复杂性（包括使用和学习该技术的难度）和信息技术是否以客户为中心等因素。此外，会展公司对信息技术的投资并非越多越好。投资多，系统可能会变得更复杂，客户在联系企业时可能遇到的障碍就越大，从而减少了客户互动的驱动力。因此，在投资之前必须进行权衡。

（四）三者与互动有效性的联系

会展企业无论是对员工、流程还是技术进行有效管理或是改进，最终目标都是通过这种管理和改进来提高效率,促进相互的积极影响,创造与客户之间的积极互动效果。表6-11 概括出了会展员工、信息技术(IT)、流程与有效的客户互动之间的关系。

表 6-11　会展员工、信息技术(IT)、流程与有效的客户互动之间的关系

类别	有效的客户互动
有效的员工	员工授权减少,企业互动效率提升,如果由高层管理者来控制客户流失的威胁,而不是由 CSR 来控制,那么接触的平均持续时间将会降低 　　具有更高水平员工的授权企业,倾向于更高水平的客户关注;允许 CSR 掌控更多客户问题的企业,往往有更高的客户关注水平,之所以会这么做,是因为管理人员深信:客户并不喜欢因为一个问题而被转到互动系统的其他部分 　　对于更高客户关注水平的企业而言,其平均劳动力耗费可能会更高,客户关注水平提高,可能会带来额外成本与收益 　　在客户关注水平较高的企业中,CSR 的非接触时间占整个工作时间的百分比可能更高;关心客户的企业,同样关心员工的工作环境
有效的信息技术	在信息技术上投资越多的企业,客户等待的时间将趋于缩短,这说明会展企业在信息技术上的投资能够在一定程度上提高系统效率 　　信息技术越复杂,客户关注水平可能越低;由于客户与会展企业接触难以掌控,所以总体的客户关注水平将会降低;脱离客户的视角而引进新技术,往往会造成客户关注水平的降低。在信息技术的应用中,对客户的关注程度越高,互动系统的有效性也就越高
有效的流程	对于那些拥有更多出战接触的企业而言,其客户关注水平往往更低 　　对将互动管理外包的企业而言,其客户互动效果可能会变差。这一现象有两种可能的解释:一是如果为了降低成本而外包,那么对客户的需求就会被降低到第二位;二是如果因为难以对接触数量加以有效管理而采取外包,那么对客户的需求将会被摆脱运营性问题的需求所取代

第四节　会展客户的沟通

一、会展客户沟通的流程

简单来说,会展客户沟通就是会展公司与其客户之间传递信息的过程。在这个过程中,至少有一个发送者和一个接收者。

沟通通常包含以下环节:

(一)发送方提供信息

这里的信息是广义概念,包括观点、资料等。

（二）发送方转换信息

为了有效沟通，这些符号需要适应媒体需要。例如，如果媒体是书面报告，则符号格式必须是文本或图形；如果媒体是讲座，应该选择文字、投影或黑板书写。

（三）发送方传递信息

因为选择符号类型不同，传递方式也不同。可以是信件、备忘录等，也可以是口头上的，如谈话、演讲、电话等，还可以用手势、面部表情、姿势等身体动作来表达。

（四）接收方接收信息

接收方根据符号的传输方式选择相应的接收方式。如果是口头传递的符号，则要求接收者仔细聆听，否则就会导致符号丢失或缺失。

（五）接收方转换信息

由于发送方及接收方转换符号能力和传输符号能力的不同，消息的内容和含义存在片面的可能。

（六）接收方理解信息

由于理解能力不同，消息的内容和含义存在被误解的可能。

（七）发送方确认信息

通信过程中干扰和扭曲信息的因素很多（这些因素通常被称为噪音），降低通信效率。因此，发送方还需要了解信息被理解的程度，反馈构成信息的双向交流。

二、会展客户沟通的侧重

《孙子兵法》上说："知己知彼，百战不殆。"客户服务运营也是如此，全面了解客户对服务的看法对于服务人员的工作至关重要。

具体来说，客户对服务的看法主要来自以下五个方面：

（一）有形度

一家会展企业从外在呈现出来的样子叫做有形度。当客户第一次看到一项服务时，他们通常是通过有形度来看待它的。

（二）同理度

同理度是指服务代表究竟能在多大程度上理解客户的需求、想法。

服务活动中的同理度体现在：

- 理解客户的心情。当客户需要帮助时，服务代表会关注到他（她），及时向客户道歉，并找出客户担心的原因。

- 理解客户的需求。通过提问，服务代表可以快速了解客户的需求。
- 服务代表的工作态度。服务代表要充分关心和尊重客户。

(三) 专业度

客户在选择会展公司时，往往非常在意会展公司是否专业。

(四) 响应度

响应度是服务的效率问题，可通过服务代表的语言来表达。客户在提出问题后多久可以得到帮助和解决，在这方面，客户的期望非常高。

(五) 可靠度

可靠度是一种品牌的反映，是一种能够持续提供优质服务的能力。当然，这样的品牌不是一个会展公司一夜之间就可以轻松形成的。

三、会展客户沟通的环节

(一) 倾听

倾听不仅指用耳朵听声音，还需要通过面部表情、肢体语言和语言来回应对方，向对方传达你真的是很愿意听他说话，而不是无奈之举。倾听是一种情感活动。在倾听时，应该给予客户充分的尊重、情感上的关注和积极的回应。

"倾听"的"听"字在繁体中是有一个"耳"字的，说明要用耳朵去听；有一个"心"字，说明要用"心"去听；还有一个"目"字，说明应看着别人的眼睛去听；还有一个"王"字，代表把说话的那个人当成是帝王来对待。由此可以看出，倾听时不仅要用"耳朵"，更要用"心"、用"眼睛"，充分地去尊重倾诉者。

1. 倾听事实与情感

倾听不只是要听清楚别人在讲什么，还要给他们一种好的感觉。所以，倾听需要注意两点：

（1）听事实。听事实需要清楚地听到对方在说什么。为此，服务人员必须有基本的听力。

（2）听情感。听情感比听事实更重要。服务人员在听清对方讲述事实的同时，还需要考虑客户的感受，以及是否需要做出回应。

例如，A 对 B 说："我昨天看中一套房子，买了下来。"B 说："哦，是吗？在哪儿呢？恭喜你呀。"A 看中房子并买下来，这是一个事实，B 问房子在哪，这是对事实的回应，而"恭喜你"就是对A的情感的回应。A把事实告诉B,是因为他想让B和他分享他的喜悦。而作为B,应对这种情感加以肯定。

服务人员需要利用倾听技巧结合面部表情、肢体语言等对客户作出回应以表达关注。例如,一位客服人员对客户说,"现在你就是这方面的专家,你真的是很内行。"这对客户来说是一种情感上的关注。而在进行这种关注之前,则需要服务人员在倾听时先对情感部分和事实部分加以区分。

2. 提升倾听的技巧

(1) 不要打断客户的谈话。没有人会喜欢自己的谈话被别人打断。在许多情况下,有些人的倾听能力较弱,不是无意,而是有意地打断对方。

可以理解无意识地打断,但是有意识地打断却是绝不允许的,应该尽量避免,因为,这对客户来讲,是非常不礼貌的。当你有意识地打断对方说话时,这就好像挑起了一场战争,对手会以同样的方式来回应你,最后两个人的谈话就可能变成了吵架。

(2) 听清对方谈话的要点。在交谈时,如果接收方正确理解发送方谈话的含义,发送方会感到非常高兴,因为他知道,至少接收方已经成功完成了上述的"听事实"层面。

(3) 适时发表自己的观点。谈话是有来有往的,所以要在不打断对方谈话的原则下及时提出自己的意见。这样做的好处是,对方始终都能感觉到你在认真倾听,并且理解他想要传达的内容,还不会造成接收方走神。

(4) 肯定对方的谈话价值。在谈话中,如果你能肯定哪怕是很小的价值,讲话者的心里也会非常高兴,同时对肯定者的印象也会很好。因此,需要倾听者在谈话中用心发现谈话价值,并给予积极的肯定和赞美,这是赢得他人好感的有效方法。

(5) 配合适当的面部表情。当你和某人交谈时,你就像他的镜子,因为你是否关心他的活动会直接反映在你的脸上。在有些时候,单靠嘴巴说话很难达到好的效果,还需要调配嘴巴、手、眼睛等器官结合去"说话",但切忌过分卖弄。

(6) 避免回应虚假的举动。在对方说完观点之前,不要做出比如"好!我知道了""我明白了"等反应。这种空洞的回应只会妨碍你去仔细聆听或阻止客户给出进一步的解释。

不过,仅仅做到善于倾听还是不够的。

(二) 提问

1. 开放式问题的使用技巧

开放式问题是让客户尽可能自由地表达观点。这种提问的方式可以帮助服务代表了解多一些的情况和事实。

2. 封闭式问题的使用技巧

封闭式问题的使用是为了充分协助客户做出决策。客户在面对提问时只需回答"是"或

"否"。封闭式问题要求服务人员具有丰富的专业知识。封闭式问题的所有答案都必须是肯定的。

如果所有答案都是肯定的,客户就会认为你非常职业。如果服务人员能够正确、广泛地使用封闭式问题,就可以充分体现服务人员的专业素质。

3. 提问技巧适当切换使用

提问技巧既需要开放式问题,也需要封闭式问题。通常,会先提一个开放式问题,用来询问客户有什么需要帮助之处,然后立即转向封闭式问题。通过交互式地使用这两种提问技巧能够快速确定客户的问题,当然,也一定程度上取决于服务代表的经验丰富程度。

(三)复述

复述的技巧包括两个方面。一是复述事实,二是复述情感。这与倾听的内容一致,因为复述就是对你听到内容的转述。

1. 复述事实

(1)复述事实的目的。

复述事实的目的就是彻底分清责任。服务代表首先要与客户确认他们所听到的内容是正确的。如果客户说"正确",则服务人员不对问题负责。

(2)复述事实的好处。

- 分清责任——服务人员通过复述向客户进行确认,印证自己所听到的内容,如果客户没有提出异议,那么若再有问题,责任就不在服务人员。
- 提醒作用——核对内容是否存在遗漏,或者提醒是否还有其他问题需要一起解决。
- 体现职业素质——体现出服务人员的专业水准,更重要的是还会让客户感觉到对方是在为自己服务,这种感觉相当重要,在一定程度上可以满足客户的情感需求。

2. 复述情感

复述情感就是对于客户的观点不断地给予认同。比如,"您说得有道理"、"我理解您的心情",等等,这些都属于情感的复述。在复述的过程中,复述情感的技巧至关重要,使用时也非常复杂。

第五节 会展客户的流失

包括公司高层在内的管理者时常感叹,"明明不久之前我们和客户的关系还不错,但可能随时'风向'就变了,真不知道其中原由。"客户流失是很多公司面临的尴尬,他们中的大多数人也知道客户流失的损失巨大。

客户流失相关研究在上世纪七八十年代就引起了学者的关注。

表6-12 客户流失的相关研究

学者	研究成果
Hirschman	• 开创EVL研究框架 • 当一个组织的绩效恶化时,个人有三种选择:退出合作伙伴关系、提出诉求或继续保持忠诚而不做任何事情 • "如果公司提供的产品质量下降,客户选择终止与公司的关系"的情况就被定义为客户流失。这种行为是一种基于客户在消费经历中体验到的负面因素的选择过程,还受到退出障碍等其他因素的影响
Stewart	• 流失顾客原因可能不仅来自于消费体验的负面评价,还可能来自顾客的厌倦和追求新鲜刺激消费的消费习惯等 • 客户流失定义为"客户决定与当前服务提供商终止生意往来的现象"。还应注意的是,"关系结束"不能笼统地用作判别客户流失的标准,客户购买或购买占总支出的百分比下降在某种程度上也可被视为客户流失范畴,或者至少是部分流失
Michalski	• 客户流失定义——客户终止现有业务关系的决策过程

一、会展客户流失的概念

会展客户流失是指一家会展企业中的存量客户受多种因素影响而转换产品或服务的购买对象的现象。本书的会展客户流失是针对组展商而言,其客户的参展商,包括一些专业观众或个人参展商,不再参加其主办的展览活动和其他参展商。

如果会展公司与客户之间原有的客户关系无法维持,客户将转而面向其他供应商,产生了对该会展企业而言的客户流失。显然,每当企业失去老客户,公司都需要投入大量的人力、物力和财力来接触新客户。

一般来说,客户流失有两种情况:一种是客户主动选择转移到另一个供应商,这种情况流失掉的客户称为主动流失客户;另一种是因恶意拖欠等原因被企业解除服务合同的情况,被称为被动流失客户。

对于每家公司来说,一个客户的价值并不局限于一个人,而是客户背后有客户。企业每失去一个重复购买的客户,不仅会失去该客户可以带来的潜在利润,而且与受影响客户的交易机会的丧失也会进而影响公司开发相关新客户。因此,当客户关系消退时,公司不会简单地抛弃客户,而是关注客户,积极对待和维护客户,重新建立其对公司的忠诚度,与公司建立长期稳定的合作关系。

二、会展客户流失的过程

能够作为公司的客户,意味着他之前已经认可了公司的产品,对公司提供的产品具备并且积累了一定的采购经验。通常情况下,客户下次购买产品时,首先考虑将其与之前购买过的同类产品进行比较。如果产品性能好,服务好,即使价格适当高出一些,客户也会反复购买该产品或服务。但是,初次购买后,如果发现性能与宣传的产品有出入,使用过程中出现问题无法得到妥善解决,甚至是投诉无果,那么客户则会放弃之前的产品,选择投向企业的竞争对手以获得更好的性能、优质的产品以及更好的服务。

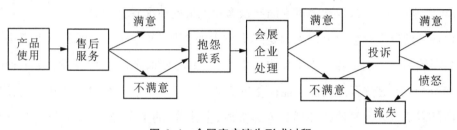

图6-4 会展客户流失形成过程

如图6-4所示,客户流失主要集中出现在在售后服务环节上,大多是因为投诉或投诉没有得到彻底解决直接导致。因此,会展公司重视售后服务、客户抱怨和投诉,可以显著减少客户流失。

三、会展客户流失的原因

对于已经停止采购或转用其他组展商的客户,会展公司应尽力与客户联系,找机会了解造成这种情况的原因,并合理辨别区分导致流失客户的原因,为后续挽留客户,维护现有客户关系,恢复失去的客户关系进行必要服务整改。

诚然,导致会展企业失去客户的某些原因是会展公司无能为力的,例如客户离开该地区或破产等。除了这些因素,导致客户流失的其他因素往往是:客户找到了更好的替代品、供应商的服务质量问题等。事实上,会展公司能够改进的因素有很多,比如服务质量差,产品质量低劣、缺乏创新、价格高等等。因此,会展企业想要改善客户流失情况,对客户流失的原因做出明确分类就显得尤为重要。

(一)因素角度

客户流失可归结为8个方面的因素:
- 价格:这是失去客户的主因;

- 不舒适：由于服务质量差而对客户造成的的微妙的影响；
- 关键性能缺失：客户觉得企业提供的服务缺乏所需内容；
- 负面服务接触：员工无法尽可能满足客户需求；
- 服务回答不充分：回答客户问题存在漏洞，服务质量低劣由客户负责而不是解决客户问题；
- 竞争问题：竞争对手的行动；
- 伦理道德问题：客户认为公司存在违法违规等问题；
- 其他非自愿的原因：搬迁、破产等。

在这8个因素中，会展企业自身的原因所造成的客户流失占大部分，其中产品质量、价格、服务等因素影响最大，因竞争对手而导致客户流失的情况只是少数。

客户资源的流失对会展公司来说是一个重大的创伤，可能导致价值的重大损失。当一家会展公司因为无法满足客户需求而失去客户时，就无所谓客户忠诚与否。从某种意义上说，客户就是上帝，客户资源的流失往往是供应商缺乏热诚。因为客户选择和确定长期合作的供应商是需要投入大量精力（时间、人力资源、金钱等）的不会轻易放弃、长期合作的供应商。所以，会展公司需要专注于提高自身热诚，并以此作为提高客户忠诚度的启程点。

(二) 主体角度

如上所述，可以从影响因素的角度确定客户流失的原因，还可以从主体角度来查找原因。客户转向其他会展公司的主要原因是原来的会展公司已经不能满足他们的需求。从这个角度来看，客户流失的原因又可分为公司端和客户端两个方面，如图6-5所示。

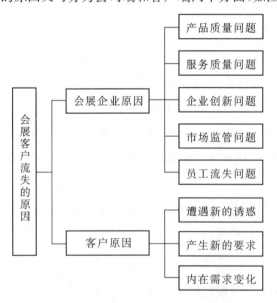

图6-5　会展客户流失原因——会展企业方面、客户方面

这种方法的优点是可以找出原因以及相应的"问题方"。如果问题出在公司端,则公司必须尽一切努力加以改进。

1. 企业端原因

(1) 产品质量问题。

产品质量是营销的基础。当发现产品质量问题时,不仅不能满足客户的需求,而且实际上损害了消费者的利益,破坏了会展公司形象。因此,当该问题发生时,客户可能放弃原来的会展公司,寻找新的合作伙伴。

(2) 服务质量问题。

售后服务是客户在购买产品时考虑的主要因素之一。据统计,如果公司售后服务不到位,94%的客户会流失。在售后服务方面,员工的懒惰态度、效率低下、拖延响应时间等问题都极大地伤害了客户公司的感情,降低了客户对会展公司的信任,影响客户心目中的企业形象。在这种情况下,客户切换到其他会展企业消费产品或服务似乎更是合理的。

(3) 企业创新问题。

会展企业的创新能力是关系到企业发展的重要因素。当今社会科学技术飞速发展,客户需求发生巨大变化,没有创新的产品和服务必然被市场排斥。在这些市场条件下,只有不断提高创新能力的会展公司才能满足其不断变化的个性化客户的需求。如果一个公司的创新能力不足,那么这个会展公司的产品就一直没有突破。这样的会展公司因为跟不上客户的新需求而无法留住客户,这一点并不奇怪。

(4) 市场监管问题。

市场监控是指企业对分销领域产品的价格、营销等进行监测。会展企业如果疏于监管市场,势必会扰乱产品的流通,让客户对产品失去信心,破坏企业形象。

(5) 员工流失问题。

尤其是中小企业,因内部员工流失而流失的客户尤为显著。在会展公司规模和管理等因素的影响下,会展公司与客户之间的忠诚往往很容易被公司员工与客户之间的忠诚所取代。会展企业员工流失,尤其是核心销售人员的流失,会带走老客户相关业务,这种现象在小型企业中很是常见。此时,会展公司本身面临着员工和老客户的双重流失。

2. 客户端原因

(1) 遭遇新诱惑。

在当今社会中,物质极大丰富。客户不仅会被琳琅满目的产品所吸引,更会受到各种营销方式的诱惑。客户是有限的资源,在竞争中,会展企业往往会通过各种诱惑来吸引目标客户,不惜一切代价获取目标客户。客户有自由选择的权利。当面临来自会展公司的让渡价值足够时,客户可以改变原来的选择,切换到另一家会展公司。

(2) 产生新要求。

在科技不断发展的今天,我们客户的需求瞬息万变,新的理念和需求随时可能诞生。如果原来的会展公司不能总是满足不断变化的需求,客户会根据自己的需要重新选择会展公司。此外,部分客户依靠自身强大的购买力,一味向公司提出各种不合理要求,以"主动流失"威胁公司。当会展公司不能满足客户的需求时,客户就会假戏真做。

(3) 内在需求变化。

由于社会的不断发展和新政策的倡导,客户的需求也发生了内在变化。之前需要的商品因为种种原因被客户淘汰,原来的供应商失去了这部分客户关系。

例如:2008年6月1日《限塑令》实施后,街头餐厅和星级餐厅均使用纸质餐盒和其他可降解的塑料袋,不再使用一次性塑料餐盒。这导致一次性塑料餐盒和塑料袋公司的客户流失。

会展企业需要密切关注客户流失的动态变化,定期进行客户流失调查和沟通,及时找出客户流失的原因。通过对客户流失的原因进行分析和分类,可以根据情况改进公司存在的问题,使公司更具竞争力。如果产品质量是客户流失的主要原因,则重点提高产品质量;如果客户流失的主要原因是售后服务跟不上,那么提高售后服务质量应该是企业优化的重点。只有通过这种方式对症下药,企业才能真正实现减少客户流失、提高客户满意度和提高企业利润的目标。

通过分析上述客户流失的原因,公司应了解流失客户的类型,并确定是否有必要采取适当措施挽回后续客户。

(三) 客户价值和客户满意度角度

从客户价值和客户满意度的角度来看,主要有:

1. 自然流失

由于客户经济形势的变化和地域的移动,客户被迫与会展公司断绝业务关系的流失称为自然流失。这种客户流失不是由会展公司和客户双方的人为因素造成的,是任何一方的努力都无法避免的。

2. 竞争流失

由于会展企业竞争对手的影响而造成的客户的流失称为竞争流失。市场竞争以价格战和服务战为主。价格竞争是指竞争对手采取打折等措施;服务战是竞争对手推出功能和质量更好的产品或服务,挖走原本属于公司的客户。

3. 过失流失

因会展公司自身工作过失导致客户不满而引发的流失称为过失流失,也称为失望流失,比如企业形象差、产品性能差、服务态度差等。过失流失占客户流失的比例最高,但是这部分流失是可以通过分析客户流失因素,采取一些有效的措施来防止的。

4. 恶意流失

这指的是会展企业主动放弃客户而造成的客户损失。这可能是由于会展公司产品技术含量的提升或公司自身目标客户群的升级,会展公司会主动放弃部分原有客户,也可能会因为这些客户的信用度低或故意欺诈而放弃。

5. 其他流失

除上述情况外,客户流失的原因还有很多。例如,由于会展公司员工跳槽而被带走的客户,由于会展公司市场监控不足导致市场混乱引发客户流失等。

四、客户流失的应对方案

会展公司通常需要根据不同的客户流失水平(尚未发生客户流失的客户、趋向于发生客户流失的客户和已经成为客户流失的客户)以不同的方式实现客户保持。这就需要具体分析以达到更好的效果。企业在保持客户的过程中,既要对尚未出现流失趋势的客户进行有效预防,还要对已经出现流失趋势的客户进行争取,并且对已经流失的客户有选择地挽回。

(一) 预防会展客户的流失

通过分析流失客户,会展公司可以了解导致客户流失的不同原因。会展企业不必太关注因客户内部因素或客户不合理需求造成的客户流失,而需要更多地专注于提高竞争优势以提高客户满意度并吸引企业客户。

从防止客户流失的角度,会展企业需要注意以下几点:

1. 重视企业产品质量

会展企业必须严格把控产品质量,为客户提供安全可靠的产品。会展公司需要高度重视产品质量,将产品质量视为生命。

2. 注重售后服务质量

会展公司应树立"客户就是上帝"的服务意识,针对客户提出的问题,主动及时地调整并解决客户问题,注重售后服务人员的工作态度,将客户服务做到体贴周到。

3. 加强市场监控力度

会展企业应加强市场巡视力度,为客户创造有序的市场环境,以降低业务风险并实现留住客户的目标。

4. 提升企业创新能力

会展企业需要紧密跟踪市场变化,及时升级产品和服务。会展企业在紧跟市场趋势的同时,通过人才引进和创新为企业注入新鲜血液,加快产品升级进程,满足市场需求,生产出吸引客户眼球的产品。

5. 重视客户忠诚关系

会展企业要重视弱化企业员工与客户之间的忠诚关系，降低因企业员工流失而造成的客户流失的风险性。

这不仅要求企业改进管理模式，增强员工对企业的忠诚度，也要求会展企业通过节日问候、短信祝福、展览等各种渠道方式增强与客户的情感交流。

6. 重视会展客户沟通

会展企业必须重视与客户之间的沟通，紧跟客户需求做出改变，及时改进企业的产品和服务质量，以满足客户的更高要求。

（二）争取即将流失的客户

会展企业在面对有流失倾向的客户时，应该努力以正确的方式留住他们。

会展企业在挽留客户时，需要注意以下几个方面：

- 会展公司应以积极的态度解决客户面临的困难，不应采取推诿或拖延等消极方法；
- 会展企业应坚持培养员工"顾客就是上帝"的信念；
- 会展企业需要关注客户投诉，从投诉中寻找企业不足；

通过改善缺陷同样可以提高会展公司的竞争力。

（三）挽回已经流失的客户

对于已经流失掉的客户，会展公司首先要通过分析，判断该客户是否值得挽回，再决定如何开展追回。对于会展企业，可以通过增加产品让渡价值，使会展企业可以重新获得客户的关注，实现重获客户的目标。当客户依然坚决抛弃企业，会展公司也可以通过适当的渠道联系客户，寻找下一个合作机会。

五、防止客户流失的实施

（一）实施全面质量管理

关系营销的核心是最大化客户满意度。为客户提供优质的产品和服务是会展企业创造价值、实现客户满意的前提。加强全面质量控制，有效控制影响质量的各个环节和因素，是创造优质产品和服务的关键。

（二）建立投诉建议制度

客户投诉是客户对会展公司产品和服务不满意的反应，表明会展公司经营存在一定缺陷。由于客户投诉在一定程度上可以看作是会展企业发展的动力，是有效激励企业的创新源泉,所以会展企业必须妥善处理客户投诉。

通常情况下,95%不满意的客户不会投诉,而只是采取行动停止购买。最好的办法是方便客户投诉。以客户为中心的企业需要为客户投诉和建议提供便利,并设立专门的高速通道。不满意的客户需要立即获取公司的关注。这种信息流为企业带来了许多伟大的想法,使其能够更快地采取行动。

宝洁、通用电气等众多知名企业都设立了免费热线电话,帮助心怀不满的客户及时便捷地表达情感;许多公司还添加了网站和电子邮件,以通畅与客户之间的双向沟通;3M 公司(全称 Minnesota Mining and Manufacturing Corporation,世界知名的多元化科技创新企业)声称其三分之二以上的产品改进建议是来自客户的反馈。

(三) 建立内部客户体制

提高员工满意度会立即体现在员工提供的服务质量的改善上,最终提高客户满意度。

(四) 客户导向组织架构

由于拥有忠诚客户意味着巨大经济效益,许多会展公司认识到客户互动的最终目标不是交易,而是建立持久和忠诚的客户关系。在这个理念下,营销部不应该被认为是整个会展公司系统中唯一对客户负责的部门,而是"以客户为中心"应该由公司的所有部门和所有员工共同负责。

(五) 建立客户评价体系

正确评估客户关系对于防止客户流失具有非常重要的作用。会展企业只有及时衡量客户关系的强度,才能有针对性地制定和实施预防措施。

(六) 建立强力监管体系

会展企业需要建立强有力的市场监管系统。发现问题时,会展企业应迅速解决。

(七) 建立信息预测系统

会展公司要做到真正为客户着想,当它预测到某些市场信息时,总会及时告诉参展商,得知消息的参展商会立即采取行动。信息就是财富,客户自然感激企业。

第六节 会展客户的保持

会展企业不可避免地会面临客户流失。此情况下会展公司可以通过培育新客户来部分弥补老客户的流失,但肯定需要投入大量的人力、物力资源来争取新客户。

很多会展企业忙于开拓市场和新客户,但很多老客户却因为没有被足够重视关系维护而导致流失。客户保持对会展公司的利润底线有重大影响,有效留住有价值客户的能力是会展公司成功的关键。因此,越来越多的会展企业会在培养新客户的同时,将更多的精力花在客户的保持上。

一、会展客户保持的概念

会展客户保持是指会展公司通过提高客户满意度和服务质量等一系列举措,加强与参展商或特定观众群体长期合作关系的全过程以及相应的策略。客户保持要求会展公司和客户相互理解、适应、沟通和忠诚。这需要在建立客户关系的基础上与客户进行良好的沟通,从而使客户满意并最终实现客户忠诚。客户保持和客户流失是一对相对的概念。会展客户保持是会展企业维持既定客户关系并促使客户反复购买产品或服务的过程。

二、会展客户保持的意义

随着市场从"产品"导向转向"客户"导向,客户成为公司最重要的资源之一,赢得客户的才是赢家。但是,很多会展企业忙于开拓市场和新客户,减少了对老客户的关注,造成了一种尴尬现象。一边,公司正在投入大量时间、精力和金钱来接触新客户;另一边,对老客户的保持工作不充分,导致现有客户的不满和流失。

面对当前的市场状况,会展企业需要着手研究客户保持率,通过有效的客户关系管理提高客户保持率,支持会展企业经济利益的持续增长。

保持客户是企业生存和发展的需要。下面这组数据可以很好地解释这个问题。

- 发展新客户的成本是留住老客户成本的5—10倍;
- 向新客户销售产品的成功率为15%,向现有客户销售产品的成功率为50%;
- 对新客户的营销成本是对现有客户的营销成本的6倍;
- 如果公司关注服务过失,70%对服务不满意的老客户会继续与他们合作;
- 60%的新客户是由现有客户推荐的;
- 对公司服务不满意的客户将不满意的体验分享给其他8—10人,满意的客户将与2—3人分享满意的体验;
- 如果客户忠诚度降低5%,企业利润就会降低25%;
- ……

上述数据充分表明:客户是当前业务活动的核心。衡量一家会展公司成功与否的标准不再只是会展公司的投资收益率和市场份额,而是会展公司的客户保持率、客户份额等指标。保持客户的重要性体现在提高公司的盈利能力、信誉和美誉度,降低公司成本上。

客户是公司最重要的资产,与有价值的客户保持长期稳定的关系是会展公司实现可持续竞争优势的关键。由于越来越意识到客户保持的重要性,许多会展公司正在实施客户保持策略。然而,客户保持不同程度努力的成本不同。因此,在实施客户保持策略之前,会展企业首先要根据不同的客户价值来决定如何在其客户之间有效分配有限的资源,然后在特定的资源预算内进行分配。只有这样才能留住对公司最有价值的客户,并将那些潜在的低价值客户转化为高价值客户。

三、会展客户价值矩阵

基于整个客户关系生命周期利润的客户细分称为客户价值细分。客户价值细分的两个具体维度是客户当前价值和客户增值潜力,每个维度又分为高低两个层次,将整个客户群划分为四组。会展客户细分的结果可以用会展客户价值矩阵来表示,如图6-6所示。

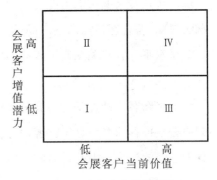

图6-6　会展客户价值矩阵

(一) 会展客户当前价值

会展客户当前价值是假设客户当前的购买行为模式不变,客户未来可望为会展公司带来的总利润的现值。根据这个定义,可简单认为一个客户的当前价值等于该客户在最近时间单位(月/季/年等)内的利润乘以客户关系生命周期的预期长度,再乘以总贴现率。显然,它是对客户未来利润的保守估计。

(二) 会展客户增值潜力

会展客户增值潜力是指会展公司为满足客户的个性化和多样性需求,通过大量的资金投入,从而来吸引客户,使客户的购买行为朝着会展企业能够更大限度获得盈利的方向发展。

会展客户增值潜力在于会展公司采用适当的客户保持策略来帮助提高公司利润,当客户购买行为模式向好的方向发展时,客户未来的预期总利润现值会增加。

客户增值潜力是确定企业资源投资预算的最重要依据,取决于客户增量购买(Up-buying)、交叉购买(Cross-buying)和新客户推荐(Refering a new customer)的可能性和规模。

1. 会展客户增量购买

会展客户增量购买是指会展客户采购产品的交易量增加。会展客户增量购买的可能性和规模取决于客户的份额、客户关系的水平以及客户的业务总量。客户份额是客户给予会展公司的交易量占总交易量的比率。具体关系如下：

- 客户份额越小，进行额外购买的可能性就越大。如果客户已将100%的业务给了公司，则客户没有额外购买的空间；
- 客户关系水平越高，客户对公司的产品和服务越满意，对公司的信任度越高，就越有可能拥有更多的客户交易量；反之，客户可能会减少给予公司的业务份额；
- 客户业务总量对增量采购的大小起决定性作用。对于总业务量较大的客户，即使客户份额略有增加，也会导致交易量大幅增加；反过来也是如此。

2. 会展客户交叉购买

会展客户交叉购买指的是客户购买以前从未买过的产品类型或拓展与会展企业的业务范围。客户交叉购买的可能性取决于两个因素：一是会展公司可以提供的、从来没有被客户购买过的、符合客户需求的产品的数量。这类产品数量越高，客户更可能交叉购买；二是客户关系水平。客户关系水平越高，客户就越有可能交叉购买。

3. 会展新客户推荐

会展新客户推荐是指会展公司的忠实客户向公司推荐潜在客户，包括为公司宣传良好的声誉。推荐新客户是忠诚客户与公司之间的互利行动，也是客户关系发展稳定后的一种高度忠诚的行为。因此，推荐新客户的可能性取决于客户关系是否有可能进入稳定期。

四、会展客户类型与保持策略

图6-6是会展客户价值矩阵。根据每个客户的当前价值和增值潜力，可以将会展公司中的所有客户分为四类。

表6-13列出了四类客户的资源配置和保持策略：

表6-13 四类客户的资源配置和保持策略

客户类型	客户对会展公司的价值	资源配置策略	客户保持策略
Ⅰ	低当前价值，低客户增值潜力	不投入	关系解除
Ⅱ	低当前价值，高客户增值潜力	适当投入	关系再造
Ⅲ	高当前价值，低客户增值潜力	重点投入	高水平关系保持
Ⅳ	高当前价值，高客户增值潜力	重中之重投入	不遗余力地保持、发展客户关系

（一）Ⅰ类客户

Ⅰ类客户是最没有吸引力的客户类型。此类客户的当前价值和增值潜力非常低,甚至为负。

例如,偶尔下小单的客户、定制要求过高的客户、提出严格服务要求的客户、经常拖延或不付款的客户(信用风险高的客户)。

这些客户是会展企业的负担。对于这一类客户,需要鼓励其转向竞争对手。

（二）Ⅱ类客户

Ⅱ类客户具有强大的增值潜力,但会展公司尚未成功获得该类客户的大部分价值。例如,一个客户的总交易量很高,但会展公司所获得的客户份额很小。从客户关系生命周期来看,这种客户—公司关系可能在考察期或形成期一直徘徊。此时,如果会展公司重建与此类客户的关系,可以预见此类客户将来可为公司带来重大利益。

对于此类客户,如投入适当资源重建两者关系,不断为客户提供优质产品,促使客户关系由低到高发展。会展公司通过为客户提供有价值的信息,优质的服务,甚至个性化解决方案等,提升客户价值,持续让客户满意,让客户建立对会展公司的高度信任,推动客户关系顺利通过考察期、形成期,快速进入稳定期。进而帮助企业获得客户的增量购买、交叉购买和新客户推荐的机会和可能性。

（三）Ⅲ类客户

Ⅲ类客户的当前价值很高,但是增值潜力不大。从客户关系生命周期的角度来看,这样的客户可以是非常忠诚的客户,他们已经进入了稳定的客户关系时期。这些公司将近100%的业务提供给会展公司,并真诚主动地向会展公司推荐新客户,因此他们在增加销售额、交叉销售和推荐新客户方面已经不存在需要进一步挖掘的空间,已经无法释放更多潜力。

值得注意的是,这一类客户对企业来说是非常重要的,很明显,它是会展企业继Ⅳ类客户之后最有价值的客户。

（四）Ⅳ类客户

Ⅳ类客户是最有价值的客户类型,既有较高的当前价值,又有很大的增值潜力。与上述第Ⅲ类客户类似,就客户关系生命周期而言,这些客户与会展公司的关系可能已进入稳定期。他们对公司也非常忠诚,对于他们目前的业务几乎100%地给了本会展企业,并且也真诚主动地为会展企业推荐新客户。但是,与第Ⅲ类客户不同的是,这类客户本身仍然具有很大的发展潜力,而且自身的业务量也在不断增加。因此,此类客户在未来的增量销售和交叉销售方面仍具有很大潜力。

因为这些客户是企业盈利的基石,会展公司应投入大量资源维护和发展与这些客户的关系，甚至为每个客户设计和实施一对一的客户保持策略，并且不遗余力留住他们。

简而言之，客户保持对会展公司的利润底线有惊人的影响。有效地留住有价值的客户一直是公司成功的关键。成功的客户保持策略的首要任务是细分客户价值，并且对不同价值的客户确定不同的资源分配计划和客户保留策略。

五、会展客户保持的内容

（一）注意品质

长期稳定的产品或服务品质是保持客户关系的根本所在。优质的产品本身就是优秀的推销员，是留住客户的强效凝固剂。产品质量不仅是产品的合规程度，更是根据客户的意见和建议，不断开发出真正符合客户喜好的产品。随着市场竞争的加剧，客户的需求向个性化的方向发展，真正不同的东西成为了客户时尚的一部分。

（二）优质服务

服务和产品的质量、价格和交货期共同构成了会展公司的竞争优势。随着科技的发展，同类产品在质量和价格方面的差距越来越小，在服务方面的差距越来越大，客户对服务的要求也越来越高。尽管再好的服务也不能把差的产品变成好的，但高质量的产品通常会因为服务差而失去客户。

大多数客户投诉不是因为产品本身的质量，而是因为会展公司的服务。在很多情况下，服务质量比产品质量更重要。

客户通常会综合考量以下因素：
- 产品或服务的可靠性和一致性；
- 运输货物的速度和及时性；
- 文件的准确性；
- 电话咨询中对方是否礼貌；
- 员工的精神面貌等。

这些因素很重要。有人指出，在竞争的焦点中，服务因素逐渐取代了产品质量和价格，世界经济已经进入了服务经济时代。

（三）品牌形象

面对日趋繁荣的商品市场，客户需求层次明显提升。他们开始潜心于产品品牌选择，品味差异开始扩大，习惯了点名购买等。建立客户品牌忠诚度取决于公司产品在客户心目中的形象。只有客户对会展公司有深刻的印象和强烈的感情，才能对公司的品牌产生忠诚。

(四) 价格优惠

价格优惠不仅体现在低价上，更重要的是向客户提供其认可的价值，如提高产品或服务质量、升级功能以及灵活的支付和融资方式等，也可以通过为客户提供他们需要的价值的方式来留住客户。

(五) 情感投资

一旦与客户建立了业务关系，就需要积极寻找并建立除产品以外的关系，并利用这些关系来加强会展企业与客户之间的业务关系。记住对于客户来说的重要日子，并以正确的方式给予庆祝或直接参与到其中；对于重要客户，负责人可以选择合适的日子直接上门拜访，参与公司重要活动，让客户感受到公司的成就与他的全力支持是分不开的。普通客户则可以通过建立俱乐部、联谊会等固定的沟通渠道来维护和加深两者之间的互动关系。

六、评估客户保留的指标

会展公司需要为保持客户标准建立量化指标。由于会展公司之间的业务不同，对每家会展公司设定的评价标准也不应相同，要符合会展公司本身的特点。通常情况下，会展公司使用的客户保持指标有：

(一) 重复购买率

存在在一定时间内会重复购买特定产品或服务的客户，表明客户对产品或服务高度满意，客户保持度高；反之，客户保持度低。客户重复购买率统计不限于同一产品或服务，也可能是同一品牌的多个产品。客户重复购买同一品牌的产品，表明对该品牌的满意度高，客户保持度高；反之，客户保持度低。

(二) 质量承受力

当产品出现质量问题时，如果客户选择宽容和理解的态度，则表明客户对产品质量的接受度强，保持度高；相反，客户保持度低。

(三) 价格敏感度

价格因素是客户在购买产品或服务时考虑的重要因素。但是，不同的客户对价格有自己的敏感度。当面对满意或喜爱的产品时，客户往往不太关注价格波动，且承受能力较强，敏感度较低；当面对不喜欢或不是十分满意的产品时，客户往往会特别关注价格波动，承受能力较弱并极具敏感性。低价格敏感性意味着高客户满意度和高客户保持度；相反，客户保持度低。

(四) 挑选产品时长

挑选是客户购买产品或服务过程中的一个重要环节。会展公司可以通过收集客户选择时间的统计数据来分析客户保持度。通常情况下,当客户面对满意或喜欢的产品时,选择时间会很短。因此,较短的客户选择时间表明较高的客户满意度和较高的客户保持度;反之,则说明客户保持度低。

(五)客户关注度

会展公司可以统计客户在特定时间段内以购买或非购买形式关注产品、服务或品牌的次数。次数越多,说明客户感兴趣的程度越高,客户保持度高;反之,客户保持度低。

会展企业不仅可以通过计算客户自身的关注度来确定客户保持度,还可以通过结合考虑客户对竞争对手的关注度来确定客户保持度。客户对竞争对手的兴趣越高,表明其对公司满意度越低,客户保持度就越低。

以上5个客户保持评价指标仅为会展企业中使用较为普遍的。会展企业还可以通过对自身经营状态的分析和总结,制定出其他有利于企业发展的评价标准。在测量使用时,企业既可以结合自身情况任选一种评价标准,也可以综合运用这些标准对企业的客户保持度进行评价。总之,会展企业要针对自身经营状况,对客户保持度进行有的放矢地作出量化评价。

七、客户保持管理的实施

越来越多的会展企业管理者认识到保持客户的重要性,但是,究竟应该从哪些方面来落实这一理念呢?

(一)建立、管理和利用客户数据库

会展公司应专注于建立和管理客户数据库,使用数据库进行客户关系管理,分析现有客户的状态,寻找客户数据与购买模式之间的关系,为客户提供定制化的产品和相应的服务,并且通过各种现代沟通方式与客户保持密切联系,建立长久合作关系。

(二)通过关怀提高客户满意与忠诚

客户关怀应涵盖到包含购买前、购买中和购买后在内的整个客户体验全过程。购买前的客户关怀活动主要是指提供相关信息过程中的沟通与互动,这些将成为未来会展企业与客户建立关系的基础;购买期间的客户关怀与公司提供的产品或服务密切相关,包括订单处理以及满足客户期望和需要的各种相关细节;售后的客户关怀活动主要侧重于有效跟进和成功完成产品维护和维修相关步骤。售后跟进和有效关怀的目的是鼓励顾客重复购买,促使客户向周围人推广宣传,形成更有利的产品口碑,以形成良好的口碑效应。

(三)充分利用客户投诉和抱怨信息

为了留住客户,会展企业需要分析客户流失原因,尤其是对于客户的投诉和不悦更应重视分析其中原因。客户对某些产品或服务不满意,他们通常会抱怨出来,最糟糕的便是一言不发地离开,而当客户真正想要离开时,会展公司甚至连试图解决不满的机会都没有了。

即使是抱怨的客户,也不代表他们就不会给公司弥补的机会,而是很有可能再次回来光顾或与企业继续合作交易。因此,会展公司要将客户投诉视为公司的宝贵资源,最大限度地加以利用。企业要及时解决客户投诉,还要在这种不满积累之前鼓励客户表达他们对企业的不满。以期在产生严重后果之前,积极改善客户所投诉的问题,提前主动提升产品质量和修订后期服务计划。

八、CRM 客户保持的意义

CRM 在管理会展企业客户关系中起到重要作用。从保持客户的角度来看,CRM 系统在改进企业管理模式、规范员工工作流程、提高工作效率等方面也发挥了关键作用。

(一) 帮助分析会展企业客户流失状态

CRM 系统存储了大量的客户信息,如客户交易记录、客户对产品和服务的意见、营销计划等。

比如:企业员工可以通过 CRM 系统检查客户最后一次与公司联系的时间以及客户对公司近期营销活动的关注度,以确定客户的流失状态。

同时,会展企业可以通过 CRM 系统对客户进行细分,确定客户类型,帮助会展企业确定流失客户的价值。公司可以通过对客户信息的综合分析来制定个性化的客户保持计划。

(二) 建立与客户之间的便捷沟通渠道

会展公司可以通过 CRM 系统的应用,建立与客户之间便捷的沟通渠道,提高客户的忠诚度。会展公司与客户之间的沟通必须方便快捷,可以通过 CRM 系统调查客户需求,并根据客户的需求有选择地向客户发送产品和服务信息。基于此,商家还可以通过发送节日祝福、生日祝福、定期回访等方式拉近其与客户的距离,增进情感互动。会展公司在使用 CRM 系统与客户沟通时,应注意沟通的便利性,为客户提供友好、真实、有价值的信息,提升在客户心目中的形象。在维护公司利益的同时,达到维护公司客户的目的。

(三) 充分利用 CRM 系统洞察客户需求

会展企业不仅可以利用 CRM 系统了解客户需求,增加客户忠诚度,还可以通过 CRM 系统实时跟踪营销计划执行进度、客户对产品和服务的反馈等信息。通过这种不断变化的实时信息,会展公司可以改进他们的客户保持计划并实现客户保持目标,以响应每个客户的不同需求和产品反馈。

 **本章小结**

　　会展客户信息管理以客户为中心,不断收集更新完善资料,对于提高营销效率与交易伙伴建立长期稳定的业务联系等具有重要意义。获得客户资料的方法多种多样,选择适宜的方法进行搜集。

　　客户关怀的目的是提高客户满意度与忠诚度。会展企业不但要争取与客户进行有效的互动,也要在需要之时积极与客户进行沟通,依据内容或重要程度需要采取适当的沟通方式。客户沟通除了要借助不同的载体,也要在过程中掌握和运用一定的相关技巧,以达到更好沟通的目的。

　　在研究客户流失的原因及其分类时,可以从不同的划分角度入手。选用角度没有好坏之分,而是依据具体情况选择使用。因此,当客户关系出现倒退时,企业不应该轻易放弃流失的客户,而应当重视他们,积极对待他们。

　　尽管针对不同的客户流失原因,有不同层面的有效策略。但是,企业面临客户流失的情况也是在所难免的。由于客户保持对企业维持利润底线有着重要的影响,能否有效地保持有价值的客户已成为企业能否成功的关键。

 练习题

1. 会展企业可以通过哪些方法获得客户资料?
2. 企业为什么要做客户信息管理?
3. 客户档案管理的原则有哪些?
4. 客户关怀的方法有哪些?
5. 会展客户互动的驱动因素具体有哪些?
6. 会展企业与会展客户沟通的方式有哪些?
7. 会展客户流失指的是什么?
8. 会展客户流失的可能原因有哪些?
9. 面对客户流失的可能性,会展企业有何对策?
10. 会展客户保持是指什么?
11. 为什么要进行会展客户保持?
12. 会展客户保持有哪些有效的方法?

 **案例分析**

信息技术在会展中的应用

我国的信息技术与传统会展业的融合主要体现在三方面：会展信息管理系统、网上虚拟展会及会展活动多媒体技术的应用。

（一）会展信息管理系统的应用

会展信息管理系统是现代计算机数字技术和高新网络科技与会展业的有机结合，很大程度上提高了会展信息的传递效率，促进会展的健康良性发展。

一是建立面向参展商、采购商、重要客商的一站式服务平台。建立一个可以整合展会管理内容，整合各类展会的资源的信息服务平台，把每个展会的撮合贸易功能和深度利用资源的优势极大地发挥出来。

二是建设会展企业自身办公自动化和内部管理信息平台。会展企业应建立全面、可靠的会展管理信息系统，包括 ERP（企业资源计划）、CRM（客户关系管理）、WORKFLOW（工作流管理）、SCM（服务供应链管理）、OA（协作办公自动化）等子系统。

三是建设具有统计数据、分析评估、进行科学决策的信息管理系统。在大数据时代，会展大数据的统计、分析和挖掘具有重大的价值。

（二）网上虚拟展会的应用

1. 网络会展和相关多媒体技术的应用

所谓的网络会展，就是指利用数字信息技术，通过整合互联网的高效性、广泛性与3D虚拟现实的高感知性，在网络上构建一个可以让参展商和组织方随时随地参与的"网上会议与展览"，来对传统实物会展在空间、时间、精力和成本等方面受到的限制进行克服，网络会展是对传统实物会展的创新和突破。

2. 以会展系统为基础发展的电子商务平台

电商平台进入会展业，可以为展会提供大量的人脉和资源，极大地加强和补充了会展业的资源整合能力，是最方便实现结合线上线下O2O商业模式的方式，以线上线下结合互助办展办会的方式，提供撮合贸易、引资招商等服务，也完美地融合了传统经济和虚拟经济，已然成为我国电子商务产业近年来的发展大趋势之一。

（三）会展活动多媒体技术的应用

1. 多媒体展示

多媒体展示通过广告牌、网络、视频等手段广泛地应用到了展会宣传与展示中，很好地促进了展会的发展，对展会的宣传和展示效果是很好的加强。多媒体技术在展馆中的应用，通过立体的、全方位的媒体展示方法和手段，从不同的角度与层面展示主题，这不仅是对展会整体形象的宣传，同时是深化和提高了展会的展览效果。

2. 虚拟现实

虚拟现实是现代新型的展示技术，作为数字多媒体技术的产物，为参与者创造出一种更进一步的与现实相仿或者超越现实的虚拟环境，通过参与者的视觉、听觉、触觉等感知系统对参与者形成超现实互动。虚拟现实作为超时代的体验式互动和娱乐手段，是展会新颖有效的展示手段。

3. 全息投影展示

全息投影技术在国内会展业中虽然还未得到广泛的运用，但是很多演唱会、晚会等已经将该技术应用于舞美效果的呈现。在会展活动中，合理地使用该技术能够为观众带来突然的心理震撼与视觉冲击、体验新奇有趣的全方位观看以及感受虚实结合的梦幻场景。

资料来源：陈婷婷，彭佳嵘. 信息技术在会展中的应用研究[J]. 北方经贸，2016(12)：26-28

 思考题

1. 结合资料，说明信息技术在会展获取和管理客户信息方面有何成功之处。
2. 分析说明信息技术是如何在会展过程中增进会展客户互动的。

第七章

数据管理与会展客户关系管理

 学习目标

- 掌握和理解数据仓库的概念以及数据仓库与数据库的区别
- 理解元数据、数据粒度、数据分割的概念
- 了解数据仓库的体系结构
- 掌握和理解数据挖掘的概念及常用方法
- 掌握客户关系管理中数据挖掘过程及其作用

 重要概念

数据仓库	数据挖掘	个性化营销	客户识别
客户保留	模型设计	人工智能	客户忠诚度

第一节 数据仓库

随着客户关系管理(CRM)的应用,会展企业拥有了越来越多的客户数据。如何有效地使用这些数据,并从中得到有价值的知识来支持会展企业经营决策,已成为会展 CRM 亟待解决的一个问题。

当下现状是,会展企业建立了企业级的数据库,不同部门针对各自关心的问题,又于企业级数据库中抽调了与之相关数据组成部门级数据库。同时随着数据的逐层抽取,数据的访问变得错综复杂;针对系列问题抽取的数据内容也不尽相同,所以得到的结论也会产生差

异甚至矛盾。由此,传统关系型数据库无法满足支持决策、分析数据的需求。这便促成了会展数据仓库的产生。

一、数据仓库的概念

关于数据仓库的权威定义,数据仓库专家因蒙(W. H. Inmon)在《建立数据仓库》一书如是提及:数据仓库(Data Warehouse)是一个集成的(Integrated)、主题导向的(Subject Oriented)、时变的(Time Variant)、不易失性的(Non-Volatile)数据集合,借之支持管理的决策。

身处大数据时代,可以为会展各流程提供应用创新的便是大数据,数据仓库可以满足会展产业链上各方不同的存储需求。

该定义指出了数据仓库的四个特性:

(1)集成性。在数据仓库中,数据都要经过清洗、过滤、转换。因为有统一的格式、表达方式、编码含义,可采用一致的单位展现,剔除了源数据中结构、含义、表示方式的不一致。因此,在数据仓库中的数据具有集成性。

(2)主题导向性。由于所有数据都是根据特定的主题进行构造的。在关系数据库中,凭据相同主题的数据分布在有关的各个数据表中,而在数据仓库里,按照同一主题的数据会储存在同一数据量表中。

(3)时变性。数据仓库中的数据记载了从初始应用数据仓库起的所有数据,只增不减,所以能反映会展企业各个时期不同的反映时代特征的信息,另一方面也能说它反映的是会展业根据时间动态变化的"新历史"数据。

(4)不易失性。对于支持决策管理,数据历史保存是异常重要的。数据仓库中的数据一经写入,几乎就不再变动了,除非数据有误。在其中进行的主要还是数据的追加而非剔除整改。因此,数据是相对稳定的,不易丢失。

数据仓库的四个特性也从各自的角度反映了数据仓库支持会展决策分析的本质特征。

二、会展数据库与数据仓库的区别

数据仓库与传统数据库在许多方面有很大的差异。通过对数据仓库和数据库的对比也更易理解数据仓库的含义。表7-1体现了数据仓库和数据库的区别。

表 7-1　数据仓库和数据库的区别

特性	数据库	数据仓库
数据	当前数据	历史数据
面向	业务操作	数据分析
存取	读写操作	多为只读
使用频率	高	较低
数据访问量	少	多
要求的响应时间	较短	可以很长
关注	数据输入	信息输入

三、CRM的技术核心是数据仓库

会展 CRM 的核心内容主要是通过不断的改善与管理会展企业销售、营销、客户服务和支持等与客户关系有关的业务流程并提高各个环节的自动化程度,从而缩短销售周期、降低销售成本、扩大销售量、增加收入与盈利、抢占更多市场份额、寻求新的市场机会和销售渠道,最终从根本上提升企业的核心竞争力,使得企业在当前激烈的竞争环境中立于不败之地。

数据仓库是实施会展 CRM 的核心技术,也是企业竞争优势的来源。会展 CRM 基本分为两大类型:一类是基于数据仓库技术的分析型会展 CRM,另一类是操作型会展 CRM。

会展 CRM 的决策过程属于分析型系统,会展 CRM 的实施操作部分,如通过网站、呼叫中心等接触点与客户互动,属于操作型会展 CRM。分析型会展 CRM 帮助人们了解会展客户的喜好、利润贡献度、市场行为等,而会展 CRM 的价值最终要落实到对客户的营销活动中。客户与企业的互动,就需要把分析型 CRM 与接触点 CRM 结合在一起。一个强大的 CRM 解决方案应该是把接触点的操作型 CRM 和分析型的后台的数据仓库相结合。而后端和前端走向融合的关键点在于系统是开放的,只有开放的系统才能把各自的优点结合起来。数据质量是实施 CRM 的难点,CRM 的实施不是一个产品和技术,而是企业流程的改变。CRM 的实施过程是一个改变业务模式的过程,即以业务为主改变为以客户为主。实施会展 CRM 的难点是数据的质量问题。数据仓库本身并不产生数据,数据仓库中的数据来自于许多不同的数据源和接触点。因此,会展 CRM 实施过程中,企业应该特别注意数据质量问题。企业注重全面质量管理,才能为成功实施会展 CRM 打好基础。

数据仓库与客户交互的途径与企业经营战策略的有机融合应当是完备的 CRM。它通过对客户关系的数据进行深远、详尽的采集和归类，同时将分析技术应用于数据仓库领域，形成客户的统一视图，精准了解定位用户行为，从而根据其特点提供"一对一"的个性化的服务。可见，数据仓库是 CRM 的一个核心技术。

第二节　会展 CRM 中的客户数据仓库

一、CRM 数据仓库的功能

在会展客户关系管理中数据仓库起着举足轻重的作用。首先，数据仓库将客户行为数据和其他相关的客户数据进行集成，为市场分析提供参照。其次，使用数据仓库对客户的行为进行分析并以联机分析处理（OLAP）、报表等形式传递给市场专家。市场专家再利用分析结果，从而制定精准、有效的市场策略。同时，利用数据仓库数据挖掘技术，发掘提升销售、保持客户和发展潜在客户的方法，并将这些分析结果转化为市场机会。最后，数据仓库将客户的市场机会的反应行为集中到数据仓库中，作为评价市场策略的依据。

在客户关系管理中，数据仓库主要有以下几方面功能：

（1）维护客户。由于当下公司均面临着客户流失的问题，维护客户也就成为市场竞争的一项重要内容。而在众多客户中，不是每个客户都有保留价值，因此要通过数据仓库中的数据分析得出最具价值的客户，并因地制宜地针对这些客户制定相应的客户保留政策。

（2）降低管理成本。对于会展企业而言，一项工作量庞大的工作便是管理大量的客户数据。而数据仓库的应用使数据的统一、规范的管理皆成为可能，同时提供了快速、准确的查询工具，这便能大幅降低企业的管理成本。

（3）分析利润涨势。数据仓库不但记录当前数据，而且记载了众多历史数据。可通过历史趋势探明产品销售与客户关系管理的关系以及利润增长同客户关系管理的关系，而分析利润涨势最终的目的依然落脚于促进利润的增长。

（4）扩大竞争优势。数据仓库的应用对于会展企业具有更强的市场适应性至关重要。通过历史数据分析市场的变化趋势，特别是客户需求的变化趋势，可以及时改变产品性能，满足客户的需求，有助于抓住机遇，巩固和增强企业的竞争优势。

（5）性能评估。根据客户行为分析，会展企业可以准确制定市场策略和市场活动。然而，这些市场活动能否达到预定的目标，是评估和改进市场战略的重要依据。同样，关键客户发现的过程也需要分析其性能，并在此基础上对重点客户发现过程进行修改。这些性能评估都是基于客户对市场的反馈之上。

数据仓库在商旅订票模型的分析及预测

实例1：1997年初，澳洲航空公司（QANTAS）的市场分析人员通过数据仓库分析发现，当年3、4月份悉尼—首尔航线的预订量与历史同期相比出现了明显的下降趋势。经过进一步分析，该公司的决策者决定将这条航线卖给其他航空公司，并将飞机改道飞往欧洲和美国。事实证明，这一决定使该公司在随后的亚洲金融危机中避免了损失。如果没有数据仓库，澳航几个月前就不可能做出这个决定；几个月后再做同样的决定，其他航空公司不太可能接手。1998年3月，澳航通过在其预订模式之前增加北京—悉尼航线的航班获得了巨大的利益，该模式预测乘客数量将在年中增加。该公司利用其数据仓库分析和预测亚洲的客流，并对其航线进行早期调整。该航司也是唯一一家在亚洲金融危机期间实现销售和利润增长的航空公司。

实例2：在实施数据仓库后，大陆航空的收益管理部门使用数据仓库来跟踪乘客的出行路线，而不是在原有系统下按段跟踪。例如，如果一名乘客从纽约飞往洛杉矶，而必须在休斯顿转机，最初的系统会考虑两个航班：一个从纽约飞往休斯顿，另一个从休斯顿飞往洛杉矶。而在Teradata数据仓库中建立两个区段之间的关系，借以帮助Continental更好地理解每个区段的实际旅行模式。

资料来源：Teradata数据仓库在航空运输业的解决方案[J]. 中国民用航空，2001(09)

二、CRM 客户数据仓库的系统结构

数据仓库系统在CRM项目中的实现是关系到CRM系统成败的关键之一。CRM系统中客户数据仓库的系统结构如图7-1所示。数据主要有四个来源：客户信息、客户行为、生产系统和其他相关数据。这些数据被提取、转换和加载以形成数据仓库，并通过OLAP和报告将客户的总体行为分析和企业运营分析传递给数据仓库用户。

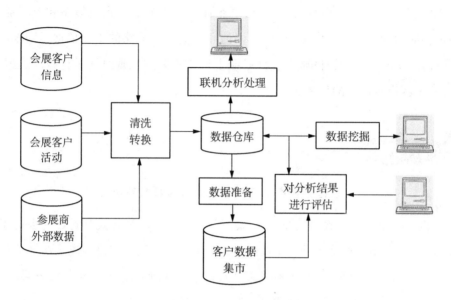

图 7-1 CRM 客户数据仓库的系统结构

在数据仓库中，使用数据仓库的 ETL(数据仓库技术)工具生成相应的数据集市(DM)，以满足行为分组和查找关键客户的需求。最后，将分析结果与数据仓库相结合，向 CRM 用户提供分析和性能评价。监控与调度系统负责调度行为分组系统和关键客户发现系统的运行更新。

虽然数据仓库与 CRM 密不可分，但 CRM 除了市场分析之外，还具备销售和服务等功能。不同的会展企业应根据自身的实际情况，选择实现销售、服务和市场的策略。而对于客户数量大、市场战略影响大的会展企业来说，CRM 应该以数据仓库为核心。

三、客户数据仓库的建设要求

客户数据仓库在客户关系管理系统的建立和维护过程中起着重要的作用。在会展企业中，客户数据可能保存于订单处理、客户支持、市场营销、销售、查询系统等环节或部门。生成这些数据的系统是专门为特定业务设计的，其中有部分是关于客户的信息。建立客户数据仓库可以整合这些信息。在构建客户数据仓库的过程中，通常有以下几点需要注意。

(一) 客户数据的集成

会展客户数据仓库需要整合企业内外的客户数据，分析和识别来自不同信息源的客户，寻找这些客户之间的相互关系，比如有些客户可能有亲属关系。在客户数据集成方面，企业需要具备匹配和合并客户的能力。因此，在建立客户数据仓库的过程中，要求具有集成客户数据信息的功能。

(二)客户信息的精准

由于获取客户信息的渠道和途径很多,很难保证会展客户信息的质量。因此,从客户提供的信息中快速筛选出高质量的信息也是构建客户数据仓库的基本要求。特别的是,可以将来自不同来源的信息解析为更小的信息片段,例如将姓名解析为姓和名,将地址解析为道路名称、道路编号、公司名称等。由于客户在提供信息时难以保证信息的真实性,且客户的手机号、家庭住址、工作单位等信息可能经常变化。因此,使用有效的工具来确保客户信息的准确性,也是客户数据仓库的一项难点要求。

(三)客户数据的及时更迭

由于客户数据仓库的记录不是及时添加的,而是批量添加的,数据的同步对客户数据仓库也是一个挑战。这主要基于两个原因:其一是数据仓库使用的信息源中的历史数据在一段时间后可以被擦除;其二是在每次更新时重新匹配客户记录和重新建立数据仓库的工作量太大,不太可行,因而保留现有数据并在每次更新时添加新数据是有意义且合理的。

四、会展数据仓库建设的基本步骤

会展数据仓库的建立是一个复杂而又循序渐进的过程。数据仓库的模型设计包括企业模型设计、概念模型设计、逻辑模型设计和物理模型设计。

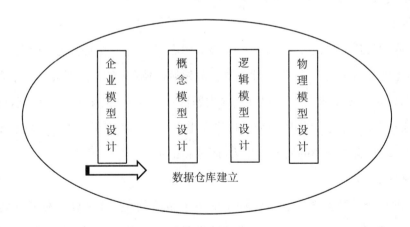

图 7-2　会展数据建仓步骤简图

(一)企业模型设计

会展企业模型是从企业各方面的数据需求综合抽象而成的数据模型。企业模型对于企业,尤其是大型会展企业来说是异常重要的。通过企业模型,我们可以了解企业各部门、各级员工的数据需求,为数据仓库的建立提供了前提和基础。

建立企业模型,首先要收集企业各方面的数据。当收集了所有数据后,收集到的信息使用 ER(实体—关系)图或面向对象方法抽象到 ER 模型或对象模型中。

企业模型设计为展会数据仓库的设计提供了整体、全面的认识,同时也是数据仓库模型设计的第一步。

(二) 概念模型设计

概念模型设计包括两个方面:一是确定主题和主题所涉及的对象;二是做好技术准备。

数据仓库是聚焦主题的,因此选题是模型设计中的一项重要工作。主题的选择是由数据仓库开发者和会展企业用户共同完成的,因为主题的选择不仅要考虑管理者最关心和最需要的问题,还要考虑技术实施的难度,还要考虑收益、风险、投资回报和其他问题。

技术准备包括估计数据仓库中的数据量和选择适当的软件和硬件。同时,技术人员的培训也是一项技术准备工作。

在概念模型设计完成后,还应对模型进行回顾。在概念模型进行审查时,需要考虑概念模型中包含的主题是否能够充分反映用户决策分析所需的信息,主题区域的划分是否合理。如果在评审过程中发现新的问题,则需要对模型进行修正。

(三) 逻辑模型设计

数据仓库的逻辑模型设计包括分析主题域、确定粒度划分层次、确定数据分割策略、定义关系模式、定义数据抽取模型等过程。

1. 分析主题域

数据仓库的设计一般是先建立若干个主题,然后逐步循环增加主题。因此,在概念模型确定的基本主题领域中,首先要选择建立的主题领域。例如,对于会展客户关系管理系统中的数据仓库,自然首要建立"会展客户"的主题区域。同时,根据需要的程度,可以同时或稍后创建"Sales"主题字段。主题领域的选择在很大程度上决定了数据仓库的逻辑模型。这是因为主题字段包含主题中的所有数据表、属性和记录。

2. 划分粒度层次

数据粒度划分是数据仓库逻辑设计中的一个重要问题,因为数据粒度的划分决定了数据仓库中的数据存储和查询方法。确定粒度级别需要考虑以下因素:分析的类型、最低可接受的粒度和可存储的数据量。分析的类型反映了数据分析的详细程度。如果粒度级别定义过高,则无法进行一些详细的数据分析。因此,粒度划分应满足分析类型的最低要求。对于数据量大的数据,通常选择多个粒度级别,应该以较低的粒度存储最近的数据,以较高的粒度存储过去的数据。同时,粒度划分还考虑了数据仓库中可存储的估计数据量。

3. 确定数据分割策略

数据分割是将大量数据割裂成较小的、独立的单元进行存储,从而提升数据处理的效率。只有在逻辑模型设计阶段才能完成数据分割,为物理实现提供依据。分区时应考虑数据量、数据对象和粒度分区策略。

4. 定义关系模式

无论数据仓库组织数据的数据模型是怎样,最终都是在不同的表中完成的。确定数据粒度和数据分割策略后,根据表之间的关系组织关系模型。它呈现数据分割的结果。

5. 定义数据抽取模型

数据提取模型包括数据提取过程、数据源表、数据源提取条件和连接表、数据提取过程排序和聚合表、数据提取目标列和源数据列映射表等。它详细描述了数据抽取的源数据、规则、安排等信息,反映了数据抽取的整个过程以及数据源与数据仓库之间的对应关系。

在设计完成后,逻辑模型也需要审查。逻辑模型的审查包括:主题领域是否满足会议和展会用户的需求支持决定;数据粒度划分和数据分割策略是否合适;关系模型是否满足第三范式;数据提取模型反映数据源与数据仓库之间的对应关系是否无误。

(四) 物理模型设计

物理模型的设计包括数据结构类型确定、指标结构确定、数据存储位置确定、数据存储分配优化等。物理模型的评审主要决定了物理模型的性能、数据完整性、系统可用性、用户满意度等。

以上是设计和检查数据仓库的企业模型、概念模型、逻辑模型和物理模型的方法。

第三节 数 据 挖 掘

数据挖掘是一种数据分析技术。它是一个通过分析数据来发现数据内部信息和知识的过程,同时更是客户关系管理中必不可少的数据处理技术之一。随着数据库的广泛应用,数据挖掘的应用领域也愈来愈广泛。

技术一直是推动社会文明发展的重要工具,随着信息技术的快速发展,在会展企业客户关系处理过程中,在大数据的帮扶下,借由信息化平台审筛信息能够极大地推动营销,实现企业阶段性扩张,从而达到创收盈利的目的。现阶段,会展企业和客户关系管理正朝着更细化的方向发展,客户的诉求都借助信息倾泻而出,企业要想在市场中立足就必须把握住海量信息流中的关键元素,进而实现定点推送的效果,客户体验感上升进而客户粘性也会有所增加,企业盈利点也将朝向更丰富的层面发展。

本节将详细介绍数据挖掘的技术和方法,以及数据挖掘与客户关系管理的密切关系。

一、数据挖掘的概念

数据挖掘(Data Mining, DM)即从大量的、不完整的、嘈杂的、模糊的、随机的实际数据中提取感兴趣的知识。这种知识是隐性的、前所未知的、有潜在价值的信息。

数据挖掘的定义首先强调数据挖掘的基础是海量的数据,因此数据挖掘应该具有高效处理大数据的能力。这也是当前数据挖掘技术面临的一个难题。有些算法在小数据集上运行良好,但当数据量增加到一定程度时,算法的实现成本过高,效率过低甚至不可能实现。此外,数据挖掘处理的特点往往是不完整、有噪音、模糊和随机的。

数据挖掘是一门跨学科交叉的学科,涉及数据库系统、数理统计、人工智能、可视化、信息科学等多学科的思想和方法。

(一)数据挖掘技术

具体来说,数据挖掘是一种决策支持过程,主要基于人工智能、机器学习、统计、技术、高度自动化的企业在原始数据的分析,归纳推理,预测客户的行为,帮助企业决策者调整市场策略,减少风险,做出正确的决定。作为分析工具,联机分析处理(OLAP)和数据挖掘(DM)都发挥着非常重要的作用,但它们的应用范围和侧重点不同。OLAP 是验证分析工具,DM 是挖掘分析工具。

数据挖掘的技术基础是人工智能。人工智能(AI)是一种通过计算机模拟人类宏观而明确的思维行为,从而有效解决现实世界问题的科学技术。可见,人工智能的目标是非常高的,不仅需要复杂的算法,还需要特定的系统,甚至特定的机器。但 DM 只利用了人工智能中已经存在的一些算法和技术。

(二)数据挖掘分析方法

每种数据挖掘方法都由多种算法来实现。现在愈来愈多的人从事数据挖掘算法的研究,如果没有挖掘算法来实现数据挖掘原理,那么所提出的所有方法和思想都将变得毫无意义。所涉及的几种方法和数据挖掘算法如下所述:

1. 关联分析(Association Analysis)

关联分析是发现一个事件与其他事件之间相互依赖或关联的知识。数据关联是数据库中一种重要的可发现知识。关联分析可以从数据库中大量的数据中发现项目集有趣的关联、相关关系和频繁模式。

而灰色关联分析又是其中一种灰色系统的分析方法,是按照比较因素与参考因素之间相近或者相远的程度,来评价因素间关联程度,探索事物现实规律的一种方法。按照因素之间的灰色关联度进行评价分析,若因素随时间的变化表现趋势较为相近,则两者关联度高;反之,则关联度低。通过比较序列与参考序列的关联度分析,对系统进行综合评价。

曾有学者利用灰色关联分析法,对乌鲁木齐会展业及其关联产业 2010—2016 年产业生产总值进行定量研究,计算出乌鲁木齐会展业与其他产业的关联度,分析其与其他产业间的相互关联关系。初步得出:

(1) 会展业与第三产业的关联效果显著;
(2) 会展业与旅游业的联动发展效果不明显;
(3) 交通运输业为会展业的发展提供了有力保障;
(4) 随着展会规模化水平进一步提高,展会面积逐步增加。

2. 序列模式分析(Sequential Pattern Analysis)

与关联分析类似,序列模式分析的目的是挖掘数据之间的联接,但重点是分析数据之间的因果关系。以会展零售商为例,如果数据挖掘系统根据客户数量而不是交易数量对分析进行分组,并进一步根据时间对每个组进行分类,那么将得到表 7-2。在顺序模式分析中,用户也需要输入最小置信度 C 和最小支持度 S。在本例中,最小置信度是 0.5,最小支持度也是 0.5。规则为"先购买会展服务 X 的参展商购买服务 Y"的可靠性为 C,支持度为 S。

$$C = \frac{先购买服务 X 再购买服务 Y 的组数}{先购买了服务 X 的组数}$$

$$S = \frac{先购买服务 X 再购买服务 Y 的组数}{总组数}$$

表 7-2 按时间分类表

客户号	日期	商品号	数量
甲	3/4/1995	A B	14 3
	4/4/1995	C	11
乙	5/6/1995	C B D	2 3 13
	8/6/1995	B D	10 12

基于组(同一客户)基准,并保持 Item 1 和 Item 2 之间的时间顺序,可以得到最简单的顺序规则,如表 7-3 所示。

表 7-3 序列规则

Item1	Item2	置信度 C	置信度 S
A	B	1	0.5
B	C	0.5	0.5
A, B	C	0.5	0.5
B	B	0.5	0.5
B	D	0.5	0.5
B	B, D	0.5	0.5
B, C, D	B, D	0.5	0.5

通过使用顺序模式来分析这些记录,零售商可以发现顾客的基本购物模式,比如他们在购买微波炉之前最常购买的商品。在健康保险行业,这种方法也有很好的效果。保险公司也使用顺序模式分析通过预测用户在保险覆盖后所采取的最常见的医疗行为来识别可能的欺诈行为。

3. 分类分析(Classification Analysis)

预测模型的目的是从数据库中的某些数据中导出数据。如果预测变量是离散的(如批准或拒绝贷款),这类问题称为分类。如果被预测的变量是连续的(如预测利润和亏损),这类问题被称为回归。分类一直是人们关心的问题。

比如,可以根据债务水平、收入水平和工作情况对给定用户执行信用风险分析。分类分析通过判断上述属性与已知训练数据中的风险程度之间的关系,给出预测结果。

4. 聚类分析

聚类分析是通过对数据库中的记录数据按照一定的分类规则进行分析,合理划分记录集,确定每条记录的类别。

将一组对象分组为多个相似对象的过程称为聚类。分组后的同一类中的对象是相似的,而不同类中的对象是不同的。聚类分析的应用非常广泛。在会展业务中,集群可以通过客户数据对客户信息进行分组,并描述客户购买模式。在生物学中,聚类可以用来对基因序列进行分类,以找出特定基因组合导致的特征或条件。同时,聚类折叠通常作为数据挖掘、数据预处理的第一步,然后利用其他算法对得到的类进行进一步分析。

且随着旅游经济的增长以及旅游门槛的降低,旅游已成大众消费的产品。会展旅游作为"旅游+会展"战略的产物,仍是以旅游为本质的一种旅游产品,将会展、会议等活动作为旅游活动的主题,进而形成一种主题的、专项的旅游产品。为进一步促进旅游业与会展业的融合,加速旅游市场的拓展,需要对旅游活动的主体——旅游者展开研究。

就相关会展旅游者决策行为中的影响因素研究,通过软件进行了因子及信度分析,将影响会展旅游决策行为的六大因素:会展组织者因素、辅助与基础旅游供给因素、个人因素、目的地吸引力因素、成本因素及自我提升因素根据聚类分析将会展旅游者分为三类:个人感知型、会展组织者感知以及会展旅游目的地感知型,由此提炼出的会展旅游市场的几点建议提升了会展旅游产品质量,优化了会展旅游目的地供给体系,加大了特定时间段内的宣传力度以及政府政策的倾斜。

(三) 数据挖掘对会展服务的影响

1. 数据挖掘深化了会展服务的内容

会展服务是指为保证会议、展会的正常运行而提供的全过程服务。基于数据挖掘技术的会展服务可以大大提高服务内容,包括前期产品调研、展会过程客户响应、后期服务跟踪等。随着云时代的到来,展会的形式由物理形式向虚拟形式转变,展会服务的虚拟化产生了大量的伴随数据,如参展商数量、产品类型、关注度等数据信息。数据挖掘可以为客户提供更多的服务。在收集大量数据信息的前提下,展会组织者可以为客户提供宏观全面的产品市场调研,掌握一个产品的发展趋势和方向,确定产品的分销渠道,帮助客户了解产品市场发展现状、发展方向、发展潜力、成本和风险、产品成品率。

2. 数据挖掘提高了会展服务的效率

传统的会展服务主要通过人对人的交流、纸张和电子数据传输来进行。在展会主办方与参展商的沟通服务过程中,展会地点的安排、展示视频的安排以及展会的具体方式等都要多次协调。由于云计算技术带来了会展服务的大数据模型,数据挖掘可以充分发现不同种类产品、参展商需求和组织者实际安排的最佳契合点,从而大大提高了服务效率。例如,组织者利用数据挖掘,为不同参展商展示的不同类型的产品找到最佳的展会地点,并提供最佳的展会建议,从而方便参展商安排和设计展会形式。对于参展商,他们可以收集信息,如游客访问某个产品的时间、人员流动等,并使用数据挖掘来寻找潜在客户,并协调参展商的工作的重点,提高服务效率。

3. 数据挖掘提升了会展服务信息化的进程

会展服务信息化是大数据时代会展业发展的必然趋势。信息内容覆盖面广,如:项目信息、展会新闻、展会导览、展位分布、交易情况、网上洽谈、观众人数等。参展商在参与的过程中动态需求,展会组织者可以使用网络来管理各种资源,聚合成大数据,在这些数据资源的基础上,收集、分析、挖掘,进一步构建跨域、跨行业、多学科的智能数据库,然后对访客在参观过程中的各种服务需求进行实时智能响应。整个会展业服务体系的不断发展和拓展,以及计算机硬件成本和数据挖掘智能算法的发展,进一步推动了会展服务信息化的发展。

二、数据挖掘的应用

(一) 常见应用

在会展客户关系管理系统中,数据挖掘主要有以下几个方面的应用:

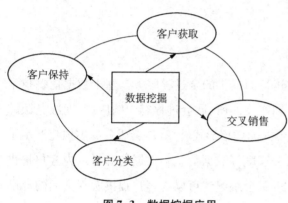

图 7-3 数据挖掘应用

1. 客户获取

通过数据挖掘识别潜在展会客户,提高市场活动响应率。

2. 交叉销售

所谓交叉销售也就是会展企业向原有客户销售新的产品或服务。企业所掌握的顾客信息,特别是以往购买行为的信息,可能包含了顾客决定下一次购买行为的关键因素。数据挖掘可以帮助会展企业找到影响客户购买行为的因素。

3. 客户保持

我们通常将会展客户分成三类:第一类是无价值或低价值的会展客户;第二类是有价值的展会客户,不会轻易离开;第三类是有价值的展会客户,他们不断寻求更好的价格和更好的服务。传统的营销活动针对的是前两类客户,而现代客户关系管理认为尤其需要通过市场手段来维护第三类客户,这将降低企业的经营成本。

数据挖掘能发现容易流失的客户,会展企业可以根据客户的需求采取相应的措施来保存和消除弱点。

4. 客户分类

通过对展会客户的分类,可以有效地对客户进行一对一营销。CRM 系统可以将大量的客户划分为不同的类别,这些类别的客户具有相似的属性。会展企业根据每一类客户的不同属性提供不同的、并借以此为基础的服务,可以有效提高客户满意度。

目前,在各行各业中都凸显了数据挖掘在数据分析上的强大优势。

(二) 会展客户关系管理中的应用

目前很多系统都需要数据分析、客户个性分析、竞争分析等功能,越来越多地使用数据挖掘技术。利用数据挖掘技术可以帮助会展企业对客户进行分析和管理,实现数据管理的标准化、数字化和智能化,从而达到留住高价值客户,提高竞争力的目的。

数据挖掘在会展 CRM 中得到了广泛的应用。CRM 中的客户分类、客户利润率分析、客户识别和客户保留都需要数据挖掘技术来实现。

下面我们将分别介绍数据挖掘技术在会展 CRM 各个功能中的应用。

1. 数据挖掘在会展客户分类中的应用

客户分类是将所有参展客户分类为不同类别的过程。对客户进行分类有利于制定针对不同类型客户的服务策略。

客户可以通过分类或集群进行分类。分类方法是预先给定的类别，如客户分为高价值和低价值客户，或可分为长期和短期固定顾客、不小心客户等，然后确定分类的影响因素，将会加快客户数据的相关属性，选择合适的算法（如决策树、神经网络等）来处理数据分类规则。在评估和验证后，可以将规则应用于未知类型的客户，并对客户进行分类。聚类方法是一种自然聚类方法。在进行数据挖掘之前，并不知道可以划分哪些类型的客户，而是根据需求来确定（有些算法需要人为确定输出聚类的数量）。数据聚类后，对每个聚类中的数据进行分析，得出同一聚类中客户的相似性或共性。

客户分类可以用来分析会展客户的消费行为和消费心理。会展企业可以为不同行为模式的客户提供不同的产品内容，为不同消费心理的客户提供不同的促销方式。客户分类也是其他客户分析的基础。分类数据的挖掘更具针对性，可以得到更有意义的结果。

2. 数据挖掘在会展客户识别中的应用

识别客户是会展企业发现潜在客户、获取新客户的过程。新客户包括以前没听过或没使用过企业产品的人，以及以前不需要企业产品的人，甚至是竞争对手的客户。

由于会展企业掌握潜在客户的信息不多，所以应该采取一些必要的手段（如广告同时进行调查问卷或在线调查等）来获取潜在客户的信息。这些信息应该包括地址、年龄、收入、职业、教育程度、购买习惯等。根据潜在客户的信息，可以分析哪些类型的人最有可能成为企业的客户。例如，分析显示，大多数潜在客户是 25—35 岁的外企员工，所以下一阶段的推广和客户获取应该是有针对性的广告和定位。同时还可以根据潜在客户的特点分析企业产品的优势。

3. 数据挖掘在会展客户保留中的应用

会展客户识别是获取新客户，客户保留是保留老客户，防止客户流失。由于会展企业对老客户的信息掌握得比较详细，而对潜在客户的信息知之甚少，因此获得一个新客户的成本远远高于保留一个老客户的成本。另一方面，在当前开放的商业环境下，企业之间的竞争越来越激烈，客户保留成为企业面临的重要问题。

在客户保留的过程中，首先要分析流失客户的数据，找出流失客户的行为模式，分析流失客户的原因。例如，如果一家超市失去了很多住在同一地区的顾客，那么公交路线的改变可能会导致顾客选择其他交通更方便的超市。如果有足够的顾客住在那个区域,超市应该为这种情况增加一辆免费的班车。这样不仅可以留住现有的客户,还可以获得新的客户。也可能是一个新的超市在那个地区开了,应该在那个地区放置更有吸引力的广告来留住顾客。

根据流失客户的特点,还可以预测现有客户中哪些客户容易流失。对于这些客户,企业应根据从用户分类中获得的用户特征,及时调整服务策略,采取相应措施留住客户。留住一个老客户会减少竞争对手的一个新客户,失去一个客户会为竞争对手带来一个新客户。因此,客户保留是客户关系管理中极其重要的一部分。

4. 数据挖掘在会展客户忠诚度分析中的应用

提高客户忠诚度是会展企业客户关系管理的重要目标。忠诚度高的客户会继续购买公司的产品和服务,无论产品和服务的质量是否最好,价格是否打折。为一个会展公司赢得一个忠实的客户无疑会大大降低它的成本(广告成本、折扣成本等),提高它的竞争力(因为忠实的客户只会购买你的产品,拒绝竞争对手的产品)。

在客户忠诚度分析中,数据挖掘主要分析客户的持久性、坚定性和稳定性。客户持久性反映了客户在业务上持续花费的时间。顾客稳定性反映了顾客受各种因素影响的程度,如价格、广告等。坚定度高的顾客受各种因素的影响较小,总是购买同一企业的产品或服务,而坚定度低的顾客只在促销、打折或大规模宣传时购买同一企业的产品或服务。顾客稳定性是顾客消费周期和频率的表现,偶尔购买企业产品的顾客被认为是稳定的,偶尔购买和随机购买的顾客被认为是不稳定的。这三个指标综合起来可以反映客户忠诚度。

客户持久性、坚固性和稳定性分析主要基于时间序列模型中的趋势分析方法。趋势分析包括周期趋势与变化、季节趋势与变化、不规则随机趋势等。通过趋势分析,我们可以了解客户过去一段时间的消费周期以及消费随时间的变化,也可以预测客户未来的消费趋势。结合数据分析的结果和预测的结果,我们可以判断一个客户的耐久性、坚定性和稳定性,进而确定客户的忠诚度。

5. 数据挖掘在客户盈利率分析中的应用

客户利润率是会展客户价值的量化评价指标。客户利润率的计算是按照指定的评价尺度计算客户数据得到确定结果的过程,因此客户利润率的计算不需要数据挖掘。数据挖掘技术在客户盈利能力分析中的应用主要体现在"分析"上。数据挖掘技术可以用来预测不同市场竞争环境和市场活动环境下客户盈利能力的变化。客户盈利能力分析的目的是找到那些"高价值"客户,并对这些高价值客户进行更深入、更详细的客户关系管理。数据挖掘在客户利润率分析中的应用,旨在找到最适合的市场环境,使企业的客户利润率达到最优。

6. 数据挖掘在个性化营销中的应用

个性化营销是客户导向营销,是客户关系管理的重要组成部分。个性化营销是在客户分类的基础上进行的。根据客户类型的不同,会展企业可以采取不同的策略和销售方法。例如,企业根据客户的产品偏好对客户进行分类,得到对电子产品、食品、服装、日用品最感兴趣的客户群体,这样企业就可以将相关广告发送到相应的客户邮箱。因为客户会收到他们感兴趣的产品的广告,他们不会发送垃圾邮件,他们不会生气,他们更有可能了解这些产品。这样既减少了宣传工作量和成本,又取得了较好的宣传效果。

交叉销售也是个性化营销的一种形式。交叉销售不同于购物篮分析,购物篮分析客户已经购买的产品,以找到它们之间的联系。交叉销售是基于客户已经购买的产品预测客户将要或可能需要购买某种新产品。数据挖掘技术的应用目标是建立预测模型,找到适合交叉销售的商品。例如,通过分析发现,大多数购买过洗衣机的客户会在一个月后购买自动烘干衣架。基于这一发现,企业可以通过这种方式向正在购买洗衣机的客户介绍自动烘干衣架,或者在客户服务跟踪问卷中附加自动烘干衣架的广告。在过去的客户购买信息中可以找到适合交叉销售的产品。

通过介绍数据挖掘在会展 CRM 中的应用,可以看出数据挖掘技术几乎应用到了会展客户关系管理的各个方面。CRM 需要对大量的展会客户数据进行分析和管理,而数据挖掘技术恰恰提供了这样的分析工具。因此,正确应用数据挖掘技术对 CRM 系统功能的全面实现具有重要意义。

三、会展 CRM 数据挖掘的流程

会展 CRM 中的数据挖掘流程可以分为以下几个步骤:

(一)确定分析和预测目标

确定分析和预测的目标相当于需求分析,主要是确定业务目标。在会展客户关系管理中,数据挖掘的目的通常是找到重点客户、分析客户的购买习惯或购买规则、分析客户诈骗行为等。

(二)建立数据挖掘库

数据挖掘数据库的建立是数据挖掘过程中的一个复杂步骤。第一步是收集数据;完成数据收集后,对数据进行描述;在数据描述之后,从数据中选择建立和验证数据挖掘模型所需的数据。下一步是清理选定的数据。经过上述步骤后,排序后的数据存储在数据挖掘数据库中。

数据挖掘库中还应包括数据的元数据。

（三）分析数据

数据分析是指对数据挖掘数据库中的数据进行分析，如计算数据的平均值、标准差等统计信息，以发现数据的分布规律。通过对数据的全面、详细的理解，可以选择合适的变量和记录作为数据挖掘分析目标。

1. 建立模型

模型构建是选择合适的方法和算法对数据进行分析，得到数据挖掘模型的过程。在建立模型时，选择正确的方法和算法是十分必要的。模型构建是一个迭代过程，需要不断改进或替换算法，找到最明显的模型进行目标分析，最终得到最合理、适用的模型。

2. 模型评估与验证

为了验证模型的有效性，选择最优模型，数据集一般分为两部分，一部分用来建立模型，另一部分用来检验模型。因为如果使用相同的数据来构建和测试模型，它不是很可靠。为了保证模型的有效性和可用性，模型的测试也是一个重复的过程。对模型的评估主要需要考虑模型的准确性、模型的可理解性、模型的性能几个方面。

3. 模型实施

在模型建立和验证后，便是要实施该模型。该模型可以通过两种方式实现：一是将数据挖掘模型得到的结果提供给信息需求者或展会管理者，以帮助管理者进行决策。另一种情况是保持模型并在每次出现类似问题时分析它，或者在不同的数据集上使用模型（需要以相同的方式分析）。

在模型的使用过程中，随着时间及环境的变化，还应对模型进行重新测试，并对模型进行相应的修改。这就是模型维护的过程。

会展 CRM 数据挖掘的结果将对会展企业客户关系管理决策起到辅助甚至决定的作用。

四、数据挖掘下的精准营销

（一）数据挖掘下会展业精准营销的前提

基于市场经验可得知会展企业在维护老客户投入的成本是远低于开发新客户的，而老客户如果不再持续关注企业，则可能会呈现流失状态。老客户的流失有两种形态，一种是快乐流失，另一种是非快乐流失。前者对于企业的产品和服务评价尚可，但是吸引力仍有所欠缺，使得客户不会长久驻足，此时企业应当对客户脱身的时间点进行判断，在这个阶段辅以优惠政策才能挽回即将流失的老客户。后者是老客户的主观退出，对企业的产品和服务带有消极情绪,此时企业的抚慰计划则是客观分析客户离开的真实原因,对产品和服务偏差进行修正。

因此,会展企业的长期工作还应当致力于维护客户的忠诚度,在传统消费者视角下,忠诚度是消费的主要驱动力,是会展企业对单个客户持续创收的源泉,在尚不明晰的消费者重复消费动态中,品牌、产品、口碑都是客户消费的引导。忠诚度作为驱动力是具有双重受益性质的,企业用于捕捉客户动态,客户用于向市场输入需求。当前,企业精准营销的立足点是巧用大数据、互联网新技术,筹建完备的精准营销系统,对消费者行为进行合理预测,力求对客户的消费能力、消费行为、消费倾向等数据做好逻辑推算,以期提高企业在市场中的份额。

(二) 数据挖掘下会展业精准营销的意义

1. 提升会展营销效率的需要

如今,精准营销作为一种新的商业营销模式,已被广泛应用于各行各业。但会展企业仍以电话营销、广告营销等传统营销方式为主。这种营销方式不仅成本过高,而且在获取目标客户方面效率低下。精准营销就是通过对用户数据的挖掘、加工、分析等技术手段,准确、快速地掌握参展商的行为特征,从而了解潜在消费者,提高目标客户的转化率。

2. 优化会展用户体验的需要

会展企业通过对观众或贸易展会前后及展会行为的数据采集、挖掘和分析,来预测用户的行为,进一步优化展会项目进行升级,利用互联网和移动软件让用户获得更多自己感兴趣参与的信息,并帮助他们安排出行计划,实施一对一的个性化服务,从而提高用户体验和提高会展服务水平。

3. 完善会展品牌建设的需要

利用精准营销中的数据挖掘,会展企业可以准确区分自己的利基市场,将自己的信息推送给有潜在需求的目标客户,并了解目标客户的行为价值偏好、他们的情绪,有针对性地开展促销活动,以达到加深客户对企业产品的品牌印象,增加客户黏性,扩大展会品牌知名度,塑造展会品牌的目的。

4. 降低企业运营成本的需要

精准营销的本质是在适当的时间和空间,为有特定需求的人提供特定的信息。通过会展企业的精准营销,不同行业的参展商或观众可以获得自己所属类型的展会信息,并根据具体客户特点选择具体的营销策略,从而实现一对一的个性化精准营销,从而提高销售转化率,降低企业的经营成本。

(三) 数据挖掘下会展业精准营销的困境

1. 数据处理技术落后,运用层次偏低

随着时代的发展,大多数的会展公司也必须关注数据库收集和存储,但展会数据本身不会产生实际的价值,只有在后期通过科学数据挖掘和分析才可以产生相关的商业价值,会展企业的数据处理技术也只停留在数据采集、数据存储这一层面,数据分析更依赖人工分析,不仅效率低,而且成本高,无法实现营销的准确性。因此,会展企业需要建立完整的数据挖掘和管理平台,实现"一对一"的精准营销。

2. 数据资源利用重复,形成数据孤岛

当展会组织者使用不同的数据系统时,就会发生数据复制。展会数据在不同部门之间单独存储,独立使用,不能共享。面对重复的信息,不可能实现数据互联互通,不可能充分利用数据资源提高工作效率。如何利用好大数据、云计算、人工智能等技术,给会展项目的管理团队和执行团队带来了巨大的挑战。这种情况的直接后果就是形成展会项目"数据孤岛"。

3. 精准营销意识薄弱,营销渠道陈旧

会展精准营销的内涵就是营销的准确性和准确度,但现在会展企业对精准营销的意识还比较薄弱,营销过程中的信息推送方式也比较粗糙,离真实的准确性相去甚远。例如,会展企业一般倾向于在综合平台上做广告。由于信息相关性低,用户多,广告观看率和参与率低,不能满足企业精准营销的要求。

4. 展会数据泄露泛滥,安全形势严峻

随着社会生活的不断变化,海量的数据充斥着人们生活的方方面面。人们保护个人隐私的意识逐渐增强,保护个人信息的意识也越来越强。在一份名为"2018年年中数据泄露警报"的新报告中,网络威胁情报公司 Risk Based Security 表示,2018年上半年有26亿数据记录被泄露。如何在获取参展企业信息的前提下,保证参展企业信息的安全仍然是一个亟待解决的问题。

五、常见数据挖掘工具软件介绍

数据挖掘工具主要有两类:一类是应用于特定领域的特殊数据挖掘工具,另一类是应用广泛的通用数据挖掘工具。

专用数据挖掘工具为特定领域的问题提供解决方案。在算法设计上充分考虑数据的特殊性和需求,并进行优化。例如,IBM 的 Advanced Scout 系统可以帮助教练优化 NBA 数据的比赛组合。

通用数据挖掘工具处理常见的数据类型,采用通用的数据挖掘算法,提供更通用的处理模式,如分类模式、回归模式、时间序列模式、聚类模式、关联模式等。如 IBM 的 QUEST 系统、SGI 的 Mine Set 系统、加拿大 Si-Mon Fraser 大学的 THE DB Miner、美国的 Business

Objects Business Miner 系统、SAS-EM 的 SAS(Enterprise Miner)系统等。

SAS-EM 以 SAS 方法论为基础,以数据仓库和数据挖掘为基础,以图形界面、菜单模式为驱动,为用户提供一个数据挖掘集成环境,包括数据采集工具、数据采样、数据过滤、数据变量 into 工具、数据库、数据挖掘、数据挖掘方法等。

本章小结

大数据技术与会展经济的融合,推动了会展经济的转型升级和高质量发展。但大数据技术的使用是一把双刃剑,其为会展经济提供技术层面支撑、推动传统会展经济形态和结构变革的同时,也带来了可能由于过度关注"工具理性"而易于产生的一些相关问题。

本章对数据仓库及数据挖掘两个概念进行了深入的挖掘,对两者在会展业 CRM 中的应用也从必要性、意义性、缺憾点、领域应用及功能等方面进行了阐述,并以图文形式说明数据管理中数据仓库的一般结构以及会展 CRM 中系统结构;对数据仓库及数据库的异同做了比较;解释了元数据、数据粒度、数据分割概念,对数据仓库建模进行了初步的剖析;从数据挖掘的概念、分类,不同种的应用以及 CRM 中数据挖掘的基本步骤多方面阐述来理解其在会展业客户关系管理中的意义,对常用的方法进行了介绍,并分别介绍了数据挖掘技术在会展 CRM 各个功能中的应用来表明其在会展客户关系管理中的商业价值。最后从实践的角度,简要介绍了几款常见数据挖掘工具软件以及它们各自算法在不同领域的特点。

练习题

1. 填空题:数据粒度越小,数据越_____,数据量也就越_____。
2. 数据仓库的四个特性中哪一个特性表明数据是相对稳定的,难流失的?
3. 简要说出数据仓库和数据库的几点区别。
4. 数据仓库的功能主要应用在物流上,对吗?为什么?
5. 简述数据挖掘在会展业对取得客户有价值的独特性的意义。
6. 数据仓库的定义是什么?分别介绍数据仓库的四个特点。
7. 数据仓库模型设计包括哪几个过程?
8. 简述数据挖掘方法的分类和每种方法的内容。
9. CRM 中数据挖掘的应用体现在哪几个方面?

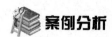 **案例分析**

数据管理融入会展经济

全球著名管理咨询公司麦肯锡认为,大数据是指用传统的数据库软件工具无法在一定时间内对其内容进行收集、储存、管理和分析的数据集合。而大数据技术则是基于某种需求对海量数据进行收集、储存、管理和分析的技术。"互联网+"为大数据技术与会展经济的融合提供了平台,具体而言,二者的融合体现在如下几个方面。

1. 会展经济大数据的挖掘

大数据的收集是大数据技术使用的前提,面对海量的会展信息,挖掘会展经济信息是大数据技术与会展经济融合的第一步。会展经济参与主体是以会展举办方、会展参展商和会展参会者为主体,囊括其他直接或间接受会展活动影响的组织和个体而共同构成的一个多元治理系统,信息是会展经济多元主体实现协商共治的基本前提。因而,会展经济大数据的挖掘要尽可能把相关主体的基本信息和活动信息都纳入其中。比如对于参展商这一主体而言,要挖掘的相关信息包括参展商的业务范围、在供应链和产业链中所处的环节、战略规划、客户群体和盈利能力等方面,以及参展产品的种类、外观、数量、质量、性能和产品定位等方面。

2. 会展经济大数据的储存和处理

会展经济大数据的挖掘只是会展经济与大数据技术融合的第一步,收集信息不是目的,从收集到的信息数据中研判出不同群体经济活动的规律才是"互联网+会展经济"的目的。为此,首先需要建立会展经济信息数据库,包括展会基础信息数据库、展会场馆数据库、参展商数据库和参会者数据库等。在构建数据库的时候,应有意识地对不同类别的信息或同一类别但可根据不同标准来区分的信息分别构建不同的数据库,前者如分别筛选出参展商的信息构建起参展商数据库和筛选出参与者的信息构建参展观众数据库,后者如对不同省份或城市分别构建起不同省份和城市的参展商数据库等。不同类别数据库的构建是为了提升展会经济大数据处理的效率和靶向针对性。其次,需要对入库的大数据进行统计分析处理。大数据处理的技术有很多,既可选择基于线下处理软件的传统处理,也可选择基于线上处理平台的"云服务"进行处理。应根据不同的目的和需求来选择最合适的处理技术对筛选入库的会展经济大数据进行分析处理。

3. 会展经济大数据的展示

会展经济与大数据技术的融合,其实质就是运用各种大数据技术,对会展经济的相关信息进行深度挖掘、归类,集中到统一的大数据平台,然后对筛选出的各类信息进行统计和比较,最终得出想要的分析结果,并通过各种界面和渠道把结果展示给会展经济各方参与主体的过程。因而,会展经济大数据处理的最终归宿是为会展经济服务,推动整个会展经济从传统经济形态向新经济形态转变,进而提升会展经济的效率和效益。

大数据融入会展经济之利在于:拓宽了会展产业的吸纳界面,推动了会展经济发展的科学决策,提升了会展经济的运行效率,推动了会展经济相关领域的技术更新;其弊端在于:可能存在相关参与主体隐私泄露的问题、不同参与主体之间数字鸿沟的问题,以及大数据技术融入会展经济不精细的问题。

资料来源:岳林琳,宋晓芳,曾关秀,王波.大数据技术融入会展经济的利弊辨析[J].商展经济,2021(09)

思考题

大数据融入会展经济体中,通过哪些方式推动了会展的发展,这些益处相互间有什么不同关联? 利弊相衡,你认为有哪些不恰当的融合问题,这些问题是否有办法去纠正?

第八章

大数据与会展客户关系管理

 学习目标

- 了解大数据以及大数据时代的基本概念
- 了解大数据时代与 CRM 之间的相互关系
- 掌握 CRM 在大数据时代中的应用领域
- 理解大数据的前沿应用
- 理解微博营销、微信营销等基于大数据的 CRM 理念,掌握应用方法

 重要概念

大数据　　大数据 4V 特性　　微博营销　　微信营销

 导入案例 1

基于大数据的 S 会展公司精准营销

基于大数据的 S 会展公司精准营销体系的第一步是要建立大数据平台。这是整个体系的基础和根本。目前 S 会展公司的大数据系统内的信息主要来自参展商、专业参观者、主办方以及行业相关的数据。

参展商数据

从参展商的层面看,信息主要包括产品数量、产品种类、产品外观及产品使用特点等相关的参展产品基本信息,以及包括来源单位基本信息、最近几年单位主要涉及领域、效益情

况等在内的参展商基本信息。这些信息有利于 S 会展公司收集、维护参展商信息，其目的是提供更精准的会展服务和产品，并为后期的会展收集更多资料提供保障。

专业参观者数据

从参观者层面看，信息主要包括参观者来源单位、年龄、工作性质、感兴趣的产品、会展评价等。这些信息主要来自参观者使用移动会展应用和其他平台，比如微信公众号、网站广告等。观众在上边填写姓名和手机号码，然后登录系统，设置自己的行业会展关键词，在线留言或评估参展商。这些信息被汇总并统一发送至后端数据库。大数据平台的技术人员可以通过根据供需双方的需求自动发送会展推广信息，对潜在的商机进行数据挖掘来实现数据隐藏的商机。

主办方数据

主办方的信息主要包括会展类型、举办时间和举办地点、参展商数量和观众数量、会展反馈等。这些信息可以通过会展移动应用推送到参展商和参展者的手机上，用方便快捷地传递会展信息的方式实现 S 会展公司精准信息推送。

资料来源：王正.基于大数据的 S 会展公司精准营销策略研究[D].中央民族大学，2019

第一节　大数据概述

一、大数据的概念

大数据（Big Data），即海量数据，是指所涉及的信息量过大，无法通过目前主流的软件工具在合理的时间内进行提取、管理、处理和分类，从而帮助企业做出更加积极的业务决策。(Gartner，2015)将大数据定义为"大规模、高增长和多样化的信息资产，需要新的处理模型，以更好地进行决策、洞察力发现和流程优化"。

大数据作为 IT 行业的一个词，与数据仓库、数据安全、数据分析、数据挖掘等相关。由于其具有的划时代含义，逐渐被更多行业、更多人们所追捧。例如，谷歌搜索、Facebook 上的帖子和推特，使人们能够详细地衡量行为和情绪。大数据带来的应用价值在于挖掘用户的行为习惯和偏好，在杂乱复杂的数据背后找到更符合用户兴趣和习惯的产品和服务，并对产品和服务进行调整和优化。大数据也越来越多地显示出各个行业的驱动力。

1980 年，著名的未来学家阿尔文·托夫勒在他的著作《第三次浪潮》中称赞大数据为"壮丽乐章的第三次浪潮"。大约在 2009 年，"大数据"成为互联网信息技术行业的一个流行词。据国际数据公司称,互联网上的数据有90%以上是近年来产生的,目前正以每年50%的速度增长,每两年增长一倍。此外,这里的数据并不仅仅指人们在互联网上发布的信息。世界各地的工业设备、汽车、电表上都有不计其数的数字传感器,它们随时测量和传送空气中的位置、运动、振动、温度、湿度甚至化学物质的变化,并产生大量的数据信息。

在科技领域,大数据和云计算就像是一枚硬币的两面。大数据不是单台计算机就能处理的,需要分布式计算架构来处理。它的特点是挖掘海量数据,但必须依赖云计算分布式处理、分布式数据库、云存储和/或虚拟化技术。大数据技术的战略意义不在于对海量数据信息的掌握,而在于对这些有意义的数据进行专业的处理。换句话说,如果把大数据比作一个行业,那么这个行业盈利的关键在于提高数据的"处理能力",通过"处理"实现数据的"增值"。

二、大数据的特点

当人类基因密码在2003年首次被破译时,人们花了一年的时间辛苦地测序了30亿个碱基对,大约十年后,基因测定仪每五分钟就能完成同样的工作。在金融领域,美国股市每天交易的70亿股中,有三分之二是由基于算法公式的计算机程序完成的。这些计算机程序使用大量的数据来预测收益并降低风险。我们可以总结出"大数据"的基本特征:规模性、高速性、多样性、价值性。

(一) 规模性(Volume)

规模性是指数据量大及其规模的完整性。数据的存储容量从太字节(TB)扩展到10千万亿字节(ZB)。这与数据存储和网络技术的发展密切相关。数据处理技术的提高,宽带网络的倍增,社交网络技术的快速发展,使得数据的生产和存储呈指数级增长。从本质上说,在某种程度上,数据的大小并不重要,但数据的完整性很重要。大数据的起始单位为PB(1 000 TB)、EB(100万TB)、ZB(10亿TB)。如果对这几个单位没有概念,那么换一个说法也许能更容易理解:1PB的数据相当于5 000个国家图书馆的信息总量,能存放50万部电影。只需要4PB,就能存放到目前为止全世界的182万部电影。

资料链接 8-1

数据单位换算

1 KB (Kilobyte,千字节)=1 024 B

1 MB (Megabyte,兆字节)=1 024 KB

```
1 GB (Gigabyte,吉字节)=1 024 MB
1 TB (Trillionbyte,万亿字节,太字节)=1 024 GB
1 PB (Petabyte,千万亿字节,拍字节)=1 024 TB
1 EB (Exabyte,百亿亿字节,艾字节)=1 024 PB
1 YB (Yottabyte 一亿亿亿字节,尧字节)=1 024 ZB
1 BB (Brontobyte,一千亿亿亿字节)=1 024 YB
```

(二) 高速性(Velocity)

高速性主要体现为数据流动的移动性和大数据的快更迭性。在现实中,它体现在对数据的实时需求上。随着移动网络的发展,人们对数据实时应用的需求越来越普遍,比如通过手持终端设备关注天气、交通、物流等信息。高速需要时间敏感和决策分析——能够在第一时间捕捉重要事件的信息,例如,当有大量数据输入时(你需要消除无用的数据),或者当需要立即做出决定时。例如,需要在一天内审查 500 万宗潜在的贸易欺诈案件;需要分析每日 5 亿个实时通话的详细记录,以预测客户流失率。

(三) 多样性(Variety)

多样性指的是来自各种来源的关系和非关系数据。这也意味着要找到大量数据和各种各样数据之间的相互联系。在互联网时代,各种设备通过网络连接成一个整体。在以交互为特征的 Web2.0 时代,PC 用户不仅可以通过网络获取信息,还可以成为信息的生产者和传播者。在这个阶段,不仅数据量开始爆炸式增长,数据类型也开始多样化。

除了简单的文本分析,还可以分析传感器数据、音频、视频、日志文件、点击流和任何其他可用信息。例如,客户数据库不仅要注意客户的姓名和地址,还要包括客户的职业、兴趣、社会关系等。利用大数据多样性的原则是:保留对你有用的、所有你需要的信息,丢弃你不需要的信息;识别相关数据,收集、分析并处理成可用的信息。

(四) 价值性(Value)

价值性体现了大数据应用的真实意义。其价值具有稀缺性、不确定性和多样性的特点,而大数据的价值密度相对较低。例如,随着物联网的广泛应用,信息感知无处不在,信息量大,但价值密度低。如何通过强大的机器算法,更快地完成数据的价值"净化",是当前大数据时代迫切需要解决的问题。

物联网、云计算、移动互联网、汽车互联网、手机互联网、平板电脑互联网、个人电脑互联网以及世界各地的传感器都是数据的来源或携带方式。

导入案例 2

慧展（大数据）

随着技术的发展，拥有数据将不再是一种竞争优势。但在会展过程中通过大数据提升服务水平，是竞争的"利器"。通过会展大数据分析，更好地挖掘数据价值，合理构建会展战略，有效提升会展价值。

大数据+会展，近年来国内展览业市场的竞争日益白热化与同质化。大数据是指传统软件工具无法在一段时间内捕获、管理和处理的海量、高增长、多样化的信息资产，需要新的处理模式来实现更大的决策、洞察力发现和流程优化能力。

互联网+展览和智慧展厅也在如火如荼地展开。一个会展能否办好，并不局限于会展的收入多少。会展的可持续性、规模扩张、质量和品牌化是提升会展品牌的基本要求。最直接的表现就是如何充分利用会展所获取的各种观众数据，从而提高会展的水平和形象，更好地服务参展商和专业观众。

有效利用互联网技术和大数据研究，借助于会展活动的精准定位，实现展商与采购商的精准对接。

大多数会展显示平均每年高达 25%（高）部分显示客户流失，这不仅是由于目前会展企业客户关系管理混乱，也导致了会展行业的损失还没有向观众资源充分关注和分析改进，因此，这些问题使得一些品牌会展逐渐失去了竞争优势。因此，如果不及时有效地解决客户关系管理中存在的问题，客户资源的流失将不会停止，会展企业将难以获得具有品牌忠诚度的客户。当前阶段，会展观众数据管理存在的问题主要体现在多届数据分离、多会展数据分离、统计分析困难上：

1. 多届数据分离

跨境会展数据独立存在，无法系统管理，直接导致数据利用率低，一致性差，导致每年重复同样的工作浪费成本。例如：数据重复、看不到单位和受众的流失、同一单位的人不能统一联系、无法区分忠实的受众等等。

2. 多会展数据分离

不同展览的数据必然会有交集，可以用于相同的不同主题的展览。例如，A 展的参展商可以成为 B 展的观众，而 B 展的观众也是 C 展的观众，完全的分离管理势必会造成一些参展商和观众的流失。

3. 统计分析困难

会展数据统计分析对于我们的受众价值大，使用常用的办公软件操作，不利于数据整合,且难以实现集约培养,对数据分析的工作能力,研究者提出了更高的要求,对于公司也会造成受众数据管理者和用户的各种传输问题。

因此,如何有效地管理和应用观众数据,是对会展业的一个新的考验和要求。

对于一个成功的会展来说,高满意度的成熟客户带来的价值会远远高于新客户,因为新客户产生的价值很难弥补成熟客户资源的损失。在同等成本条件下,科学发展完善的客户关系管理方法,将会直接体现在会展更高的盈利机会上。

通过对观众数据进行科学合理的管理,可以为会展的组织积累经验,并为下一次会展提供丰富的决策依据。同时,还可以为参展企业和观众参与会展提供客观信息,有利于提升主办方的品牌形象和影响力。

会展大数据的价值,正在通过会展这个载体不断地产生数据、整合数据和积累数据,最终形成城市动态的数据。

参展商希望在会展上看到更多专业买家,提高企业在独家渠道的知名度;通过为参展商提供更有效的观众信息,可以促进新的市场渠道的建立,最大化展后交易,帮助获得参展商的满意度。

观众的数量和质量直接影响展览的价值。观众数据的有效管理,可以促进会展品牌的建设和维护,为提高主办单位的品牌影响力做出贡献。

在会展上,观众愈多、质量愈好,参展商所获的利益也越大,会展的价值就越高。总之,智能会展符合会展业的发展趋势,同时也是会展市场的实际需求,大数据等新技术正在使会展更加智能化。大数据与会展融合将是未来会展业的发展方向。

资料来源:大数据+会展,将是未来展览业的发展方向,慧展新闻,(2018-01-08)

三、认识大数据时代

全球知名咨询公司麦肯锡率先提出了"大数据时代"的到来。麦肯锡表示:"如今,数据已经渗透到每个行业和商业功能中,成为生产中的一个重要因素。"大量数据的挖掘和使用预示着新一轮的生产率增长和消费者盈余。"大数据"在物理学、生物学、环境生态学等领域以及军事、金融、通信等行业早已存在,但随着近年来互联网和信息产业的发展,"大数据"方才引起了人们的关注。

(一) 大数据时代的背景

大数据平台是起于所有想要创建与他们拥有的数据相匹配的大数据战略的企业的。企业必须了解如何在企业内部使用大数据。大数据是信息通信技术根据自身的技术发展逻辑,从提高生产效率向更高的智能化发展的自然过程。无处不在的信息感知和获取终端为我们收集了大量的数据,以计算机为代表的计算技术的不断进步为我们提供了强大的计算能力,围绕个人和组织的行为构建了一个与物理世界平行的数字世界。

随着智能手机和"可穿戴"计算设备的出现,我们的行为、位置甚至物理数据的每一个变化都可以被记录和分析。

(二) 大数据的优势

现有的技术架构和路线已经无法有效地处理海量数据,对于相关组织来说,如果收集信息的巨额资金不能得到及时处理,损失将是不值得的。可以说,大数据时代给人类控制数据的能力带来了新的挑战,也为人们获得更深刻、更全面的洞见提供了前所未有的空间和潜力。

大数据的真正价值就如同漂浮在海洋中的冰山。乍一看,只能看到冰山的一角,而大部分都隐匿于表面之下。处理大数据不止一种方法,但挑战在于:不是获取和分析所有信息,既不是一种通吃的模式,而是获取和分析有用的数据,从而进行快速分析。大数据需要简化。从数据量方面来说,它将继续爆炸式增长。重要的是,从大数据中获得正确信息并且以一种能够帮助客户推动增长的方式进行处理。

获取和分析大数据是帮助客户实现业务转型的一个很好的机会。

(三) 大数据时代面临的三大难题

1. 海量数据是基础

顾名思义,大数据的第一个特征就是"大"。没有大,什么都谈不成。专家预测,到 2020 年,全世界每年将产生 40ZB 的数据。要将一天通过互联网传输的数据储存在一张 DVD 上,大约需要 2.5 亿张光盘。大数据成功的前提是有足够的样本供应。在"小数据"时代,分析预测方法采用随机样本分析法。缺点是一旦取样过程有偏差,分析结果就会相差很远。大数据的"样本=总体"分析方法大大降低了出错的概率。

2. 有应用才是价值

要发展大数据产业,必须要早,至少要解决需求和应用的问题,否则就会陷入高投入低产出的困境。阿里巴巴集团之所以近年来在大数据业务方面发展迅速,并将其作为集团未来三大战略方向之一,正是因为其强大的应用需求和背后的推动力。相关专家建议,必须提前识别和确定几个精准的应用方向和领域,然后加快对大数据产业自身所需的基础设施、技术等方面的投资,让效益支撑技术进步,而不是盲目投资而不考虑产出。

3. 隐私安全是界限

隐私安全是当今互联网上越来越重要的问题。大数据在给人们带来便利和机遇的同时,也将人们暴露在"第三只眼睛"面前。跨不过隐私这道坎儿,大数据的未来注定将崎岖不平。

一方面,大数据希望收集到更多消费者的消费行为数据。当然,它还包括客户的性别、生日、联系方式、消费者偏好等个人隐私信息。另一方面,消费者不希望这些信息被存储并用于营销分析。如果这种情况持续下去,必然会遭遇反弹,比如减少个人信息或者提供虚假伪造的信息,这将导致大数据冗余数据过多,阻碍大数据的健康发展。

导入案例 3

利用微博数据进行分析

1. 你开心他就买,你焦虑他就抛

华尔街公司德温特资本市场(DeWinter Capital Markets)的首席执行官保罗·霍廷在日常工作中使用一款电脑程序,分析来自全球3.4亿Twitter账户的评论,以从1—50的范围来衡量市场人气。根据这个分数,霍廷决定如何处理他的数百万美元股票。他的原则很简单:如果每个人看起来都开心,那就买;如果焦虑情绪上升,那就卖出。此举获得了回报——那年第一季度,霍廷的公司获得了7%的回报率。

2. 挖掘"非正式"数据的价值

国际商业机器公司(IBM)估计,这些"数据"的价值主要在于其及时性。一时可设失势的华尔街,这一价值至关重要。曾经,2%的华尔街公司在微博等平台上收集"非正式"数据;如今,几乎有一半的人这样做了。

• "社会流动"初创公司正在"大数据"行业蓬勃发展,它们与Twitter合作。广告商喜欢通过分析数据来告诉他们什么是正确的时间,谁是正确的用户,什么是正确的内容发布。

• 在乔希·詹姆斯的公司Omniture中,你可以知道有多少人访问了你的网站,他们在你网站上停留了多长时间——这对任何企业来说都是至关重要的数据。詹姆斯以18亿美元的价格出售了公司。

• 微软专家吉拉德喜欢把这些"大数据"结果可视化:他将客户请到办公室,将包含这些公司的数据地图显示,一些普通的时间轴,一些像蒲公英,有些是覆盖整个画面的泡沫,泡沫显示客户的球迷正在谈论这些话题。

• Facebook数据分析师托马斯·杰斐逊的工作是建立数据分析模型,以找出用户点击广告的动机和方式。

第二节　大数据在会展客户关系管理中的应用

一、大数据时代 CRM 的特征

1. CRM 迎来大数据时代

目前中国企业的大数据应用可分为三大领域：大数据运营、大数据产品和大数据平台。前两个更多的是内部应用，而后者是关于使用大数据来繁荣整个平台企业社区的生态系统。其中利用大数据平台进行营销，具有显著的会展 CRM 时代特征，大数据营销的本质是影响消费者购物前的心理路径，这在大数据时代之前是很难做到的。

对于传统企业来说，大数据是必不可少的，他们要开拓线上和线下营销，实现 O2O（Online To Offline）等新的商业模式。虽然大数据应用往往侧重于大数据营销，但对于一些企业来说，大数据的应用已经超越了营销范畴，进入到企业供应链、生产、物流、库存、网站和店内运营等环节。

对大多数互联网公司来说，大数据量和大用户是一个相互促进的循环，在这个循环中，强者越强。对于大型互联网平台来说，大数据已经成为其生态循环的血液。对于这些公司来说，最重要的不是如何利用大数据来提升自己的运营，而是如何利用大数据更好地滋养平台的生态系统。对于平台企业而言，其大数据战略正逐渐从大数据运营向运营大数据转变。前者与后者的区别在于前者只是企业经营改进的动力，而后者则成为企业实现未来战略的核心资源。

随着数据源呈指数级增长，信息的数量和复杂性迅速扩大，从大量数据中提取信息的能力正迅速成为一项战略任务。2011 年 4 月，Gartner 发布了一份名为《大数据只是大规模信息管理的开端》的报告，其中指出："对大数据的关注带来了将重塑现有信息管理实践和技术的最重要挑战。""管理大量数据的能力将是一项核心竞争力，确保企业能够继续利用新信息的发现来支持商业决策模型。"可以看出，由于数据的爆炸式增长，企业能否从混乱的数据中快速获取战略决策信息是企业成功的关键。为了站在不断发展的信息浪潮的边缘，对大数据的挖掘和分析就显得尤为重要。在大数据时代，会展 CRM 正在成长。随着物联网、云计算、移动互联网、手机、平板电脑、PC 以及各种传感器的出现，大数据技术使得各种数据成为可以快速获取的有价值信息。CRM 作为客户关系管理系统专家，可帮助会展企业获得客户资源，从容应对大数据时代的降临。

2. 大数据推动了 CRM 的营销功能

基于大数据营销的本质是影响目标消费者在购物前的心理路径。它主要应用于大数据渠道优化、精准营销信息推送、线上线下营销对接三个方面。它以各种方式直接参与消费者在购买前的信息收集和决策过程。这种干预是基于对大量在线和离线用户数据的分析。与传统的炮轰营销或上门营销相比,大数据营销在主动性和准确性方面有很大优势。这是目前大数据的主要应用领域。

大数据营销不仅仅是利用大数据来识别目标客户,并向他们发送促销信息。它还可以做到以下事情:

(1) 实现通道的优化。根据用户上网轨迹优化渠道营销效果,就是根据客户在互联网上的行为轨迹,找出哪个营销渠道的客源最多,哪个渠道的实际购买量最多,是否为目标客户等,从而调整各渠道的营销资源。以东风日产为例,通过对客户来源的跟踪,在官网、搜索报价、微博等多种网络渠道完善营销资源。

(2) 精准的营销信息推送。基于海量精准的消费者行为分析,通过网络记录消费者的网页浏览、搜索行为、线下购买和查看此类行为,可以存储 POS 机和视频监控记录,再加上他们在购买和注册过程中留下的身份信息,在商家面前,正在逐渐显示出消费者信息的海洋。

一些企业收集大量消费者信息,利用大数据建模技术,根据消费者属性(如位置、性别)、兴趣、购买行为等维度挖掘目标消费者,并进行分类。根据这些,营销信息被推送给个人消费者。例如,孕妇装品牌"十月妈咪"通过对微博粉丝评论的大数据分析,找到评论中有"喜欢"相关关键词的粉丝,然后给他们打上标签,向他们推送营销信息。京东商城副总经理李曦表示:"利用大数据识别不同细分的客户需求群体,然后进行相应的营销,这就是京东所做的。"小也化妆品利用其网站作为雷达,收集消费者信息,并为不同的消费者推荐相应的护肤方案。他们希望在未来,大数据营销能够取代网站的作用,真正成为面向客户的前端。

(3) 畅通线上线下营销。一些企业将线上消费者的行为追踪数据与线下购买数据连接起来,实现线上线下营销的协调。例如,东风日产的线上线下协同营销方式如下:其官网提供订单线索,服务人员通过这些线索进行电话拜访,促进客户线下交易。在此过程中,东风日产记录了消费者的登录、浏览、点击、注册、手机退换、购买等数据,实现了线上线下跨界的闭环营销渠道,并以大数据分析为支撑,不断优化营销效果。一些公司,通过鼓励离线客户使用微信、Wi-Fi,如消费者行为和偏好的设备,通过在线和离线数据流,如银泰百货计划铺设 Wi-Fi,鼓励客户使用在商场内,然后根据 Wi-Fi,找到客户,再次通过与其他大数据挖掘公司的合作,借助大数据,探索客户的互联网历史,了解客户需求的类型。

3. 大数据优化了企业内部营销运营流程

大数据在企业内部运营中的应用更加深入，对企业内部的信息化水平和数据收集分析能力提出了更高的要求。从本质上讲，就是将企业外部的海量消费者数据与企业内部的海量运营数据连接起来，在分析中获得新的见解，提高运营效率。

（1）优化自身商务网站。利用大数据，实现网站页面设计优化和内容变化。淘宝网的主页以及各级页面会根据用户的点击和浏览情况，来判断哪些内容是消费者真正感兴趣的、哪些内容对于消费者缺乏吸引力，进而进行相应改进。

（2）一些公司通过分析网站上客户评论中关键词的频率来发现自己运营中的不足之处。农夫山泉分析收集到的视频从线下零售商店，找出如何显示水堆来促进销售，什么年龄消费者会延长停留在水堆的时间，他们买多少，以及购买行为是由温度变化引起的变化，使店内操作更有针对性。一些商场使用 Wi-Fi 来跟踪顾客在店内的移动，然后使用大数据分析来确定最佳的展示方式。

（3）增加客户忠诚度。1号店利用大数据识别顾客可能成为忠实顾客的信号，如购买三种以上商品，以及顾客流失的信号，如进入网站、停留较短时间、然后离开，然后采取相应措施。向潜在的忠诚客户推广跨品类购买；对于那些可能失去的顾客，便通过促销来刺激他们对1号店的印象。

（4）帮助企业预测商品需求，调整生产和采购。淘宝化妆品电商利用网上客户对某品牌的搜索量作为介绍该品牌的基础之一。

（5）提高供应链效率。农夫山泉综合区域需求、公路收费状况、道路等级、天气、配送中心辐射半径、季节变化、不同市场价格、不同货源的成本、周边甚至突然需求的人工成本等因素，来分析每发多少、路线安排多少、配送资源调度等，最大限度地节约物流成本。

（6）改善客户服务。例如，一些汽车企业通过传感器对客户的汽车实时采集产品性能数据，查找故障前兆，主动服务。

（7）收集消费者偏好。对于消费者来说，专业参观者很多的购买动机都源自于情感上的需求，像情怀、文化等等方面。举个例子，故宫文创展为什么能吸引消费者呢，一定程度上它代表了中国传统文化的缩影，有很深的历史渊源在里面；其次，在产品的创新上，文创选择利用微博征集作品，购买文创既象征着文化情怀又象征着个性彰显。所以，想要得到消费者青睐，就一定要抓住消费者的情感连接口，在内容上进行输出，做有情感、有温度的文案宣传，在产品的构思与创作中，更应注入更多的创意灵感，不妨从实用性、外观性、个性等角度出发。

4. 大数据用于会展CRM决策

在大数据时代，企业面临着许多新的数据源和海量数据。他们能否根据对这些数据的洞察做出决策,并将其转化为竞争优势,这一点尤为关键。与大数据营销和大数据内部运营相比,用大数据做决策是最困难的,因为它需要一种依赖数据的思维习惯。

一些人已经开始尝试。例如,国内一些金融机构在推出一款理财产品之前,会广泛分析该理财产品的应用和效果、目标客户群体的数据、各种交易数据和定价数据,然后决定是否推出该产品。

然而,根据中国创业研究院的研究,大数据在中国企业决策中的应用还很少,很多商业领袖在做决策时仍然习惯于依靠历史经验和直觉。

二、大数据与 CRM 的互动发展

1. 大数据、CRM 走向融合

最新调查表明,全球企业在数据中心硬件和软件上的支出在 2020 年为 890 亿美元,折合约 5 800 亿元人民币,主要受安全、存储和客户关系管理软件的推动。换句话说,与大数据相关的应用市场,如企业内容管理、数据集成工具和数据质量分析工具,也将大幅增加投资。

此外,据互联网数据中心观察,移动应用和社交网站将更多地融入企业解决方案,甚至可能成为企业应用的新切入点。以中国大陆市场为例,互联网数据中心统计 2013 年中国互联网用户数量达到了 6.11 亿,移动互联网用户数量也达到 4.61 亿。手机用户将超过电脑用户。而移动上网的便捷性将会导致更多的数据产生,这些数据将会真实反映消费者的日常行为,如每个时段在做什么、习惯偏好有哪些、关注什么事件等,这将成为大数据时代最重要的数据来源之一。一些移动应用如杀毒、导航地图等纷纷转为免费服务,其目的也是在于吸引客户以便收集更多的数据,从而实现客户关系管理乃至更多的增值服务。

因此,越来越多的公司已经或正在考虑转向手机平台。互联网数据中心还预测,移动应用向企业业务的渗透,不仅将为传统的管理服务注入新的内涵,还将整合移动应用的管理服务,这也是服务提供商提升服务能力和竞争力的重要方向。在这样的环境下,服务提供者的角色也会发生相应的变化。

2. CRM 将带动大数据市场快速成长

大数据不仅被用于新兴领域,也被用于传统行业,CRM 将推动商业分析应用市场的快速增长。根据 CRM 的经营理念,企业应制定 CRM 战略,对业务流程进行再造,实施 CRM 技术和应用系统,以提高客户满意度,培养忠诚客户,实现企业效益最大化的目标。在企业的日常工作中,一般的客户关系管理至少要涵盖营销管理、销售管理、客户服务和技术支持等方面,以确保企业能够及时、密切地与客户沟通,处理好人与人之间的关系、过程和技术。

因此,客户关系管理系统不仅仅是一种管理理念,而且还是一套人机交互系统和解决方案,它贯穿于系统管理、企业战略、合理运用人际关系等思想,可以帮助企业更好地吸引潜在客户,留住最有价值的客户。例如,通过 80 万在线客户关系管理,企业可以快速识别客户,并有效地留住客户,实现最大效益。

一些在线 CRM 系统具有丰富的功能模块,能够完全满足企业的管理需求。其营销管理功能,可以帮助企业进行市场分析、市场预测和市场活动管理。销售管理功能,可以帮助企业增加商机数量,跟踪销售流程,提高销售率。客户服务集成了呼叫中心功能,为客户提供 24 小时不间断服务和多种通信方式。客户信息存储在业务数据库中,供其他部门共同使用。

CRM 在大数据时代迎来新的生命,同时因其自身特征,也成为引领大数据市场发展的增长点。

资料链接 8-2

浅谈会展业大数据

近年来,尽管会展业取得了很大的进步,但大数据仍然难以给会展业带来真正的商业价值。会展大数据不像电子商务,网络游戏有一种"直接而清晰"的业务实现模式。在会展业中,大部分的会展业企业也专注于将大数据收集和存储到大数据平台中,却忽视了数据分析真正能为会展业带来商业价值。

大数据至少应包含以下三部分内容:

1. 海量数据,庞大而多样;
2. 高速计算能力,这是大数据必须涉及的;
3. 价值的体现,包括商业价值、社会价值等,如政府可以利用数据监测舆情,企业可以凭借数据进行精准营销。

数据本身并不产生价值,如何分析和利用大数据是关键。那么,会展业应该如何挖掘会展大数据的商业价值呢?

首先,充分体现网络"海淘"的数据功能和优势。例如,作为 2019 年上半年数千个会展的基本目录信息,也可以获得"2017—2018 年全年举办了多少场会议"等数据。目前,国内没有正确的会议统计渠道,"海丰"似乎是通过网络的可行途径,可以充分发挥网络大数据资源、功能和技术的优势。

其次,继续与其他"数据库"合作获取数据,进一步加强与会展业的联系,利用现有信息,尽快展示大数据在应用中的成功案例,利用大数据充分证明会展业生产性服务的有效性。这项服务具有很强的理论和学术价值;这将是一个具有发展前景的研究课题。以前,我们常说会展业具有"1∶9"的经济驱动作用;也就是说,会展可以极大地促进主办城市的"食、住、行、游、购、娱"等生活消费。实际上,会议和展览更重要的意义在于促进相关产业的信息服务和技术,如:思想启蒙、信息交流、人员交流、推广、技术合作、贸易交流、项目对接、品牌形象等。这是会展业生产性服务的作用。我们仍然缺乏强大的大数据支持,这取决于大数据技术如何充分发挥其能力。

大数据需要特殊的技术来有效地处理大量的数据,适用于海量并行处理(MPP)数据库、数据挖掘、分布式文件系统、分布式数据库、云计算平台、互联网、可扩展存储等大数据技术。

会展业所谓的大数据,就是通过跟踪技术,跟踪整个会场观众的行为,为业务匹配和精准营销服务。当然,对营销渠道的开发和对营销渠道的有效评价还很缺乏。此外,大数据时代的一个重要特征是对数据的专业分析。即使通过技术手段可以实现海量数据的收集,大数据的分析和解读也离不开专业的数据分析师,更不用说实现大数据效果的最大化。

大数据的主要用途之一是预测——基于消费者的洞察力进行分析和推断。因此,理想情况下,产品开发和设计应该基于大数据来"捕捉"和总结消费者的偏好。具体到会展,在"会展项目"分析中,大数据很少发挥作用。

除了高效的生产、分配和消费,信息革命还带来了数据的爆炸。在移动互联网浪潮中,数据生成速度前所未有的快。原本简单的数据使用是巨大的浪费,各行各业开始系统地挖掘数据。在大数据积累的同时,数据挖掘的计算理论、实时采集和流通渠道、软硬件环境都非常成熟。

总之,智慧会展符合会展业的发展趋势和会展市场的实际需求。大数据和其他新技术使会展更加智能化。

资料来源:浅谈会展业大数据应用.大众报业,海报新闻[N].2019(06)

3. CRM 与 BI(商业智能)协同发展

CRM 可以帮助企业处理好与客户的关系,使企业与客户之间的互动更加顺畅,真正以客户为中心。然而,企业和客户之间的关系影响着几乎所有的业务运作,这就是为什么 CRM 应该更加智能化和动态化,作为企业、系统、员工和客户之间的接口层。CRM 产生大量的数据。例如,海量的客户信息、商机信息、订单信息等信息就像一股洪流,如何更快、更方便地获取数据背后隐藏的价值,从而更好地协助企业决策者做出战略决策,是目前企业经营者关注的焦点。商业智能(BI)与客户关系管理(CRM)的融合是客户关系管理发展的新方向,可以形成互补优势,帮助企业更好地协调战略、决策、执行和获取可用信息的深度。这种 CRM 突出了两个主要特点:一是应用与客户数据的全面深度集成;二是具有强大的决策分析功能和客户价值最大化的决策能力。这将引领新一代会展客户关系管理的发展浪潮。

此外,基于智能数据分析的 CRM 系统,能够实现企业更科学地掌握真实信息,制定有效决策。

首先,CRM 决策分析涵盖了客户管理中涉及到的所有内容,如利润率分析、忠诚度分析、消费者行为分析、渠道有效性分析等。这些分析的结果(客户知识)可以指导企业如何更有效地满足客户的需求和期望。对于企业来说,这不仅实现了从以产品为中心到以客户为中心的战略转变,而且使企业能够对客户战略做出相应的改变,如采用有利于提高客户满意度和忠诚度的营销策略,关注客户生命周期的价值,而不是一两次交易的好处。

其次,CRM 不仅能从多维度(地区、时间、产品、销售额等)观察分析数据库中的数据,而且还能生成地图式报表、层级报表等各种复合式图表,并且系统中所有的数据都是实时更新的,管理者任何时间打开系统都能获得最新数据信息,有效帮助企业决策者权衡信息,做出全面、及时的商业决策,再也不用为数据分析大伤脑筋。

4. 基于大数据的 CRM 能准确把握行业趋势

大数据时代数据的爆发式增长,使企业能够从大量的数据中把握行业发展的趋势,可以从混乱的数据中快速获取战略决策信息的能力将成为企业成功破敌的关键。CRM 在大数据时代将是增长期。

2020 年,全球已经有 45.4 亿人接入了互联网,占据全球总人口的近 60%;截至 12 月 20 日,中国互联网用户数量达到 9.89 亿,这些用户带来了万亿 GB 级别数据,并以每年 55% 的速度增长,加上企业在蓬勃发展的中国市场环境下,较之以往大数据所带来的机遇,这将是中国市场营销者期望达到的最佳回报时机。这也为 CRM 服务商的发展提供了契机。作为一个以数据为基础、以分析为导向的 CRM,如此庞大的数据必须摆在它面前。

面对这一行业发展趋势,CRM 服务提供商正在探索行业趋势,但机会难得,许多供应商需要加速抓住机遇。大数据的焰火又来了。大数据将成为 CRM 行业的催化剂,成为多元化大数据时代营销人员的新武器。

三、CRM 在大数据时代的应用

1. 大数据时代 CRM 的应用模式

大数据时代 CRM 的应用模式是以数据库为中心的多种营销模式的有机结合,主要包括以下几个部分。

2. 建立丰富有效的数据库

这里必须注意的是建立"有效"的数据库,也就是说要及时更新数据库,以确保客户资料的全面性和准确性。这就要求所有可以接触客户或涉及客户资料的员工都要把完善数据库作为本职工作。

例如,邀请客户参加活动时,或许因为数据库资料过于陈旧,宣传资料无法及时、准确邮寄(传真)造成沟通不当,客户拒绝参加。此时,一定不要忘记询问、核对必要的联系资料——手机号码、电话号码、E-mail、地址、传真号码等。一次的邀请结果并不重要,关键是下次会不会因相同的错误而错失良机。或许这次的邀请并不成功,但公司因为有了这次资料的完善可以顺利地开展下一步工作,这种贡献就可想而知了。

例如,向连续购买"青春养颜"的老客户推荐"牦牛壮骨粉",她可能会比较生气;同样,对客户进行跟踪服务时,如果客户一天接到8个同样问题的电话,一定会勃然大怒。这些都说明了完善数据库的重要性。数据库记录的不仅是客户的基本资料,还有购买信息、跟踪服务情况等。这些信息记录得及时、准确、全面,就不会发生上述令客户产生不快的事情了。

3. 对数据进行有效的分析

建立了数据库就等于建立了与客户建立良好关系的桥梁,桥梁如何发挥作用关键在于如何使用。不要把数据库理解为单纯的资料库,还要善于利用 CRM 强大的查询、分析统计功能,准确划分客户类型,了解具体客户需求,只有这样才能"知彼知己,百战不殆"——成功销售。

例如,哪些是会展老客户?哪些是潜在客户?老客户中哪些购买了 A 产品,哪些购买了 B 产品?哪些已经成为会员?潜在客户中哪些是意向客户,哪些是非意向客户?意向客户中哪些对 A 产品感兴趣,哪些对 B 产品感兴趣?非意向客户中,哪些坚决拒绝,哪些犹豫不决?哪些适合邮寄资料?哪些应该发短信?这些都要做细致分析。但是这些并不需要人工一个个地查找,只需设定几个关键的参数即可迅速完成,充分发挥 CRM 软件的强大功能。

4. 多种营销模式有机的结合

如果说数据是 CRM 有效实施的基础,那么多种营销模式如何有机结合就是 CRM 最佳应用模式的关键。多种营销模式的有机结合就是把电话营销、DM(Direct Mail 直接函件)营销、SMS(短信)营销、E-mail 营销、传真营销、会议营销、上门拜访等多种营销模式进行有机整合,从而达到最佳的互补效果。

常见的基于数据库的营销方式各自特点如下。

(1) 电话营销特点:①及时性,用手机与收件人即时联系,很少有其他通讯工具能与之匹敌。简单易于操作,任何人都可以使用。②双向,可以立即收到对方的回音,并且双方可以自由交流。③经济实惠,可以节省时间和金钱,减少不必要的访问。④普遍性,装机率高。根据我国信息产业部估计,中国的手机用户已经超过 10 亿,这意味着 75% 的中国公民拥有一部手机,随时随地都可以进行电话沟通。

(2) DM 营销特点:①人性化的接触:企业将信息转化为"人性化诉求"后,直接将信息提交给受众进行一对一的接触,受众在感受到尊重后更容易接受广告诉求。②读速率过高。在 DM 发出后,约 4%~6% 的 DM 在不知道地址的情况下被退回,约 15% 的 DM 被收件人直接扔进了垃圾桶大多数都会阅读,甚至递阅给他人。③易于细分市场,精心选择邮件投递目标、具体信息,辅以及时的电话推广,便于实现市场差异化、差异化效果。④效果快,易于掌握。在 DM 发送时,如果采用发优惠券、送样品等方式,可以快速了解宣传效果。⑤竞争对手较难掌握企业作为,有别于广播、电视广告等媒体,DM 在默默潜行中做广告,非大张旗鼓,企业情报竞争对手难以掌握。⑥迅速简便,尤其对于距离较近的客户,比较迅速,邮寄简便。

(3) SMS 营销特点:①及时性,网络不受限制,短信可瞬间送达客户手机。②高效性,群发短信,受众面广,自动发送,省时、省力,且阅读率高。③个性化,根据不同类型的客户具体设定特色内容,突出个性化特点。④成本低廉,短信营销可以说是除电子邮件营销之外最便宜的营销方式。

(4) E-mail 营销特点:及时性、容量大、被读率低、成本极低。

(5) 传真营销特点:及时性、效率高、设备限制。

(6) 会议营销特点:互动强、受众少、组织难、成本高。

(7) 上门拜访特点:沟通易、效率低、效果好、成本高。

(8) 网络营销:效率高、效果好、成本低、受众面广。

各种营销方式特点对比如表 8-1 所示。

表 8-1　各种营销方式特点对比

营销方式	时效性	互动性	受众面	经济性	实效性
电话	强	强	较低	较低廉	较好
DM	较强	较强	高	较低廉	一般
SMS	强	较强	较高	低廉	一般
e-mail	强	弱	稍高	最低廉	最低
传真	强	一般	稍高	较低廉	较低
会议	弱	强	较低	较高	较好
上门拜访	较弱	最强	最低	最高	最好
网络	强	较强	高	低廉	较好

四、微博营销和微信营销

1. 微博营销

(1) 微博营销的概念。

微博营销是指通过微博平台为企业和个人创造价值的营销方法,也是指企业或个人通过微博平台发现并满足用户各种需求的一种商业行为方法。

微博是一种社会化营销的工具和平台,其目标是扩大与客户的互动范围。微博的每一个受众(粉丝)都是潜在的营销目标。企业可以通过更新微博向网民传播企业信息和产品信息,从而树立良好的企业形象和产品形象。每天更新内容就可以和大家沟通,或者发布大家感兴趣的话题,从而达到营销的目的,这样的方式就是近年来新的微博营销。这种营销方式注重价值传递、内容互动、系统布局和准确定位。微博的火爆发展也使得其营销效果尤为显著。微博阵营的范围包括认证、有效粉丝、话题、名人博客、开放平台、整体运营等。微博营销也有其劣势:有效粉丝数量不足、微博内容更新过快等。2012年12月,新浪微博推出企业服务平台,为企业开展微博营销提供一定帮助。

微博营销一般分为个人微博营销与企业微博营销两类。

个人微博营销。很多个人微博营销本身就是通过个人简介来获得别人的关注和了解,对于明星、成功的商人,或者社会上比较成功的人士来说,他们使用微博往往是通过一个媒体让自己的粉丝进一步了解自己的喜好,他们在微博上过多地投入通常是为了表达感情,功利主义并不明显,其宣传工作一般都是靠被粉丝追随来达到营销效果的。

企业微博营销。企业一般以盈利为目标。他们经常使用微博来增加他们的知名度,最终销售他们的产品。通常,企业微博营销要困难得多,因为普及程度有限,短微博不能让消费者对商品有直观的了解,而且微博更新速度快,信息量大。在微博营销中,企业应建立自己的固定消费群体,多与粉丝交流互动,多做企业宣传。

众多参与微博营销的企业,大多还停留在以获奖活动征集粉丝的初期阶段,应该看到,以这种方式聚集的粉丝不可能是准确的受众。更好的方法是发布产品知识,搜索关键词,开展话题讨论,找到对特定关键词和话题感兴趣的受众,并努力与粉丝积极接触。一些企业在微博营销中普遍存在的问题是,只发布信息,不与粉丝沟通,这会让热情的粉丝失去热情。在2008年美国总统大选中,奥巴马将推特作为竞选工具。大多数人只知道特朗普竞选团队推特的功能,但竞选团队对所有访客都进行了单独回应。总统竞选团队对来访者的回应是如此耐心和谨慎,更别说以客户为中心的企业了。

(2) 微博营销的特点。

① 立体化:微博可以利用多种多媒体技术,以文字、图片、视频等形式描述产品,让潜在

消费者更形象、更直接地接收信息。

② 高速度：微博最显著的特点就是传播速度快。热门微博在各个互联网平台上一经发布后，转发可以在短时间内到达微博世界的每个角落。

③ 便捷性：微博营销优于传统推广，无需严格审批，节省了大量时间和成本。

④ 普遍性：通过粉丝"病毒式"传播。同时，名人效应可以使事件的传播呈几何倍数放大。

⑤ 高效性：为企业产品FAQ（快速问答）提高效率，并能快速帮助客服与客户建立相互了解的渠道。

（3）微博营销的目的。

① 有效实现品牌建立和传播。

② 树立行业号召力和影响力，引领行业良性发展，传导企业正向价值观。

③ 产品宣传和市场推广。

④ 发现目标客户，准确互动营销，落实客户转化和订单销售，全面分析营销效果。

⑤ 积极处处为客户服务，服务真正的客户。

⑥ 实时监控企业声誉，确保危机公关。

⑦ 自媒体宣传，产品广告营销活动宣传。

（4）微博营销的效果评价。

① 成本上——发布门槛低，成本远小于广告，但效果并不差。用140个字符发布一条信息比写博客容易得多，而用同样的效果做广告也要便宜得多。与传统大众媒体（报纸、流媒体、电视等）相比，受众范围和以前一样广，初期投资在后期维护成本上较低。

② 覆盖上——传播效果好，速度快，覆盖广。微博信息可以在多种平台上获得，包括手机、电脑和其他传统媒体。同时，有多种传输方式，转发非常方便。名人效应的运用可以使事件的传播呈几何级数放大。

③ 效果上——针对性强、投资少、见效快。博营销是一种投资少、见效快的新型网络营销模式。其营销模式和模式能在短时间内获得最大的收益。

④ 手段使用上——多样化，人性化。从技术上讲，微博营销可以方便地同时使用文字、图片、视频等形式的展示。从人性化的角度来看，企业品牌的微博本身可以人格化自身，更具亲和力。

⑤ 开放性。几乎任何话题都可以在微博上讨论，并且没有过度的约束，微博是向客户最大化开放的。

⑥ 拉近距离。在微博上，官员可以和人们点对点交谈，政府可以和人们讨论，名人可以和他们的粉丝互动。实际上，微博正在拉拢这一距离。

⑦ 传播速度快。微博最明显的特点之一是它的快速传播。当一条微博触发微博引爆点后,互动转发可以在短时间内到达微博世界的每一个角落,在短时间内达到最多"目击"次数。

⑧ 便捷性。微博只需在140个字符内写一份,就可以发布,因而节省了大量的时间和成本。

⑨ 高技术性,浏览页面佳。借助许多先进的多媒体技术,微博营销可以从多维度的角度描述产品,让潜在消费者更形象、更直接地接收信息。

⑩ 操作简单。一条微博,至多140个字,只需要一个简单的想法,就可以完成一条消息的发布。

资料链接 8-3

微博在消费展传播的具体应用

会展企业采用微博营销,会展品牌建设起到了重要的推动作用,但是在营销的过程中,在营销方式的选择上一定要时刻注意满足企业发展的需要。如果会展企业的建设期是在形象上,那么营销应注重品牌形象的推广,而不是服务消费;此外,使用微博营销必须保证发布信息的真实性,避免形成虚假信息给参展商造成误解,不利于会展品牌形象的建立。

为了使微博在消费展的传播中取得更好的效果,需要结合项目本身和其他背景条件,分析具体问题,并采取适当的补救措施。同时,在使用该平台时要注重细节和具体策略,加强资源整合和模式优化。

(一)专业操作优化流程。作为与目标受众密切接触的交流平台,展览项目的官方微博不仅仅是发布信息,更关系到自身形象。因此,会展官方微博的专业运营是非常重要的。在同样的竞争中,只有专业才能超越对手,不断吸引公众的注意。职业化是企业微博重要的竞争力指标。

(二)精准定位整体布局。消费者会展的微博应该更加注重质量,从长期的角度来看,发展有自己的特点和模式,位置微博的内容和沟通方式,加强与观众的互动和经验,不仅要关心粉丝的数量、微博转发和评论的量,确保传播质量。同时,还要注意微博的系统性和整体性布局,从宏观的整体把握到微观的具体策略,从而确立长期的发展战略。

（三）掌握时势并及时跟进。任何传播都是以受众为基础，及时把握受众动态信息，紧跟时代步伐，结合时代特点和客观环境，不断注重微博传播内容和传播模式的创新，不断挖掘微博传播的新内涵，长期以来不能被抛弃，要被人们接受和认可，在这个平台上长期发展。

（四）新旧媒体融合传播。在消费者对会展的微博传播中，并通过图形互动，增强会展活动的视频、声场体验，同时在其他各类媒体掩护下进行微博推广，新旧媒体既互动又相互促进融合，形成多维的宣传渠道，使宣传覆盖面更广，取得更好的宣传效果。

资料来源：黄倩莉. 微博在消费类会展传播中的应用分析[J]. 旅游纵览（下半月），2015（10）

微博营销的几个技巧

1. 注重价值的传递

企业博客经营者首先要转变观念，认清企业微博作为一个给予平台的"索取"和"给予"的区别。目前，微博的数量已经达到了数亿。只有那些能为浏览者创造价值的微博，自身才有价值。此时，企业微博可以达到预期的商业目的。只有认识到这种因果关系，企业才能从企业微博中受益。

2. 注重微博个性化

微博的特征是"关系"和"互动"。因此，企业微博虽然是企业微博，但不应该只是一个官方发布新闻的窗口之类的冷模式。像一个活生生的人一样去感受，去感受，去思考，去回应，去拥有自己的特点和个性。

一个认为你的推文和其他推文一样，或者其他推文可以取代你的访客是不成功的。这就像品牌和商品的定位一样，必须建立个性。这样的微博具有很高的黏度，可以不断积累粉丝和焦点，因为此时的你拥有无可替代的独特魅力。

3. 注重发布的连续性

微博就如同一本实时更新的电子杂志。内容发布要注意定时、定量、有针对性，让人们养成观看的习惯。当他们登录微博，想能看到你的微博新动态，这无疑是成功的最高境界，虽然很难实现，但企业需要尽可能多地出现在他们面前，第一次在他们的头脑中成为一种习惯。

4. 注重加强互动性

微博真正的力量在于互动,坐拥一群不言语的粉丝是危险的,因为他们会逐渐成为不读你内容的粉丝,更有可能离开。因此,互动性是微博可持续发展的关键。首先要注意的是,企业宣传信息不能超过微博信息的10%,最好的比例是3%～5%。应该在粉丝感兴趣的内容中加入更多的信息。

"活动内容+奖励+关注(转发/评论)"的活动形式一直是微博互动的主要方式,但在本质上,奖励比企业想要推广的内容更能吸引粉丝。相对于发奖品,你的微博可以认真回复,仔细感受粉丝的想法,从而换取情感上的认可。如果情感与"利益"(奖品)共存,那就更完美了。

5. 注重系统性布局

任何营销活动,要想取得持续的丰功伟绩,都离不开系统性,纯粹作为一种理念去运作,是很难取得持续的成功的。虽然微博营销看起来很简单,但对于大企业来说效果很有限,所以很多企业把微博作为一种可有可无的网络营销工具。其实,有多少人能看到微博这种新型互动形式的潜力,它之所以作用小,是因为你投入的精力和关注度不高。

6. 注重准确的定位

当然,拥有大量的微博粉丝是好的,但是对于企业微博来说,"粉丝"的质量更重要。因为企业微博的终极商业价值,可能需要这些有价值的粉丝。这就涉及到微博的定位问题,很多企业抱怨:微博的数量已经超过了10 000条,可以转载消息的人很少,宣传效果不明显。其中一个最重要的原因是定位不准确。假设你在玩具行业,那么应专注于你的产品目标客户的一些相关信息,以吸引目标客户的注意,而不是仅仅想着吸引眼球,这样就会吸引潜在的消费群体。在这个初期阶段,很多企业微博都陷入了这个误区,完全以吸引大量粉丝为目的,却忽略了粉丝是否是目标消费群体这一重要问题。

7. 企业微博专业化

企业微博定位很重要,但专业更重要。在同样的竞争中,只有专业才能超越对手,不断吸引关注。职业化是企业微博重要的竞争力指标。微博不是企业的装饰,如果不能专业,只是平庸,不如不要建企业微博。因为,作为一个"零距离"的沟通平台,负面信息和不良用户体验容易迅速传播,给企业带来不利影响。

> 8. 注重控制的有效性
>
> 微博不会飞,但是速度却快得惊人,当极高的传播速度结合传递规模,所创造出的惊人的力量有可能是正面的,也可能是负面的。因此,必须有效管控企业微博这把双刃剑。
>
> 速极也不利,微博传输速度惊人但也不可过快。当传动速度极高与传动规模相结合时,所产生的惊人力量既可以是积极的,也可以是消极的。因此,要有效控制企业微博这把双刃剑。

2. 微信营销

2011年1月21日,腾讯推出了即时通讯应用微信,该应用支持发送语音、视频、图片、文字以及群聊。截至2021年3月底,微信及WeChat的合并月活账户数为12.025亿,同比增长8.2%。

(1) 微信营销的概念。

微信营销是网络经济时代企业营销模式的创新,是一种网络营销方法。微信营销主要体现在Android系统、苹果手机或平板电脑在移动客户端进行定位营销,商家通过微信公众平台,结合微信会员管理系统展示商务网站、微信、微推、微支付、微活动,已经形成了一种主流的微信网络互动营销。

微信没有距离的限制。在用户注册微信之后,他们可以与在他们周围注册的"朋友"建立联系。用户订阅自己需要的信息,企业通过提供用户需要的信息来推广自己的产品,从而实现点对点营销。信息交换的互动性更加突出。微信具有很强的交互性和时效性。无论你在哪里,只要你有你的手机,你可以很容易地与你的未来客户互动。

为了获得更真实的客户群,在其他即时通讯软件或信息平台中,有太多的无关的、不真实的客户,但是微信的用户必须是真实的、私密的、有价值的。人工微信客服实现了人与人之间的实时沟通。此时,客户面对的是服务质量优良的专业客服人员,他们对客户的询问都能给予满意的答复。然而,很多企业把微信当作移动微博,一味地向客户传递信息,对客户的反馈没有认真的关注。这种缺乏人性化的交流,极大地损害了用户体验。这是企业运用微信营销时需要加以注意的。

(2) 微信营销的方式。

与微博的开放性不同,微信是一个较为封闭的系统,只有加为好友或关注订阅号,才能获得相关的信息。然而一旦进入到这个相对封闭的系统后,微信对信息的传播的深度和精准度就较高。一些信息可以通过微信的"朋友圈"功能不断推广。此外,微信的移动性和互动性更具优势。许多商家和营销人员都希望找到最合适的微信营销互动方式,尝试以不同的方式使用微信来推广他们的产品和品牌。例如下面介绍的三种方式。

① 品牌活动。微信的用户每月都在增加,很多大品牌也在尝试微信的推广。其中漂流瓶是备受企业重视的微信活动应用。Message In Bottle 其实是一个移植自 QQ 邮箱的应用程序,在电脑上广受好评,很多用户喜欢这种与陌生人简单互动的方式。在移植到微信后,短信瓶的功能基本保留了原来简单易用的风格。例如,招商银行开展的"爱心漂流瓶"活动,大约有 1/10 的概率可以捡到该活动的漂流瓶,相信这也是微信和招商银行进行战略合作过程中对漂流瓶的参数进行了更改。

② O2O(Online To Offline 即:离线/线上)折扣式。"扫描 QR Code(一种矩阵二维码符号)",用于扫描和识别其他用户的二维码添加朋友。但是二维码的发展到目前为止它的商业用途越来越多,所以微信将跟随与 O2O 商业活动相结合的趋势。微信通过将二维码图案放置在取景器中,帮助用户找到企业的二维码,关注该二维码的用户可以获得会员折扣和企业折扣。

③ 互动营销式。大众媒体、明星和企业开放微信开放平台+的朋友圈社交分享功能,微信已经成为营销渠道不能够被忽略在移动互联网,所以微信公众平台的推出将使这个营销渠道更详细和直接。

(3) 微信营销的特点。

① 点对点精准营销。微信拥有庞大的用户群。借助移动终端、自然社交和位置定位的优势,每一种信息都可以推送,让每一个人都有机会接收到信息,进而帮助商家实现点对点的精准营销。

② 形式灵活多样。漂流瓶:用户可以发布语音或短信,然后将其扔进大海。如果另一个用户发现了它,对话就可以开始了。

位置签名:商家可以使用"用户签名文件",一个免费的广告空间来宣传自己,附近的微信用户可以看到商家的信息。

二维码:用户可以扫描识别二维码添加好友、关注企业账号;企业可以建立自己的品牌二维码,利用折扣优惠吸引用户关注,发展 O2O 营销模式。

开放平台:通过微信开放平台,应用开发者可以访问第三方应用,也可以将应用 LOGO 放在微信附件栏中,用户可以轻松调用对话中的第三方应用进行内容选择和分享。例如,美丽水用户可以将自己在美丽水的内容分享到微信,这样可以使美丽水的产品持续传播,进而实现口碑营销。

公众平台:在微信公众平台上,每个人都可以使用 QQ 号创建自己的微信公众号,并在微信平台上实现与特定群体的文字、图片、语音等全方位的交流与互动。

③ 强关系的机遇。微信的点对点产品形式注定能够通过交互形式将普通关系发展为强大的关系,从而产生更大的价值。通过互动的形式与用户建立联系,互动就是聊天,可以答疑,可以讲故事甚至"卖萌",与各种形式的企业和消费者形成朋友关系,你不会信任陌生人,但会信任你的"朋友"。

(4) 微信营销的优势。

① 高到达率。营销效果很大程度上取决于信息的直通率,这是所有营销工具最关注的。与群发短信和电子邮件不同,微信公众账号发送的每条短信都可以完全、不规律地发送到终端手机上,到达率高达100%。

② 高曝光率。曝光率是衡量信息有效性的另一个指标。曝光和到达是完全不同的两件事。相比微博,微信消息的曝光率更高。在微博营销过程中,除了一些高技巧的文案和高调的事件被大量的人转发以获得高曝光率外,直接发布的广告微博很快就会淹没在微博的滚动动态中,除非你刷屏幕是为了发送广告或者用户刷屏幕是为了看微博。信息的传递率可能是微博营销中最重要的部分。

微信来源于移动即时通讯工具,自然具有强大的提醒功能,如铃声、通知中心消息停止、转角标志等,随时提醒用户收到未读信息,曝光率高达100%。微信,在一定程度上可以说是强迫信息曝光。微信公共平台信息到达率100%,还可以实现精准推送,包括用户群和区域控制。这正是营销人员所喜欢的:他们只需要把精力花在更好的文案写作上,而不是厌倦营销操作。这样,微信公众平台粉丝的质量就远远高于微博粉丝的质量。只要控制好发送的频率和发送内容的质量,一般来说用户不会感到厌恶,也有可能转化为忠实客户。

③ 高接受率。微信拥有数以亿计的用户,已经成为或超越了短信、电子邮件等主流信息接收工具,其普及成为营销的基础。由于公众账号的粉丝都是主动订阅的,信息也都是主动获取的,所以一般不会有垃圾邮件引起的冲突。

④ 高精准度。可见,那些粉丝数量大、用户群体高度集中的垂直行业微信账号,已经成为热门的营销资源和推广渠道。如葡萄酒行业知名媒体佳酒旗下酒商公众号,拥有酒庄、酒类营销机构、酒类经销商等近万名粉丝。这些精准的用户粉丝相当于一场盛大的在线糖酒会,每一个粉丝都是潜在的客户。

⑤ 高便利性。移动终端的便捷性也提高了微信营销的效率。与电脑相比,未来的智能手机不仅具备电脑所具备的所有功能,而且携带方便。用户可以随时随地获取信息,这将给商家的营销带来极大的方便。

本章小结

会展客户关系管理与时俱进的发展离不开大数据,大数据的大不仅仅只存于表面量词之范围大,更应深入理解,以及其中与 CRM 如何联系,相反应,相促进。

本章开篇由大数据以及大数据时代的基本概念引出,由大数据特点、概念和案例等细致讲解了大数据的构成。从大数据的产生背景、应用优势和所面临的困难三个方面剖析了大数据的时代。由大数据在会展客户关系管理中的应用了解大数据时代与 CRM 之间的相互关系,通过结合应用领域营销方式的梳理,引出本章剩下两个重点内容:微博营销和微信营销,两者相比较阐明各自的概念、应用特点、优势,营销方式种类的不同。

练习题

1. 信息丰富,数据的值"提纯"需要通过强大的机器算法来更快地完成。
2. 大数据的 4V 特点包含差异化(Variation)吗?
3. 大数据的四大基本特点是什么?有何关联?你认为最重要的是哪一点?为什么?
4. 基于大数据的 CRM 能准确把握行业趋势直接来源于原始数据吗?
5. DM 营销和电话营销两者区别体现在哪儿?
6. 简要介绍一下微博营销与微信营销的异同。
7. 微博营销相比微信营销,哪种传播方式的深度和精准度更高?为什么?
8. 请列举大数据时代下 CRM 的应用。
9. 思考大数据给会展 CRM 带来哪些好处。

案例分析

会展业的大数据

大数据的主要用途之一在于预测,即基于消费者洞察的分析和推断。因此,理想情况下产品的研发、设计应该基于大数据对消费者偏好的"捕捉"和归纳。具体到会展,在"会展立项"分析上,大数据还很少发挥作用。在营销方面,会展业对大数据的利用也乏善可陈。无论在营销渠道的拓展和对营销渠道有效性的评估方面,都没有看到典型的案例。此外,大数据时代的一个重要特征是对数据的专业分析。即便从技术手段上可以实现海量数据的收集,没有专业的数据分析人员,对大数据的分析解读也无法完成,实现大数据效应最大化更无从谈起。在这方面,会展业还"任重道远"。

在会展大数据方面值得称道的领域主要体现在会展现场的管理方面。通过观众"跟踪"技术(RFID技术或蓝牙NFC技术),优化门禁系统,特别是跟踪观众在会展场馆的活动轨迹和规律,分析人们对产品及企业的关注度,并调整展览的运营管理。这方面已经有一些很好的实践和探索。利用上述技术,一方面,参展商和专业参展者可以在现场利用相关技术实现对彼此位置的准确感知,尝试更高效率的贸易合作;在展后,展商也可以查询哪些客户到过展台,对哪些产品感兴趣,以实现精准营销和产品结构及功能的调整。另一方面,主办方通过大数据了解客户喜好和感兴趣的产品信息,可以更好地对展览项目进行调整,为客户服务。

其次,会展业大数据面临的问题还有很多,主要涉及以下几点:

一、从数据来看,精准的数据库仍是会展项目主办方的主要工具,原因在于数据量。对比其他诸多行业,会展业支配的数据量并不大。大数据之所以比数据多了个"大"字,是因为在数据的数量上、获取数据的速度和方式上,以及对数据的分析处理上的差异。从举办单个展览项目来看,目前主办方处理数据的量是有限的,即使规模达到几万平方米的大型展览项目,通过传统数据库以及传统的数据处理方式也能从容应对。

二、大数据需要专业的数据分析能力。通过中国部分行业出口目标市场的分析,总体感觉是,即使在对传统数据的挖掘和分析上,很多展览企业做得很不够,需要提高的地方还有很多。对于大数据,分析技术和能力要求更高。业内目前有一种倾向,过度关注数据采集技术和大数据的意义,对于数据分析能力关注极少。对于大多数企业而言,不要好高骛远,即便是踏踏实实地做好对传统数据的分析,也是个挑战。

三、在展览场馆的数据基础设施建设方面目前还有令人困惑的地方。一方面,主办方对基础设施要求逐渐提高,最基本的带宽要求在很多场馆都没有达到;另一方面,一旦场馆对IT基础设施进行大幅度升级,学习重庆会展中心的做法,又会造成主办方的矛盾心理,对数据安全的担心增加。

四、投入产出问题。不同的企业对于大数据应该有不同的态度和方式。考虑问题的原则应该是投入产出比。总的说来,由于投入巨大,无论场馆方还是组织方,只有比较有实力的企业才可以考虑在大数据方面进行投入。小企业即使有在大数据方面探索的雄心,也只能退而求其次,寻求与第三方服务商的合作。

资料来源:会展业的大数据[J].展商天下,2018(07)

思考题

1. 根据案例回答大数据能给企业带来哪些帮助。
2. 思考你还可以用客户的大数据为企业做些什么工作。从面临的问题而言,谈谈你的见解。

第九章

移动互联与会展客户关系管理

 学习目标

- 了解移动互联的概念和作用
- 初步了解移动互联的应用
- 对移动互联的发展有基础认识
- 理解移动互联在 CRM 中的作用
- 理解智慧会展的概念

 重要概念

| 移动互联 | 数字化转型 |

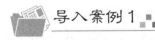

> 会展+互联网

互联网在中国发展已有过 20 年的历史,可以说,跌宕起伏且曲折,终于取得了今天的市场模式,O2O(在线离线/也被称为离线业务模式)的概念在过去的 3 到 5 年内得到热爆炸性的发展,伴随着"AR/VR(AR/虚拟现实技术)""数字经济""共享经济""人工智能"等新一轮资本市场概念支撑趋势逐渐沉寂,最近在互联网上看到"国内会议市场正以每年 10%左右的速度增长,互联网市场正以每年 100%以上的速度增长,但现在互联网会议占行业的约 5%—6%"。而会议市场只是整个会展业的一部分,可以想象纵览整个会展生态圈,互联网的普及将会更加不容乐观。

为什么在相对较短的时间内搜索引擎的出现,颠覆了信息获取的方式和渠道;网络购物的出现,颠覆并改变了人们的购物习惯;滴滴出行和共享单车的出现,颠覆了人们出行的方式和习惯;微信支付和支付宝支付的出现,颠覆了人们的支付行为?互联网技术颠覆市场经济的例子数不胜数。但是,为什么在会展业,随着时间的迁移,没有互联网"颠覆性"的公司或商业产品形态呢?是因为会展市场的规模吗?太复杂了?不,旅游市场、消费市场、支付市场都不是很大,要实现颠覆并不复杂。

究竟是何原因导致互联网在会展业的渗透率如此之慢,行业内一直没有互联网巨头或独角兽公司?

思考:会展行业正在改变,但变化的速度没有那么快。一种颠覆性的商业形式产生了,过程是坎坷的,阻力是不可避免的。新的形式肯定会对传统存在的形式产生冲击,这是一种挑衅,也是一种直接冲击,更是一种突破。也许在3年、5年、10年,甚至更久,当生态平台或虚拟现实平台的数据管理,或者与工业生态探索相结合有了实实在在的成果时,会展业颠覆的局面就会到来,在此之前,互联网+融合的实施仅仅是效率优化和成本降低,会展行业必须经历坚难的选择。

资料来源:会展+互联网只是必然,行业要"颠覆"还需时日,http://www.hui.net/news/show/id/3321,(2017-04-27)

第一节　移动互联及其应用领域

会展是物流、人流量、资金流、信息流的高度聚集。而由于会展期间资源多、时间短、参与者结构复杂等特征,传统的数据处理方法无法进一步发展。随着互联网浪潮的到来,基于"互联网+会展"诞生的网络会展,极大地促进了会展业的经济加速发展。2015年,我国会展业信息化水平有了长足的进步。会展官网、微博、微信数量大幅增加,公众号、app等新技术得到广泛应用。互联网重构了业务价值,改变了服务边界,提高了服务效率和质量。预测将来,中国会展业将加快互联网流程再造运营机制,利用大数据发展平台管理运营,开创会展业发展新局面,进而实现会展业升级——线上+线下"O2O模式"。

一、移动互联的概念

移动互联是移动互联网的简称,是个人电脑互联网发展的必然产物,移动通信通过与互联网结合在一起,成为一体。它是互联网技术、平台、商业模式和应用与移动通信技术和实践相结合的总称。

凭借移动互联网,人们可以使用手机、平板电脑等移动终端设备浏览新闻,也可以使用各种移动互联网应用,如在线搜索、在线聊天、移动网络游戏、移动电视、在线阅读、网络社区、听音乐和下载音乐等。其中,网页浏览、文件下载、位置服务、网络游戏、移动环境下的视频浏览下载是其主流应用。与此同时,绝大多数市场咨询机构和专家认为,移动互联网是未来十年最具创新性和潜力的新市场,该行业也受到了包括各类天使投资在内的全球基金的强烈关注。

目前,移动互联网正逐渐渗透到人们生活和工作的各个领域。微信、支付宝、位置服务等各种移动互联网应用快速发展,深刻改变着信息时代的社会生活。近年来,通过4G到5G实现了3G的跨越式发展。覆盖全球的网络信号,使海洋和沙漠中的用户随时随地与世界保持联系。

作为会展人,应该以更加开放和包容的心态迎接这个新时代,并前瞻性地思考这些新技术如何与会展相结合。

二、移动互联的发展历程

随着移动通信网络的全面覆盖,我国移动互联网随着移动网络通信基础设施的升级而迅速发展。特别是中国在2009年开始大规模部署3G移动通信网络,在2014年开始大规模部署4G移动通信网络。两次移动通信基础设施升级,有效推动了中国移动互联网的快速发展,服务模式和商业模式得到了大规模的拓展,4g手机用户的创新和发展带来用户结构优化、支付、视频直播等各种移动互联网应用的普及,引动了数据流量的爆炸式增长。

整个移动互联网的发展历史可以囊括为四个阶段:萌芽阶段、培育成长阶段、高速发展阶段和全面发展阶段。

(一)萌芽阶段(2000—2007年)

早期的移动应用终端主要是基于WAP(无线应用协议)应用模式。这一时期,由于移动2G网络速度和手机智能化的限制,中国移动互联网的发展处于一个简单的WAP应用时期。WAP应用程序将Internet上的HTML信息转换为WML描述的信息,并将其显示在手机屏幕上。在移动互联网的萌芽阶段,移动互联网发展的主要形式是利用手机自带的支持WAP协议的浏览器访问企业WAP门户网站。

2000年12月,中国移动正式推出移动互联网业务品牌:"移动梦网"。移动梦网就像一个大超市,包括短信、彩信、移动互联网(WAP)、宝箱(手机游戏)等多元化的信息服务。在移动梦网技术的支持下,当时涌现了大量基于梦网的服务提供商,如迅雷、天网等。用户通过短信、彩信、移动互联网等方式享受移动互联网服务。

(二) 培育成长阶段(2008—2011年)

2009年1月7日,工业和信息化部发布了三个第三代移动通信(3G)牌照,中国移动、中国电信和中国联通,这标志着中国正式进入3G时代,连同3G移动网络建设的中国移动互联网发展掀开了新的一页。随着3G移动网络的部署和智能手机的出现,移动网络速度大大提高,突破了移动互联网带宽的瓶颈,移动智能终端丰富的应用软件大大提高了移动互联网的娱乐性。与此同时,我国在3G移动通信协议中所开发的TD SCDMA协议也得到了国际上的认可和应用。

成长培育阶段,各大互联网公司都在摸索如何抢占移动互联网门户,一些大互联网公司试图抢占移动互联网入口、手机浏览器,而一些互联网公司则是通过与手机制造商、智能手机工厂的合作,企业服务应用,如微博各种应用,如视频播放器)预装在手机上。

(三) 高速发展阶段(2012—2013年)

随着手机操作系统、智能手机生态系统的全面发展,智能手机规模应用为移动互联网的快速发展以及触摸屏智能手机的广泛应用解决了传统键盘机在互联网上的诸多不便,Android智能手机操作系统的广泛安装和手机应用商店的见世极大地丰富了移动互联网的功能,移动互联网应用出现了爆炸式增长。

进入2012年后,由于移动互联网需求的拉动,Android智能手机操作系统的大规模商业应用,传统功能手机进入了全面升级,传统手机厂商纷纷效仿苹果模式,一般介绍了触摸屏智能手机和移动应用商店,由于触摸屏智能手机上网方便,移动应用丰富,受到了城市的巨大欢迎。同时,由于手机厂商之间的激烈竞争,智能手机价格的迅速降低,1 000元以下的智能手机的大规模生产,广泛推动了智能手机在中低收入人群中的大规模应用。

(四) 全面发展阶段(2014年至今)

移动互联网的发展离不开移动通信网络的技术支持,4G网络的建设推动了中国移动互联网的发展进入快车道。随着4G网络的部署,移动互联网接入速度大大提高,上网速度的瓶颈基本被打破,移动应用场景大大丰富。2013年12月4日,工信部正式向中国移动、中国电信、中国联通发放TD-LTE4G牌照,中国4G网络正式大规模铺开。

随着互联网速度、互联网便利性、移动应用等移动互联网发展外部环境的基本解决,移动互联网应用开始全面发展。在桌面互联网时代,门户网站是企业开展业务的标准配置。在移动互联网时代,移动APP应用是企业开展业务的标准配置。4G网络催生了许多公司利用移动互联网开展业务。特别是4G网络速度的大幅提升,推动了实时性要求高、流量大、需求大的移动应用的快速发展,许多移动应用开始大力推行网络视频应用。

而随着第七次信息革命,智能互联网也进入了全新的 5G 时代,是人工智能、物联网、云计算、区块链、视频社交等新技术新产业的基石,同时也给会展业带来了巨大的机遇同时也有不少的挑战。

汽车之家首推"AR 网上车展"

近年来,谷歌、微软、苹果、阿里巴巴、汽车之家和其他互联网巨头都在推出增强现实(AR),业内专家预测,这将是下一个颠覆人类生活的新技术。AR 技术是虚拟现实(VR)技术的延伸,它允许用户在真实的环境背景中看到虚拟生成的模型对象。它已被应用于军事、医疗、教育、娱乐等方面。汽车之家也通过技术研发将 AR 技术应用到汽车营销领域。汽车之家借助 2020 年 3 月份疯狂购车节的"AR 在线车展",成为首家将 AR 观车和购车模式商业化的汽车电商平台,实现线上线下场景的覆盖和开放。

记者了解到,2020 年 3 月份的"汽车之家疯狂购车节"共吸引了 26 家厂商参与,其中宝马、广汽传祺、奇瑞汽车、一汽奔腾成为中国汽车行业首家参与"AR 在线车展"的厂商。从 3 月 17 日到 3 月 22 日,连续 6 天售出。

AR 车展突破了时间和空间的限制,是随时随地观看、体验、购买的一站式服务。在网络车展展厅、模型介绍,试驾体验和其他专业媒体内容联系,通过 AR 技术,身体外观,内部,在路上和其他三维经验,在手机屏幕上,基于"增大化现实"技术的在线车展不仅帮助用户选择汽车,汽车,还可以通过预约试驾和网上交易。用户可在展厅直接填写预订试驾信息,抢购 3 月汽车节红包,在汽车商城 3 月汽车节主会场下单。

汽车之家董事长兼首席执行官陆敏表示,AR 技术应用是汽车之家重要的技术进步,利用增强现实,强化和汽车经销商的展示,通过广告、营销和全链销售,提升用户体验,降低厂商和经销商的营销和销售成本,提高效率。

据了解,10 月,在陆敏的带领下,汽车之家确立了"4+1"战略,打造汽车媒体、汽车电商、汽车金融、汽车生活四大圈,转型升级为基于数据技术的"汽车"公司,打造汽车生态圈。在新战略的推动下,汽车之家将重点放在平台建设上,让供需双方以及平台本身实现多赢,用新技术升级老业务,赋能整个汽车行业。

陆敏提出,即使在"新零售"电商行业背景下,汽车之家也必须把握汽车品类的特殊性,"因为汽车的购买不像其他商品那么简单,用户和厂商、经销商希望搭建更高效的连接桥梁。"陆敏表示,线上的核心业务逻辑是加强和促进线下的销售和采购。

随着 AR 技术在互联网平台上的使用和逐渐推广,汽车厂商和经销商在互联网平台上营销和销售的维度将更加充盈。崭新的营销模式可以多维度展示产品,延伸产品曝光时间,借由这种新渠道,还可以通过用户行为来判断兴趣程度,收集潜在客户,促进销售转型。

汽车之家一直致力于在汽车领域使用互联网技术,帮助制造商和经销商提高运营效率,帮助消费者更舒适、方便地购买自己的汽车。

资料来源:创新营销模式 汽车之家首推"AR网上车展"赋能汽车产业,http://www.techweb.com.cn/internet(2017-03-17)

三、移动互联在传统应用领域

移动互联在发展的过程中不断创新,已经深入到我们生活的方方面面,包括衣食住行,通讯等等。

(一)通信业

通信产业为移动互联网的繁荣提供了必要的硬件支持。在传统的通信行业中,寄信、打电话等"开路收费"模式,就是为你"开路"然后收钱。移动互联网的出现完全忽视了这些规则,要求人们在任何时间、任何地点都能以最低的成本获得更多的联系和访问。

当然以例悉之,无线互联网近年来最重要的应用是微信的兴起,这是一个巨大的创新。这款产品的影响是非常大的,与传统云等市场有着千丝万缕的联系或影响。

(二)医疗行业

通过移动互联网传感设备及时反映健康和运动数据的能力对用户来说是一个巨大的体验变化。在移动互联网的影响下,目前的医疗行业已经开始发生变化,如在线医疗、在线预约、在线支付远程医疗合作等。

从患者角度来说:

(1)医院和医生的口碑评论可以在互联网上找到。当人们看完医生接受完医训,他们可以立即对医生评价,让每个人都知道。

(2)用户的病情大数据将与电子病历一起永久保存,直至生命结束。

(3)未来的物联网世界将把你所有的信息放在网上。你什么时间吃了什么、做了什么、燃烧了多少卡路里都会被上传到云端。你的医生可以根据你的时间表更准确地判断你的病情。

(4)更多的时候,病人可以选择不去医院。基于大数据的可靠性,可以直接和远程解决。

(三)移动电子商务

移动电子商务可以随时随地为用户提供所需的应用、服务、娱乐和信息,通过移动终端方便快捷地选择和购买商品和服务。多种使用便捷的移动支付方式平台不仅支持各种银行卡在线支付,还支持手机、电话等多种终端操作,满足了网络消费者追求个性化、多元化的需求。

与支付公司一样,红杉投资了美国许多增长最快的无线支付公司。从目前的情况来看,未来支付公司之间的竞争也会非常激烈。

(四) AR

增强现实,也被称为混合现实。它利用计算机技术将虚拟信息应用到现实世界中。真实环境和虚拟对象实时叠加在同一个屏幕或空间上。在正常情况下,增强现实提供的信息与人类能感知到的信息不同。它不仅呈现真实世界的信息,同时也呈现虚拟世界的信息,两者相辅相成。

(五) 移动电子政务

随着信息技术的迅速变革,全国各地的政府单位也跟上了时代发展的步伐,开始广泛应用移动电子政务。这种方便快捷的办公方式,迅速拉近了党和人民群众之间的距离,使党和人民群众的方针政策能够通过这种现代化办公手段,迅速地向广大人民群众贯彻执行。这种办公模式消除了中央、地方和公众之间的隔阂,使政务更加公开、快捷、透明。这也让公众觉得政府离他们很近。移动电子政务是政府在互联网技术支持下,利用5G技术的移动办公模式创建的移动电子政务模式。该模式在政府的推广被广泛称为"移动电子政务"。

工博会,聚焦智能互联

2020年9月15日至19日,第22届中国国际工业博览会(CIIE)将在国家会展中心(上海)举行,预计会展面积超过28万平方米。

在全互联市场发展趋势下,连续5年新一代信息技术与应用会会展(ICTS)聚焦"互联网产业",融合人工智能、互联网、5G、边缘计算、信息安全、数字工厂、工业用电等热点话题,如数字化供应链通过前沿技术及应用演示、高标准系列开发论坛、目标买家采购、创新实验室、行业技术沙龙、媒体采访等形式交流,携手新一代信息技术和互联网行业的领军企业和权威企业,推动工业数字化和智能化发展,搭建国际化的国家交流平台,富能产业可持续发展,专注智能化产业发展,由新成就和工业驱动最新的技术和生产产品和服务。

会展将同系列举办"2020国际工业互联网大会暨数字产业峰会",探索未来工业与信息产业的发展方向,并在5G商业、人工智能、智能互联、工业物联网、工业电力与数字供应链、工业安全、数字转型、工业设计、工业投融资等主题课题,与汽车、设备、能源、物流、商业建筑等垂直行业案例分享多元融合。

展品范围囊括工业互联网、人工智能、下一代通信网络、数字化工厂、智慧城市、物联网及传感技术、云计算与大数据、边缘计算等等众多领域。

资料来源:新一代信息技术与应用展,http://www.vanzol.com/icts/news/133834.html,(2020-07-09)

第二节　移动互联在会展客户关系管理中的应用

在移动互联、体验经济等多重因素的影响下,价值量化、大数据分析、场景体验、内容营销、社区意义、新技术的应用、代际变化以及社会责任等都成为会展从业人员需要重点关注的热名词。

在体验经济、移动互联网等多重因素的作用下,社会责任、价值量化、内容营销、大数据分析、新技术应用、社群意义、代际变化、场景体验等都成为了会议展从业人员需要重点关注的热名词。

会展业曾被定义为定性的产业,现在正逐渐变成定量的产业。只有向参展企业、采购商、参展商等客户传达和证明"看得见"的价值,一个会展项目才能生存和发展。

一、移动互联与CRM的关系

CRM与移动互联关系极为密切,移动互联网可以将网络技术与移动通信技术相结合,无线通信技术也可以借由客户端的智能实现对各种网络信息的获取,这也是一种新的商业模式,涉及到应用、软件和终端的各种内容。在结合现代移动通信技术发展特点的前提下,可以实现与移动互联网多维度内容的融合,实现平台与运营模式的整合应用,从而为会展客户关系的管理做到更细致地护航。而良好的客户关系也是移动互联成功发展的助推剂。

CRM技术通过建立客户数据库,对会展信息的统计采集、提炼、分析、处理,使工作人员可以得到每一位客户的过去交易、兴趣利益等详细信息,使他们了解到客户,从而为客户提供个性化的服务,保持现有客户,获取新客户,进行有效的产品营销等。

在应用移动互联时,应首先确定它可使用的功能对客户关系的要求,同时考虑建设与之相适应的小型 CRM 系统。在取得一定经验之后,可根据企业营销策略对 CRM 提出新的要求,再根据 CRM 新增的内容决定移动互联可以新增的版块。同样地,也可以根据企业对客户服务的新要求而增加移动互联的功能,从而对 CRM 提出新的要求。

CRM 是连接移动互联网和会展企业后端数据库的纽带。移动互联网对外面向客户,对内连接整个企业,与企业的管理、服务、调度、生产、维护融为一体。它还可以将从客户处获得的各种信息存储在企业的数据仓库中,供企业领导进行分析和决策。移动互联网要想发挥作用,就必须与 CRM 有机结合。

在移动互联网的应用中,首先要确定其可用功能对客户关系的要求,同时考虑构建与之相对应的小型 CRM 系统。在积累了一些经验之后,可以根据企业的营销策略对 CRM 提出新的要求。然后根据 CRM 的新内容,加入移动互联网。同样,可以依据企业对客户服务的新要求增设移动互联网板块,从而对 CRM 提出新的需求。

总之,移动互联网的应用与 CRM 的建设相互映衬、共同进步,达到共同进步的目标。

第一,移动互联网是会展企业与客户对接的重要窗口。移动互联网是企业为客户提供的一个清晰、单一的对话窗口,解决客户在与客户接触过程中遇到的各种问题,同时避免对企业内部运作的干扰。在没有移动互联网的情况下,不同性质的客户遇到问题,必须直接寻求企业不同部门的协助,或者涉及多个部门出差。但是,如果企业过度允许客户在内部打电话,往往会干扰内部人员的工作,人们可能会忙于自己的日常工作,对客户的态度不友好或答复不一致。通过移动互联网,企业可以为客户提供产品之外的更多附加价值,比如个性化的咨询服务,帮助客户解决问题。

第二,移动互联网是会展企业的信息中心。通过移动互联网,企业可以充分了解市场和客户需求。收集客户的基本信息、偏好和关注的问题,帮助企业建立客户数据库,分析市场消费趋势。收集到的客户建议可以作为提高产品和服务质量的重要依据;企业也可以通过移动互联网了解市场动态,协调后台活动单位提前调整营销活动。

第三,移动互联网注重以消费者为中心。进入竞争激烈的电子商务时代,会展企业应更加注重创造客户附加值,尤其是客户服务。凭借呼叫中心,企业可以为客户提供产品以外的附加价值,如个性化咨询服务、24 小时电话服务等。这些附加价值可以帮助客户在最需要的时候解决问题,提高客户满意度。

第四,移动互联网可以更好地保持客户忠诚度。它可以更好地保持客户忠诚度,进一步扩大销售,使客户服务部门从"成本中心"转变为"利润中心"。优质的服务可以提高顾客的满意度和忠诚度,促使顾客购买更多的产品或服务。良好的服务取决于一个组织倾听和回应客户需求的能力。要有选择地为客户提供个性化服务,企业必须利用移动互联网来完成。移动互联网收集和使用相关的个性化客户信息,帮助企业了解客户需求。CRM 的移动互联网应用是指应用技术,将与客户的沟通从简单的活动转变为对双方都有用的体验。另一方面,这种转变将使业务代表能够继续为客户提供优质的服务,从而为企业建立战略竞争优势。客户忠诚度往往与服务质量呈正相关,移动互联网在快速处理客户投诉、帮助解决困扰客户的问题、让客户感受到周到的服务方面承担着重要的责任。

二、移动互联的作用

移动互联可以很好地推进客户与会展企业的联系。尽管在效率或成本方面,完全网络化的人机交互操作是最快和最便宜的,但当客户衡量诸如信任、消费习惯、运输、支付和售后服务等因素时,纯网络交易仍然很薄弱。总体上讲,移动互联在企业中的作用主要表现在以下几个方面。

1. 优化企业商业流程

移动互联统一完成了语音与数据的传输,用户可以通过语音提示方便地获取数据库中有关服务的信息,减少每次通讯服务的时间;而坐席人员可以从客户频繁而机械的问题中脱身出来,重点为客户解答疑难问题,这样不但可以减少坐席人员的数量,而且很大程度上大大提升了电话处理的效率和通信系统的应用率。此外,企业可以利用移动互联统一完成市场调研、产品订货、付款、交货等工作环节,缩减库存,筛去中间环节,剔除不必要的人员,减少企业成本,提升企业反应速度。

2. 辅助企业决策

移动互联是会展企业收集客户信息、了解客户需求的重要渠道。企业通过移动互联系统可以获得非常准确的信息并形成报表,报表反映客户需求与要求。坐席人员的业务量,既反映服务水平,又可以反映很多其他营销管理的数据。通过对这些数据的分析,企业的决策者就能够发现现行营销管理存在什么问题,比如服务质量问题、产品设计不足等问题,并做出相应的应对决策。

3. 提供个性化的服务

这主要是通过路由技术来完成。比如通过路由技术,可以判断客户咨询电话的目的:是咨询产品信息,是产品配送状态查询,是产品维修查询,还是投诉。不同的咨询目的可以转接到有不同的管理和技术背景的坐席人员那里,这样能够提供非常快速的服务。企业通过推广个性化的客户服务让其在激烈的市场竞争中更显竞争力。

4. 使企业从成本中心变成利润中心

移动互联作为企业为客户提供优质服务的有效手段,的确需要企业投入大量的成本。但是,如果真正挖掘移动互联网的潜力,从被动接受快速而广泛的信息发展到主动攻击,就能积极地为企业创造丰厚的利润。

三、移动互联时代会展客户服务的本质

在移动互联的时代，会展活动正从传统孤立的现场活动逐渐演变为虚拟媒体生态系统的实体中心。

1. 从内容产业的角度理解会展项目

1997年，美国用"北美产业分类标准（NAICS）"取代了沿用多年的"标准产业分类标准（SIC）"，在新的分类体系中有了重要的变化，就是建立了一个新的第二产业——信息产业。这个产业集群，代码51便是内容产业。它不包括我们通常所说的PC领域，而是出版（包括软件出版）、电影和录音、广播和通信、信息服务和数据处理服务。1999年，欧盟的"信息2000计划"也被定义为内容产业：生产、开发、包装和销售信息产品和服务企业，包括各类媒体印刷（报纸、书籍、杂志等）、音像和电子出版物、在线数据库、音像产品、服务、传真和电话服务、视频游戏、音频和视频传输（电视、视频、广播和电影）以及消费软件。

有学者表明，对于会展业而言，内容产业是会展活动内容所依赖的相关产业，如产业类别中的农业和工业，以及汽车工业、食品工业、装备制造业、文化旅游、教育、餐饮业和娱乐业的细分行业。事实上，对于会展从业者来说，从内容产业的性质和运作的角度去了解会展项目的性质和发展趋势更为重要。

2. 内容产业的数字化对会展业发展提出了新要求

与传统内容产业相比，现代内容产业具有突出的"数字化"特征。正是由于"数字化"的影响，信息内容对载体的依赖程度降低，更加重视利用信息资源和其他相关资源，促进信息产品和服务的设计、创造、开发、销售和消费。在此背景下，要从内容产业的角度来了解会展业，除了传统的出版行业外，还关注传播、信息服务和数据处理服务。在会展领域，TED（环球会议）为所有会议公司的内容运营树立了一个典范，尽管它将自己定位为致力于传播新思想的非营利组织，但它以TED会议和TEDx（TED于2009年推出的一个演讲项目）而闻名。2015年，世界各地有超过18 000人在TEDx上发表了演讲，活动在各种场合举行，既有正式的礼堂，也有公路桥下的临时舞台。所有的TED和TEDx活动之所以在品牌参与和全球推广方面如此成功，是因为TED开发了有效的内容和"社区"策略（包括在线社区）。TED和TEDx的成功似乎表明，互联网时代会议的性质和范式发生了转变——从传统上孤立的现场活动，转变为虚拟媒体生态系统的物理中心。

此番论述同样适用于会展。近年来，国外会展界大力倡导的会展2.0的实质就是O2O（线上到线下），而线上线下的关键在于优质内容的不断生产和传播。例如，在被英富曼

(Informa)收购之前,Penton 在其理念中有三个关键词:资讯(Inform)、联系(Engage)和进步(Advance),分别对应于商业工具、见解和数据、线下活动和学习以及营销。在数据服务方面,Penton 拥有 2 000 多万决策者的数据,其中包括 200 多万农民,帮助客户获取易于使用的信息。在线下活动板块,Penton 每年举办近 60 场会议、会展和活动,涵盖农业、设计与制造、基础设施、天然产品与食品、交通运输等 5 个领域。

资料链接 9-1

浅谈移动互联时代的会展

在中国,"会展"和"会展经济"的提出可以追溯到上世纪末。特别是 1997 年,香港回归的历史性事件在香港会展中心举行,"会展"一词迅速被人们关注和使用。2000 年,《会展经济:无限商机的新经济》一书对会展概念明确界定:会展是集会、会展等集体活动的简称,是指在一定的区域空间内,由多个人定期或不定期地聚集在一起,和平地在系统内或系统内进行的集体活动。交易会、博览会、交易会和各种大型运动会是会展活动的基本形式。2005 年,商务印书馆出版的《现代汉语词典》第五版正式收录了"会展""会展经济"等通俗词汇。

有关会展的概念,虽然业界和学术界尚没有形成统一的看法,但有一处是肯定的,会展和商务活动是双边乃至多边交流、交易的平台。在传统的会展市场中,会展组织者主要把会议和会展看作是为参与者提供思路或信息,或为参展商和买家提供谈判和贸易的渠道。20 年前,会展项目经理必须是他们所服务行业的半专家,但今天,不需要如此严苛。如今的会展公司,尤其是项目团队,需要深入了解他们的项目如何在行业生态系统中创造价值。

在移动互联网时代,存在三大紧要业务瓶颈,即连接、互动和传播。对于具有典型服务平台性质的会展活动来说,这些瓶颈是不可避免的。从国内会展经济的整体发展水平来看,目前的会展商业模式普遍需要改进,而不断变化的客户期望、市场动态和数字技术要求从业者重新思考会展的目的和流程。综上所述,无论是狭义的会展,还是各种特殊的活动,都不缺少以下基本元素:社会互动、教育、体验、创意设计和服务。这些元素附加在活动平台上。这些要素的核心应该是"价值",而这种价值是共同创造的。

资料来源:王春雷. B2B 商业媒体转型对会展业发展至关重要[J]. 中国对外贸易,2020(07)

四、移动互联时代的智慧会展

技术的发展是工业变革的引擎。在现代技术的帮助下,传统的会展实现了华丽的转变,智能会展的时代已经到来。

作为一个模范,应用现代科技,会展的智慧是基于移动互联网技术,让一个明智的方法来提供实时的社会开放的平台,让最新的技术变化的方式会展参与者信息交互,提高商务谈判的明确性,高效、灵活、快速响应,实现会展资源的高效利用和会展服务的优化。随着移动互联、大数据与云计算、物联网、三维全景技术、虚拟现实技术、增强现实等现代科技的快速发展,传统会展向现代会展转型,会展机构通过这些技术进行更高效的会展服务,并呈现出更美丽的会展,获得更有价值的会展数据,促进更广泛的贸易谈判,以达到更好的会展效果。在"大众创业、万众创新"的社会背景下,智慧会展不仅变革了传统的会展运作方式,也陶染了我们对会展的理解和思考习惯,并在会展产业链的各个环节为创新创业提供了无限可能。

1. 智慧会展的基础技术解构

移动互联网是智慧会展的基础技术平台。它是移动通信与互联网相结合的一种新型商业形式。用户可以通过智能手机、平板电脑、移动互联网等智能移动终端获取无线通信服务。在应用层面,移动互联网可以多元化、多用途地发展,可以涉及到人们生活、工作和投资的方方面面。相关应用往往颠覆传统的商业模式和盈利模式,模糊行业边界,为各行各业的创新和发展带来无限可能。移动互联网作为智能会展的基础技术平台,可以理解为传统会展业借助互联网平台开创新发展的生态形式和实践收获。

智能会展除了移动互联网的基础技术平台外,还包括三个核心模块:智能信息连接、智能会展环境、智能技术应用。智能信息连接涉及云计算、大数据、可视化等核心技术。此部分基于可行的数据采集机制和大型数据库,主要用于会展数据的采集、管理、分析和筛选。智慧会展环境是指会展运营活动的整体智慧,包括会展招商、场馆管理、会展运营、会展服务的全过程。智能技术的应用包括与会展投资、场馆管理相关的应用平台,可应用于会展展示效果的技术应用集成、服务于会展管理决策的资源分析和会展效果的反馈评价的技术应用,以及会展联动效应带来的商机的技术应用。

2. 智慧会展外部环境的智慧化

智慧会展是时代发展和现代科技在会展运作中的应用的代表。智慧会展需要依靠外部环境的智慧,包括城市的智慧、场馆的智慧、资源交易的智慧。当然,一切智慧都是人类智慧的结晶,都离不开人作为主体对技术的主观运用。

智慧城市是智慧会展的基础。一个成功的会展活动必须选择基础设施先进、技术应用先进、会展资源丰富的城市。智慧城市的建设是城市间竞争的一种手段。谁能在这方面走在前面，便能为城市各行各业的发展提供一个智慧的环境，增加城市经济发展的竞争力。智慧城市建设是对城市管理的一项大投入，运用信息技术，包括传感器的操作、分析，整合城市民生、环保、治安、城市服务、工商业活动、关键信息，对其中的各种需求做出智能响应，实现智能化管理、服务和运营，实现城市让生活更美好，实现城市的和谐和可持续发展。可以说，智慧城市的建设为智慧会展城市提供了良好的外部环境。智慧会展借助智慧城市，可以满足客户在会展过程中对专业设施和服务资源的需求，充分实现客户在餐饮、住宿、旅游、旅游、购物、娱乐等方面的需求。因此，智慧会展的建设需要依靠智慧城市的建设。智慧城市建设的推进和成熟，也相应极大地影响智慧会展的实现。

　　会展场馆是智能会展运营的直接载体。场馆智能化程度是会展组织者选择会展场地的重要考虑依据，也是客户决定是否参加会展的主要考虑因素。如果说智慧会展是"灵魂"，那么智慧场馆可以理解为"身体"，而上述的智慧城市可以理解为帮助人们呼吸的"皮肤"。没有身体的支撑，灵魂就无法依附。智能会场不仅要建立一个局限于内部使用的运营管理系统，还要建立一个内外都可以参与的开放的信息管理系统。该系统的任务是与会展过程中涉及的各方进行在线沟通和互动，最大限度地方便会展客户的参观、洽谈和交易，从而达到客户满意和惊喜。智慧会场需要借助计算机网络技术、现代通信技术、数据库技术和自动控制技术，构建集高新技术于一体的现代化管理信息系统，实现以计算机为核心，以网络为支撑的场馆管理运行。充分实现免费 Wi-Fi 无线网络服务，支持同步信息服务内容。只有智慧会展的场馆支持，智慧会展才能及时满足客户参与过程中的个性化服务需求，实现会展客户参与过程的电子化、自动化、网络化跟踪，数据收集与分析的高效对接，满足客户的各种服务需求，更好地优化参与者体验，把握行业发展机遇。

　　建设基于"互联网＋"的会展资源交易平台，促进资源交易智慧，是智慧会展发展面临的另一个重大挑战。各行各业都有会展活动。会展业很丰富，会展产业链也非常长。对于形式、规范、品种繁多的大型会展市场，会展资源建设的交易平台充满挑战，需要创新运用互联网、移动互联网等技术，紧密呼应会展市场资源环节、智慧的交易需求，提升资源环节质量，为客户提供全流程的一站式解决方案。同时，该平台还需要具备营销自动化的功能，构建各种在线会展市场资源的营销管理解决方案，帮助市场部构建流水线式的会展资源营销流程，在量化的基础上，以资源和转化率提升线上交易环节的孵化效果。

 资料链接 9-2

5G + AR/VR 沉浸式场景会展体验

现在 VR 眼镜只能看电影,但在 5G 时代,VR 可以实现真正的虚拟现实。VR/AR 将在娱乐、游戏、购物等场景中大放异彩,科幻电影中的场景将真正出现在现实中。通过虚拟现实,可以坐在虚拟篝火旁,聆听企业创始人的虚拟形象,讲述初创企业品牌的故事;参展者可以在车展上随意滑动手指,便剥下汽车外壳,密切观看涡轮增压过程;或者坐在虚拟的篝火旁,听创始人的化身讲述初创企业品牌的故事。也许不需要那台神秘的电脑,就可以直接把自己融入到勇敢者游戏中……

5G 带来了高速连接,物联网带来了智能连接。以上所有新技术、新产品、新体验得以实现,全都基于 5G 网络的覆盖。北京雁栖湖国际会展中心是 2019 年第一个完成 5G 信号场馆全覆盖的城市,这也意味着未来所有智能化应用场景都将能在会展中心呈现,会展中心也正向智能化场馆迈进。

高效的 5G 无线网络通过为场馆提供灵活便捷的通信来帮助活动组织者通过 VR/AR 技术进行实时直播,进行更多的信息交互,为观众提供更加生动的现场体验,从而提高组织者和观众的体验。搭载 5G 技术的新产品也将在会展中心得以展示,未来将有许多新产品、新技术从会展中心亮相世界;长长的签到队伍、复杂的签到流程或将不见,刷脸签到简便快捷;与会者可随时接入无线网络,通过微信、微博、直播平台、数据共享等方式,以低延迟的方式进行网站和产品推广宣传。

资料来源:北京雁栖湖国际会展中心 5G 全覆盖 5G 时代,万物互联,http://www.hweelink.com/articles/1816.html,(2020-07-06)

3. 会展数据成为最宝贵的资源

现代会展基于云计算、物联网、移动互联网、3D 打印技术和大数据应用,大大简化了会展过程中的信息采集和整理流程,带来了宝贵的数据资产。数据运营已成为智能会展的核心内容。会展运营中的行业、产品、注册、沟通等均以数据为导向,并有鲜明的数据标签。在智能展中,参展商将产品与无线采集器关联实现信息,买家将个人信息与 RFID(射频识别技术)证书关联,从而实现买卖双方的有效连接、互联和及时跟踪;各类宣传资料和个人名片实现了电子交互,节能环保,方便查阅。同样地,智能展使会展的注册、预约、匹配更加便捷、高效,精准的内容推送和感应定位,大大提高了参展商的贸易机会。而且,更重要的是,基于移动互联网收集的大数据,会展机构可以为参展商提供行业发展趋势分析、潜在客户利益需求分析、产品分析等,帮助参展商进行精准营销服务,为参展商、参展各方提供更高效便捷的体验,提高营销效果。

现代会展与当代科学技术突破了传统的会展时间和空间的限制,大大扩大了会展的市场空间和利润空间,从而实现传统会展的数量从传统到网络会展的智慧的核心,业务驱动、数据华丽转型,紧密整合线上线下资源,高效实现线上线下互动,推动了会展服务质量和运营水平上升到一个新的台阶。

4. 内容是会展企业向复合价值创造者转变的关键

2020年,由于新冠肺炎疫情的影响,数字化转型再次成为中国会展业关注的焦点,"数字化"一词的范围更广。其核心含义是利用数字思维、技术和工具重塑企业管理、项目运营和客户服务。商业媒体需要整合内容/数据、新技术和咨询服务,为客户提供一个多维度的解决方案,会展活动就是一种有效的方式。这也就是一众商业媒体集团在过去几年一直推行"活动优先"或"会展优先"战略的重要缘由。

另一方面,对于会展组织者来说,需要注意的是,数字化、技术创新等都是工具,有价值的内容才是灵魂。因此,会展企业需要扩大现有商业模式的范围。一个重要的想法是将传统的垂直价值链视角转变为平台视角,增加横向价值环节的分解与连接,从而构建更好的企业生态系统。在可预见的未来,会展企业2.0的主流模式是产业复合价值的创造者。他们的核心业务是优质内容的生产和传播,而线下活动旨在加速流量的实现,从而实现O2O的闭环。举个例子,2016年11月2日,Penton被英富曼以11.8亿英镑(包括11.05亿英镑现金和7 600万英镑股票)收购。今天,Penton网站的开通将直接通向Informa网站。会展活动已在英富曼市场(Informa Markets)战略业务单元内被划分。

5. 运用高质量的内容来产生收入

虚拟活动领域的全球领导者Digitell表示,如果可能的话,除了拥有专门的团队来制作和运营内容外,活动公司应该将获取和制作内容的成本视为投资,而不是简单地将其视为成本。制作内容是活动公司或协会与社区保持365天联系并增加收益和参与度的强大工具。对于那些无法登陆网站的人来说,这不再仅仅是"参与"时机。更是关于利用这些内容来创建实时在线活动,甚至是一个产生收入并持续增长的数字教育图书馆,包括商业信息、教育和培训等。实际上这即类似Penton这样的公司多年来一直遵循的商业模式。

总而言之,最常见的内容盈利方式是创建虚拟会议,与非与会者互动以获取和处理内容,并向无法出席的人出售按需内容访问权;在吸引更多有兴趣的人来参观展位并与观众建立长期关系的参展商中寻找免费访问赞助商；为直播的具体内容和/或现场事件创建"最佳"片段，以促进与现场观众的互动；为定制、按需内容提供折扣和促销，以增加收入和曝光度；还包括设计包、销售特殊内容的访问等等。虽然这些方法并不都适用于所有活动，但只要有一两个方法就可以提高会员和非会员的收入、曝光度和参与度。

本章小结

会展企业的生命周期，已经和移动互联牢牢捆绑在了一起，然其变革必将遭遇"劫难"，借用新闻联播主持人潘涛的一句："移动互联，用好了就是生产力。"发现并主动拥抱它，就能将"生死劫"变为"生死节"。

本章开篇由移动互联的概念、发展历程以及应用方式的介绍使读者对移动互联有了初步的了解。其次从移动互联与 CRM 的关系纽带让读者更好地理解了移动互联对于会展客户关系管理的作用，两者相辅相成，共同促进。细之于优化企业商业流程、辅助企业决策、提供个性化定制的服务、促进企业由成本中心向利润中心过渡、为企业创造丰厚的利润，然后由内容产业的本质和运作模式来了解会展项目，基于数字化转型的内容产业也对会展业的发展提出了新的要求，从而达到对移动互联时代会展本质的深度解析。最后则介绍了移动互联时代的转型——智慧会展，其不仅影响了传统会展运行的方式，更改变了我们对会展的惯性思维。

练习题

1. 移动互联是单纯的手机网络应用吗？若脱离手机是否不能与会展结合，为什么？
2. 简要描述移动互联在移动电子商务应用中的流程。
3. 在会展业，移动互联能否更好地维护客户忠诚度，如何体现？
4. 移动互联使企业从利润中心变成成本中心，对吗？
5. 简要描述智慧会展。
6. 为什么说内容对会展企业转型成功来说是关键因素？
7. 简述移动互联的概念和作用。
8. 列举移动互联的应用领域。
9. 移动互联与 CRM 的关系是什么？
10. 思考移动互联的作用，给会展企业 CRM 带来哪些好处？

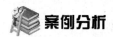 **案例分析**

插上移动互联的翅膀的会展业

2015年9月27日,中央电视台中秋联欢晚会在四川青莲李白故居举行。中央电视台向全世界华人直播了春晚,观众过亿人。华三通讯凭借领先的会展Wi-Fi增值服务解决方案提供晚会现场的数据通信服务,为传统会议形式注入移动互联应用新元素。

华三通信会展Wi-Fi增值服务解决方案的几大特点决定了华三在会展、大赛等高密无线信号接入需求场景下的独特优势。

高密的无线覆盖:首先华三通信提供IT基础设备,在会展现场建设一张网络,各类原来通过不同数据网络承载的业务都可以通过现场的网络统一承载,极大地降低了复杂性。借助华三在无线网络领域的领先优势,华三通信凭借其在无线网络领域的领先优势,会展Wi-Fi增值服务解决方案、先进的网络架构和卓越的性能硬件平台,充分适应会展Wi-Fi高密度、大流量、高干扰场景特性的独特挑战。

高覆盖:从宣传推广、现场签到、会展现场到会展结束后的数据挖掘,本解决方案提供一揽子无缝解决方案。比如客户两个月后需要召开一个论坛,华三通信可以提前为论坛做一些宣传推广活动,并可以在线受理观众的报名注册,观众报名注册完毕的就可以得到一个签到二维码,参会人员可以拿着带有签到二维码的手机到现场进行扫描完成签到环节。并且,通过手机在现场扫一下二维码,下载APP应用或者微信应用,就可以看到会议的组织方、参展方发布的各类信息,比如会议议程、演讲嘉宾介绍、会场分布,甚至天气情况等等。同时还可以进行互动和位置服务等各类服务,比如问卷调查、现场抽奖等。会展结束后可以进行大数据的分析,从各个纬度进行深度挖掘。

"领先的应用和极致的体验",华三通信会展Wi-Fi解决方案提供的应用具有极佳的体验感,包括位置地图服务、会场内社交应用、互动类应用等。比如一些年会、演唱会的互动环节可以设置一些抽奖,也可使用弹幕技术以增加互动感。

大数据分析:营销是每一个企业都非常重视的工作,营销的苦恼之一就是广告投放的精准性。会展作为营销的一种手段,同样讲究投入产出比,同样希望通过会展能掌握一批真正的潜在客户。大数据分析在这里起了很大的作用。参会人员在参加会展过程中留下了大量的数字足迹,这是一笔宝贵的财富,华三的解决方案可以从各种纬度对此进行深度挖掘,进一步提升会展价值。比如通过无线定位技术了解各展区客户停留的人数,让你发现你真正的潜在客户,让你下一步的营销做到有的放矢。

在移动互联网和大数据时代,会展业有着巨大的提升空间。以无线网络为载体,会展企业不仅可以积极打造低碳、环保、绿色的会议,还可以通过业务创新提高服务质量,增强活动体验,挖掘新的价值。凭借高密 Wi-Fi 经验积累、全系列原厂设备支持、对会展业务的深刻理解、丰富的服务交付经验,华三通信展 Wi-Fi 增值服务解决方案及产品将插上会展移动互联网的翅膀,实现数字化的革命。

资料来源:给会展行业插上移动互联的翅膀,http://www.h3c.com/cn/d_201512/906215_30008_0.htm,2015-09

思考题

1. 华三通信为客户提供了哪些服务?其价值意义体现在哪里?
2. 华三通信是如何结合大数据、移动互联来提升自身的会展业务的?

第十章

商业智能与会展客户关系管理

 学习目标

- 了解商业智能的概念、应用范围和作用
- 初步了解商业智能在 CRM 的实施过程
- 对设计智能 CRM 系统有基础认识
- 了解商业智能的设计原则
- 理解商业智能的行业应用

 重要概念

商业智能(BI)　销售分析　商品分析　人员分析

导入案例1

AI 技术了解会展市场

由于会展常常需要身在异地的参展商与观众前往举办地参与,即会展的异地性,所以对参会人员进行研究是会展服务的基础。了解他们的文化、习惯,特别是对有明显地域特色的部分要进行着重研究和对应策略的落实。AI 可通过大数据总结得出他们的消费行为习惯,从而提供私人定制式的会展服务。

涉外性倾向于国家差异。同样基于数据,除了他国文化外,对于法律法规、经济发展、行业概况等,主办方都要进行系统的分析,并向参会者提供数据服务。

持续性是会展品牌长期发展的特性。如今可以运用智能网络投放技术树立品牌形象、推广品牌，尤其是对于会展主题一致或者相关的行业内人士进行信息传递，从而进行长期的"定向培养"，养成具有一定忠诚度的消费者，为之后的会展预热。

如今，人工智能技术已悄然浸入人们的日常生活，通过移动终端，用户每时每刻都在为大数据积攒能量，提供发展的依据。AI技术使我们和电脑有了对话，使我们和媒体心连心。有了AI的会展广告将更加明白用户的心思，广告将出现在观众需要的时间地点，参展商也将获取更多的信息以更有效地为用户提供个性化服务。

资料来源：郑钰杰. AI技术在会展广告中的应用[J]. 新闻研究导刊，2021(04)

第一节　商业智能概述

当前，会展行业正处于传统与未来转型的关键时期。作为第三产业的它促成了优质资源的汇聚，对经济发展起着牵引作用。智能技术是一门新兴的技术科学，是用来研究和发展模拟、扩展人类智能的理论、方法、技术和应用系统。如今，它涉及到许多领域。从长远来看，未来会展业的发展必然会与商业智能技术相结合，向智能化、数字化方向转型。

一、商业智能的概念

商业智能也被称作商务智能，英文为Business Intelligence，简称为BI。

人们普遍认为"商业智能"一词是由高德纳咨询公司（Gartner Group）在1996年创造的，但事实上IBM（万国商业机器公司）研究员卢恩（Hans Peter Luhn）早在1958年就使用了这个词。他将"智能"定义为"理解事物之间相互联系的能力，并依靠这种能力来指导决策，以实现预期目标"。

1989年，德莱斯纳（Howard Dresner）将商业智能描述为"一套使用基于事实的决策支持系统来改进商业决策的理论和方法"。

商业智能（BI）通常被理解为一种将企业中的现有数据转换为知识的工具，以帮助企业做出明智的业务决策。这里讨论的数据包括来自会展企业业务系统的订单、库存、交易账簿、客户和供应商，来自企业所在行业和竞争对手的数据，以及来自企业其他外部环境的数据。商务智能可以帮助业务决策，会展业务决策可以在操作级、战术级和战略级进行。为了将数据转化为知识，需要数据仓库、联机分析处理（OLAP）工具和数据挖掘等技术。因此，从技术上讲，商业智能并不是一项新技术，它只是数据仓库、OLAP和数据挖掘的组合。

综上可以认为,商业智能是收集、管理和分析商业信息的过程,目的是让会展企业各级决策者获得知识或洞察,促使他们做出更有利于企业的决策。商业智能一般包括数据仓库、在线分析处理、数据挖掘、数据备份和恢复。商业智能的实现涉及软件、硬件、咨询服务和应用,其基本架构包括数据仓库、在线分析处理和数据挖掘。

因此,可以将商业智能视为一种解决方案。它的关键是从许多不同的会展企业提取有用的数据从而操作系统和清理,以确保数据的正确性,然后合并成一个企业级数据仓库,通过提取、转换和加载,得到全局视图,并基于企业数据使用适当的查询和分析工具、数据挖掘工具(大数据镜像)、分析处理(OLAP)工具进行分析和处理,将信息辅助决策转化为知识,最后,将这些知识展示给管理者,为管理者的决策过程提供支持。

二、商业智能功能综述

在商业智能(BI)领域,活跃着众多会展厂商。实际上,可以满足用户需求的 BI 产品和解决方案必须建立在一个稳定的集成平台上,需要提供用户管理、安全控制、数据源连接、信息访问、分析和共享等功能。BI 平台的标准化也非常重要,因为它关系到会展企业各种应用系统的兼容性问题。如果不解决兼容性问题,BI 系统将无法发挥应有的作用。

这里我们介绍的 BI 系统将通过执行一个功能解剖会展 BI 系统模型(我们称之为系统D)。D 系统是一个系统直接面对最终用户和访问业务数据,使会展企业的管理者从不同视角分析和利用业务数据,及时掌握组织的运行状况,做出科学的业务决策。D 系统可以实现从简单的标准报表浏览到高级的数据分析,满足组织内部人员的需求。该系统囊括了传统意义上的商业智能(BI)系统的功能,其主要架构包括以下几个方面:

1. 读取数据

D 系统可以读取 Excel、Access、Tab 分割的 txt 等多种格式的文件,也可以读取关系数据库中的数据。D 系统在读取文本和数据的基础上,还可以完成以下项目:

连接文本:使用两个 CSV 文件(逗号分隔值文件)中的公共项作为键,将所需的数据合并到一个文件中,这与操作数据库一样方便,但无需用户编程即可实现。

将项类型设置为数据的项类型:除了按钮(文字项)、数字项外,还可以使用日期表示设置日期数据项、多媒体项和引用项,这些项不需要生成按钮,但可以在列表显示中浏览。

周期设置:日期项目数据可以合并为年或季度,以生成新的周期项目。类似地,时间项目数据可以结合起来生成基于上午、下午或时间条的新的时间项目。

设置等级:对于数值类项目,可以设置任意等级来生成相应的按钮。例如,可以在年龄项目中生成对应于 20 岁和 30 岁级别的按钮。

2. 分析功能

相关性/限定：相关性分析用于发现不同事件之间的相关性，即当一个事件发生时，另一个事件会频繁发生。相关性分析的重点是快速识别具有有用相关性的事件。其主要依据是事件发生概率与条件概率要符合一定的统计显著性。D 系统以按钮的形式设计这种关联分析，选择有/无关联关联。对于结构化数据，以会展客户的购买习惯数据为例，可以使用 D 系统的关联分析来找出客户的关联购买需求。利用这一知识，可以采取积极的营销策略，扩大顾客购买的产品范围，吸引更多的顾客。

显示数值比例/指示显示顺序：D 系统能使数字项目数据之间的比例关系通过大小按钮来呈现，并显示其组成比例，还可以改变数字项目数据的顺序。选中按钮后，动态显示会不断变化。这样可以得到直观的数据对比结果，突出差异，便于深入分析现象背后的本质。

监控功能：提前设定条件，满足条件的按钮会显示报警（红色）、注意（黄色）信号，使问题一目了然。例如，上个季度营业额低于 100 万元的店铺将被警告（用黄色标记），营业额低于 50 万元的店铺将被警告（用红色标记）。执行完成后，D 系统将以相应的颜色为存储按钮命名。

按钮增值功能：可以将多个按钮组合成一个新的按钮。例如，将[4月]、[5月]和[6月]三个按钮合并，得到新的[第二季度]按钮。

记录选择功能：从大量数据中选择按钮，获取所需数据。可以将所选数据重新组合到相同的操作环境中。这让用户能够专注于他们关心的数据。

多媒体信息表示：可以搜索数码相机拍摄的照片或图像、多媒体文件（如通过扫描仪输入的图形）、文字处理或电子表格软件生成的报告，以及以 HTML 等标准格式保存的文件。

拆分按钮功能：在拆分特定按钮类的情况下，只需要对单个按钮进行拆分切换，就可以连续连接到日志中实现定型处理。

程序调用功能：通过按钮搜索提取的数据，复制到其他软件或用户的原始程序中，并执行这些程序。

搜索按钮名称功能：根据按钮名称搜索按钮。可以指定精确和模糊搜索方法。此外，其他按钮类也可以限定与搜索结果关联的数据。

3. 丰富画面

列表屏幕：可以改变搜索条件和/或，也可以做统计/排序。统计对象仅用于数字项。有三种统计方法：合计、件数、平均。数字项的显示格式可以参照 12 种改变方式来变换数值。

视图屏幕：提供透视图切换和视图切换功能。与设置条件相对应的值的颜色被更改以表示强调。为了从多方面分析数据，视角可以改变。视图的统计对象仅针对数值项，有总计、平均、构成比(纵横)、累积(纵横)、加权平均、最大值、最小值、最新值、绝对值等12种统计方法。

数值项切换：通过分层按钮类(行和列可分别设置8层)，从整体到局部，同时向下挖掘层、分析数据，可以更清晰地探索问题。

图屏：D系统利用自身图形库，提供柱状图、折线图、饼状图、面积图、柱＋折线图五大类35种。在图表屏幕上，还可以像在层次结构视图中那样自由地挖掘和返回层。

4. 数据输出

打印统计列表和图表等，可以将统计分析好的数据输出到其他应用程序中使用，或以HTML格式保存。

5. 定型处理

所需要的输出被显示出来时，进行定型登录，可以自动生成定型处理按钮。以后，只需按此按钮，即使很复杂的操作，也都可以将所要的列表、视图和图表显示出来。

当显示所需的输出时，将执行一个定型登录，并可以自动生成原型处理按钮。之后即使是在复杂的操作中，只要按下这个按钮就可以显示你想要的列表、视图和图表。

三、商业智能应用范围

商业智能系统可以帮助建立信息中心，例如生成各种工作报告和分析报告，用于以下分析：

销售分析：主要分析各种销售指标，如毛利率、交叉比率、销售比、盈利能力、营业额、增长率等。分析维度可以从管理结构、品类品牌、日期、时间段等角度观察，这些分析维度采用多层次钻取，从而获得较为深入的分析思路；同时，根据海量数据生成预测信息、告警信息等分析数据；还可以根据各种销售指标生成新的数据透视表。

商品分析：商品分析的主要数据来源于销售数据和商品基础数据，从而产生以分析结构为主线的分析思路。主要分析数据包括商品品类结构、品牌结构、价格结构、毛利结构、结算结构、产地结构等，从而产生商品广度、商品深度、商品淘汰率、商品引进率、商品置换率、重点商品、畅销商品、滞销商品、季节性商品等指标。通过对D系统中这些指标的分析，可以指导会展企业商品结构的调整，增强商品的竞争力并合理配置。

人员分析：通过D指标分析系统对公司人员进行分析，特别是对销售人员指标(销售目标，其次是利润指标)和采购人员指标(销售、毛利、供应商变更、购销货物数量、子公司支出、资金占用、现金流等)进行分析，以调查员工的绩效，加大员工激励，为人力资源的合理利用提供科学依据。

导入案例 2

Maverick Transportation 货运公司商业智能的应用

实时数据可以让卡车运输公司在不牺牲安全的情况下提高司机的效率。

对于拥有 1200 多名司机的长途卡车运输公司 Maverick Transportation 来说,即使是业务流程上的一个微小变化,也会带来数十万美元的营业收入,而路线、司机培训、燃料消耗和事误率的变化都会影响利润。但在使用商业智能之前,Maverick Transportation 无法可视化实时业务趋势,也无法准确预测未来的业务结果。

"大伙儿可以看到很多报告,却很难获得实时信息,"Maverick Transportation 的 IT 副总裁韦恩·布朗(Wayne Brown)回忆道,"最后我们意识到,需要将数据集中起来进行预测分析。"

在测试 Information Builders 公司的 Web Focus Developer Studio(一种商业智能开发工具)后,Maverick Transportation 通过集成各种金融系统获得了巨大改善。

"这是一个非常强大的工具,可以在整个企业中使用。"Brown 说,特别是在运营、IT 和安全部门,IT 提供了影响安全驾驶的因素,以及司机如何在不牺牲安全的情况下提高生产率的见解。

布朗和三位业务系统分析师组成了一个工作组,以制作一个业务经理能够轻松理解和使用的仪表板。为了建立公司数据的预测分析模型,该团队还与货运行业分析公司 Fleet Risk Advisors 合作,整合所有数据源。

目前,三个专门的分析师已经为几乎每个部门开发了仪表板。尽管它们提供不同的功能,如操作、安全、维护和财务,但所有仪表板都访问相同的数据库,以便所有用户都能更全面地了解业务。

"我们现在意识到实时获取信息是如此重要,"Maverick 运输公司的运营副总裁约翰(John Coppens)说。"过去,管理层不得不等到月度或季度报告发布后才能了解情况。现在我们每天每周都能看到结果,这给了我们更大的灵活性。"

现如今,包括科庞(Coppens)在内的决策者每天都能以不同的方式查看数据,包括深入分析每个司机的表现和每辆卡车的表现。"我们需要利用这些指标,找出在任何特定时刻影响公司生产率的因素。"

资料来源:商业智能——全美十佳商业智能应用案例,http://blog.sina.com.cn/s/blog_64378c7c0101adsa.html(2017-03-17)

四、商业智能的实施步骤

商业智能系统的实施是一项复杂的系统工程,整个项目涉及会展企业管理、运营管理、信息系统、数据仓库、数据挖掘、统计分析等众多类别的知识。因此,用户不仅要选择正确的商业智能软件工具,还要遵循正确的实施方法,以确保项目的成功。一个商业智能项目的实施步骤可以分为:

(1) 需求分析:需求分析是实现商业智能的第一步。在开展其他活动之前,有必要明确会展企业对商务智能的期望和要求,包括要分析的主题和每个主题可能的视角(维度)。需要在企业的这些方面找到模式,且用户的需求必须明确。

(2) 数据仓库建模:通过对会展企业需求的分析,建立了企业数据仓库的逻辑模型和物理模型,规划了系统的应用架构,并根据分析主题对企业的各类数据进行了组织和分类。

(3) 数据抽取:数据仓库建立后,数据必须从业务系统中提取到数据仓库中。在提取过程中,必须对数据进行转换和清理,以满足分析的需要。

(4) 商务智能分析报告的建立:商务智能分析报告需要由专业人员按照用户制定的格式进行开发,用户也可以自行开发(开发方法简单快捷)。

(5) 用户培训和数据模拟测试:对于开发和使用独立的商业智能系统,最终目的是使用户使用起来相当简单,只需单击一下即可分析特定的业务问题。

(6) 系统改进和完善:任何系统的实施都必须不断完善。对于商业智能系统来说尤其如此。用户在使用一段时间后,可能会提出越来越具体的要求。在这种情况下,需要按照上述步骤对系统进行改造或改进。

第二节 智能会展客户关系管理系统

如今,随着"互联网+"会展业的深度融合协调发展已逐渐成为会展业经济市场发展的新趋势,依靠网络信息技术的智慧实现在线一体化的发展理念应运而生,而"互联网+"背景下的智能 CRM 系统推动商务会展转型升级的重要性不言而喻。

一、智能 CRM 系统需求分析

1. 会展中心管理需求

(1) 提高业务工作效率。会展主办方是指组织各种会议和会展的公司或企业,有的拥有自己的展馆,但由于会展业的市场化趋势较强,目前我国多数会展开办企业没有自己固定的会展场馆,大多数会展的开办要依靠租赁场馆来进行,那么在公共环境下的选择使主办方会趋于对具有时代特征、高端、舒适、现代化建筑的选择,就是由于会展主办方这种对会馆的高标准选择需要,促使各个会展中心加大对会馆智能化的建设。另外,智能化的信息管理系统可以减轻会展主办企业对各种繁琐手续、证件、协调、联系展商、场馆展位分配、广告宣传等的工作量。

如果场地租赁还处于这些任务的手工管理阶段,主办单位将很难及时跟踪并了解会展的筹备、组织、过程和结果。因而具备智能化系统的会展中心是更多会展主办方的最佳选择。

(2) 提高综合管理水平。会展中心作为投资贸易基地,具有超大、多功能、高标准、综合性的特点,具有各种会议厅、会展厅,可满足各类商品会展、会议及商务洽谈的需要,还可承接各种展示、表演、宴会、新闻发布以及庆典等大型集会活动。从会展中心场馆管理者的角度看,对于客流量大的场馆的各方面管理需求,更需要智能化的信息管理系统作为辅助管理手段。根据分散和广泛分布在会展中心展厅,智能系统采用集中与分散相结合分层和意识到管理的每一个展区,并可以设置展厅的副中心根据部门和地区,从而实现分控中心可以独立控制分控区域的功能。如配置客流统计系统,以控制会展中心的客流量,同时也能解决客流量大、展位多的人员安全问题。通过智能化的机电设备管理系统做到对会展中心大楼的空气质量检测和换气、温度调制等问题,能为管理者的工作量减负,并提升管理效率。

2. 参展商需求

随着信息技术的飞速发展和日益激烈的商业竞争,参展商对各类会展的要求也越发严苛。他们已不再满足于独立而又零散的小型会展,大多数参展商倾向于参加一个大型、广泛的会展。同时他们也对会展场馆有更高的要求,大多数参展商更喜欢在舒适、高效、方便、健康、有序的环境中与观众交流。如综合布线系统的设计应灵活,根据每个展台的分布情况获取配置信息端口,还要求每个展台配置有线电视终端;再如配置网上会展系统,满足会展中心进行大型会展、会议、商务谈判、信息交流、通讯及办公等多功能需求。从硬件设施上说,参展商更希望在具备对各种信息咨询、宣传、公布、查询等智能化设备的展馆中进行业务资讯,并能从其功能上体现出设备的先进性,以达到视觉宣传的效果。另外,参展商对展馆中电气设备、照明设备、防火设备、安全防范设备等的智能化需求也很明显。

3. 参观者需求

会展中心应利用智能化管理为参展者提供优质畅通的服务。有关资料显示,目前国内的会展业利润率大约在30%~50%浮动,但其连带效应就不止于此了,大约具有约1∶9的带动效应。一个较为成功的会展往往会带动整个产业的发展,同时由于其观众人数的增加还会带动当地酒店、餐饮、旅游、交通以及广告等服务行业的发展。从观众的角度看,积极参与会展是因为会展能开阔自己的视野,能为自己带来收获,也能为自身发展带来信息资源,因而多数观众对会展场馆的需求体现在展馆的交通、配套设施、会展环境、安全防范以及各种服务措施上。如在场所不同位置设置公共信息广播系统,使参观者以及其他相关者更方便地获取场馆信息,另外,扬声器的类型是根据展厅广播系统的面积和高度来选择的,并合理配备功率,以满足参展商对最佳扩声效果的要求,参观者的这种需要也是促进会展中心走向智能化建设的重要因素。

二、智能 CRM 系统设计原则

在进行智能综合 CRM 客户端系统总体设计时,应把握以下原则:

1. 实用性

这是软件设计与实现的最基本原则。综合信息客户端系统涉及的用户包括观展商、参展商和搭建商等,涉及的用户范围较大,使用人员众多,如何让用户方便、快捷地使用该系统是系统设计时必须要考虑的问题。系统功能必须按客户的实际需求来进行设计。

2. 简单的设计语言

因综合信息客户端系统涉及的用户范围十分广泛,不同的用户之间操作水平相差较大,如何让这些用户在初次使用系统时能够很快适应是十分重要的,客户端在界面设计上必须简洁明了,不要出现过多层次的菜单栏,不同类型的操作按钮应尽量突出、明显。

3. 兼容性

能兼容数据、图像的传输,并可于外部网络连接,满足智能会展中心的网络通信系统、办公自动化等系统对特定应用场景的需求。

三、智能 CRM 系统建构

智能 CRM 系统由虚拟现实会展系统平台、会展管理系统、会议管理系统和会展业务平台系统组成。系统结构分为因特网和会议局域网两部分,这两部分的底层数据存储是共享的,这样就可以实现信息同步,但表现形式不同。互联网使用标准的浏览器界面,局域网使用定制软件和插件,用户可以通过互联网访问。整个系统根据用户角色划分使用权限,如当地的展团用户、记者、普通互联网用户等,每个用户都被赋予了不同的功能,使系统安全有效地运行。

1. 虚拟现实会展系统

运用图片、文字、声音、图像等丰富的多媒体表达方式来展示会展项目的内容。参观这个会展的人就像走进了一个真正的会展中心。他们可以在各个专业展馆的展厅随意徜徉，也可以由导游按照特定的路线引导，甚至可以根据自己的专业兴趣组织个性化的智能展馆。该系统提供了数据打印、电子名片提交、电子邮件收发等功能，为供需双方的沟通提供了多种互动方式。

2. 会展信息管理系统

会展信息管理系统，在会展组委会与参展商之间提供有效的信息交流，并将会展上的各种新闻和信息立即向外界发布，让参展商了解会展日程、相关新闻趋势、需求信息及重点推荐项目介绍。信息中心负责为互联网/因特网和局域网发布信息，多数信息同时在互联网/因特网和局域网发布，对那些和实地密切相关而不必对互联网/因特网发布的信息才标明为本地信息，而不对外发布。这些信息的内容范围很广，如：项目信息、会展新闻、会展指南、展位派发、交易跟踪、交易双方洽谈安排、在线洽谈、当前会展参观人数、网上在线洽谈人数以及在线直播等。

(1) 会场内局域网系统。

把服务器设在组委会信息中心，终端电脑遍布展馆的局域网系统，与本软件平台相结合，将会场的各个部分联接为一个会展系统整体，让参展商在自己的展位上即可看到整个会展每天的活动安排及新闻动态，还可以在场内任何一个角落通过终端电脑参观会展，了解会展的各种动态信息；组委会可以随时向各代表团派发通知，并可及时收到各代表团反馈的信息，从而使会展管理做到快捷、准确、智能化和更加高效。

(2) 城域网系统。

在市内铺设大通量光缆，建立高速城域网系统，在市领导及组委会领导的办公室、各代表团驻地和市内重要公共场所设置前述局域网的终端电脑，让领导和各地代表可以从办公室或驻地了解和反馈组委会发布的各项动态信息，让参观的人们在市内即可方便地了解会展情况和参看各参展商的展出项目，进一步扩大会展的覆盖面，减轻会场压力。

(3) 视频直播系统。

利用上述高速网络建设视频直播系统，让各地代表可以在自己的驻地适时收看组委会组织举办的各类高新技术论坛、讲座，参加各种研讨会和组委会组织召开的其他会议，使会议不受会场容量的限制，并减轻代表们的跋涉之苦。

(4) 会展动态信息统计和发布。

运用上述局域网和虚拟会展平台，可以及时开展各项会展数据统计、分析业务，各代表团和参展商均可按组委会规定的时间和内容报送有关数据和活动开展情况资料，经过汇总、分析和上报，让组委会和各级领导能更加快捷、准确地掌握整个会展的动态情况和数据资料，使指导会展的组织工作更加科学、有序。

(5) 现场智能导览系统。

根据报名企业、供需项目以及展位分布等数据，生成大会导览系统。提供项目展位查询、项目简介、产品模型预览，根据用户的兴起进行会展项目推荐，实现会展最优路径分析等功能，还可以利用视频直播的功能，查看各展馆现场情况。

(6) 线上技术论坛。

会展期间提供交流场所，邀请专家在线进行技术讨论。让观众在不受场地限制的情况下，可以同时参加多个研讨会。

(7) 专家咨询。

为会员提供项目可行性分析、寻找和推荐技术等服务；为客户提供技术、经济方面的咨询服务；承接有关项目评估、企业资信、技术评价等业务。

3. 会务管理系统

利用网络信息管理技术，维护所有的信息发布和管理。在会展前提供会员注册认证，在线预定展位，项目信息注册。在会展开展后提供会务管理、会展信息管理等服务，在会展结束后统计会展相关资料、制作会展信息光盘，使会展组委会的管理更富有效率。

会务管理系统包括以下功能：

(1) 参展报名与展位预定。

来自世界各地的参展商可直接在线注册并预订展位。系统可根据行业、规模、展商知名度划分展位面积。组委会通过后台系统根据网上订单进行审核，经审批确认后，参展企业可直接在网上公布参展项目分布情况和展位预订情况，达成网上报名、预定展位与后台流程处理的自动化。同时，注册参展商可实时查询最新注册企业及供需项目以及动态的展位预定和分布情况。

(2) 智能化交通线路引导。

以电子地图的方式建立与各展团及参会者的联系，所有参会者均可通过设在驻地或市内公共场所的联网电脑和电子地图，迅速获得从当前所在地到会展中心、大会安排的其他活动场所、城市主要公共场所和旅游点的最佳线路和公交车搭乘方案，从而提高时间利用率。

(3) 智能日程安排。

根据不同对象的用户模型(特征模型和兴趣模型)，按照会展会务中心提供的会务日程总表(会展日期、商业配对、新闻发布、招商会议、专家论坛、企业参观等)自动安排用户在会展期间的日程安排，它通过智能代理技术预安排固定时间的日程(如商业配对、新闻发布、招商会议、专家论坛)，用户可自主调整非固定时间的日程(如会展参观、企业参观、观光旅游等)。由于智能日程安排功能，用户可以通过互联网在会展前充裕地考虑日程安排，会展可以超越集中式场馆的限制,结合整个城市体系,延伸会展的应用场所(如新闻发布、招商会议、专家论坛可以利用城市原有的会议场所举行),充分发挥城市各项资源优势(如企业参观、观光旅游、休闲购物等资源效益的发挥)。

(4) 票务及会展出入证件管理。

包括各类会议和会展的订票、购票(与网上银行的业务相匹配)、申办有关证件(包括传送证件所需的照片以及现场即时数码拍照、计算机打印办理证件等服务),以及预订返程票等,均可通过网上进行互动式协商和确定。

(5) 会展服务设施资源管理。

利用计算机系统对展板、桌椅、地毯、电力负荷、网络线路、电话线等会展设施进行组织管理,实现资源的最佳应用。

(6) 网上参展项目申报。

通过会员系统,项目在线直接申报,并提供参与项目的实时动态查询。

(7) 网上服务支持中心。

在整个会展过程中(包括展前和展后),通过系统管理员或网络值班工作人员,给参展商及会展工作人员提供快速反应的技术和服务支持。

(8) 会展资料发布。

会展结束后,通过网站整理会展资料和信息,并制作电脑光盘及时提供给参展商。

4. 会展商务平台系统

凭借会展上供需项目和投资者聚集的优势,实现项目在线交易。投资商填写投资意向进行项目预约,系统根据预约内容,筛选符合要求的项目提交给投资商(动态提供,投资商会员每次登录后给出当前所有符合要求的项目),投资商选择欲投资项目提交给系统。项目供方登录到系统,可以查阅当前项目预约情况,也可以填写招商意向表,及时获取符合条件的投资商信息。反馈信息也可以按用户要求发送电子邮件,而不必登录网站系统。

会展商务平台系统的功能如下:

(1) 虚拟会展系统在互联网上的应用,除了让参会人员和其他互联网用户从互联网上参观会展,观看多媒体数据和3D样本充分了解会展项目和产品的情况,还可以通过电子邮件和网上商家交互传递信息并与参展商签订协议,网上虚拟的会展组织团队也可以帮助承办者达成场外交易。

(2) 与网上虚拟展系统相结合,建设网上竞拍系统平台,让参加会展拍卖的技术和产品在网上充分展示,进而与网上银行相结合开展网上拍卖业务。

(3) 为组委会向参展单位和其他厂商承接广告和网上项目、产品新闻发布业务,利用虚拟会展系统为其进行虚拟现实的、详细的展示和宣传,以吸引更多的人来参加会展。

（4）利用会展系统开展网上招商业务。可以帮助各地各单位,在会展现场的局域网、城市的城域网和国际互联网上举办虚拟招商会和项目虚拟招商展,包括用虚拟展展示招商厂商可提供的条件及招商项目的多媒体内容,展示与招商内容相关的当地环境、资源状况及政策、交通通讯等信息,并可进行互动式信息交流,真正展现网上招商的魅力。

（5）商业配对活动的有效组织。根据供需方的配对条件,结合个人情况自主调整,生成多对多商务谈判日程表,还提供临时的商业洽谈预约功能。

（6）智能项目匹配。利用智能搜索软件,通过客户对项目概况的简述,利用用户的兴趣,自动分析并优化匹配项目的排列组合。

（7）网上商务洽谈。按用户兴趣进行分组,给会员制用户提供网上商务洽谈区,实现商业洽谈空间的无限扩展。

资料链接 10-2

科技会展——用技术提升服务品质

武汉国际会展中心是一个省重点的项目在湖北武汉四新新区开发建设的"临界点",该项目总投资 500 亿元,其中包括展馆一期、国际会议中心二期、洲际酒店、通用（文化）中心,以及高层写字楼、商业地产开发、景观水系、生态居住区等,将打造以会展、会展为主导功能,集会展、科技、文化、商务、休闲、旅游、居住等多功能复合的国际博览城之一。

武汉国际博览中心的展馆形状像 12 个编钟,占地约 46 万平方米。它分为两层。一层为停车场及功能区,二层为展示区。室内会展面积 15 万平方米,室外会展面积 4 万平方米。作为国内国际领先的一流会展场馆和华中地区最大的综合性博览城市,可承办大型会展、会议和活动。

武汉国际博览中心在建设过程中,将数字化、智能化作为建设基础,光纤、光缆铺设到中心的每一处,保障数字通道通畅;电子显示屏、智能语音等各种信息化设备科学合理配置,充分满足信息发布需求;智能消防,保障场馆的消防安全;智能水电气设备,保障博览中心的用水、用电、用气节能、环保、安全;智能安保系统,是会展过程中的安全屏障。各项智能化设备、平台的应用,既是博览中心智能化管理的需要,也是为参展各方提供优质服务的需要。通过这些智能化设备,可以保障会展顺利进行,让参展各方都能有良好的体验。

资料来源:刘俊、沈文斐.科技会展——用技术提升服务品质[J].商展前沿,2020(13)

第三节　商业智能在会展中的应用

商业智能(BI)在各行各业的应用愈发普及,会展业也在 BI 的推动下已经向智能化、数字化、网络化转型。商业城市智能技术已被广泛应用于会展的在线报名、登记、签到、智能旅游、会议主办、会展翻译服务、展后大数据分析等领域。参展商、观众和会展组织者都从中受益良多。

一、商业智能在会展业的应用

商务智能的应用引发了不同行业的创新,也对会展行业产生了巨大的影响。它不仅改变了会展业的传统经营模式,也促进了会展业的转型升级。

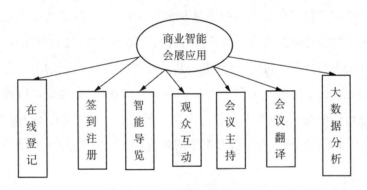

图 10-1　商业智能应用简图(会展)

1. 商业智能应用于会展中的在线登记工作中

在传统的会展中,参展商和观众需要填写纸质表格向主办方提供个人信息,并在进入展厅前提前申请参展证或参展证,效率非常低。现在,越来越多的举办方开始利用人工智能技术对会展进行参展和会展在线报名登记工作,参展人员只需要提供工作人员卡扫描一下,商业智能精确快速的图像识别技术,经过几秒钟后,可将卡上的所有信息输入计算机系统,并形成在线报名工作表。

2. 商业智能应用于会展中签到、注册工作中

会展的签到登记是对进入会展的人进行身份登记和分类的重要过程。人脸识别技术是一种通过计算机提取人脸生物特征,例如五官之间的距离,并根据这些特征进行身份验证的一种技术。人脸识别系统在会展签到、登记中起着重要的作用,它不仅可以提高签到

的效率，降低传统的人工成本，还可以对参展人员进行身份审核，保证会展的安全。如2019厦门国际投资贸易洽谈会，在签到过程中使用了"名片＋脸＋手机＋微信"四种验证方式，完成了现场登记，确保了观众信息采集的准确性。通过身份识别系统，将个人信息与身份验证连接起来，在几秒钟内即可完成身份识别系统。此外在门禁系统中，改变了传统的手动扫描入场登记方式，采用人脸识别自助门禁系统，让观众和参展商可以自行进入会场。整个过程可以在几秒钟内完成，大大提高了参展商和参观者进入展馆的效率，减少了排长队的现象。

3. 商业智能应用于会展中的智能导览工作中

基于Wi-Fi或射频识别技术提供实时定位的智能导航系统是应用于会展，该系统不仅能得到观众的位置，为参展商提供会展观众路线，引导观众进入指定区域，还可以自动移动智能终端，如展示展商观众当前区域对应的文字、图片、视频等信息，为观众解答问题。智能会展系统提供的信息会随着观众所在地点的变化而变化。

4. 商业智能应用于展商与观众的互动活动中

商务智能的应用不仅提高了会展的质量和水平，而且也是拉近观众与参展商距离的重要途径。由于人工智能可以为观众提供方便、快捷、互动的服务，提高观众在会展中的体验，从而提高参展商的参与效率。目前，互动电子艺术在会展中被广泛使用。通过互动体验，观众可以在展厅内欣赏到互动的电子艺术展品。通过智能系统，参展商可以在与观众互动的过程中对观众进行性格测评，预测观众的行为和动机，从而提高与观众的沟通能力，鼓励观众合作。随着人工智能的发展，相信会有更多的系统被开发出来，用于参展商和观众之间的互动活动。

5. 商业智能应用于会展中的会议主持和讲解工作中

新闻主播用人工智能生成的故事不时出现在媒体报道上。同样，会展上也出现了人工智能主持人的身影。例如，2017年在海南举办的首届人工智能大会，整个会议都是人机交互的。顺利、智能化的主持过程，让与会者充分体会到人工智能的先进性和魅力。在2019年世界人工智能大会上，虚拟歌手洛天依利用动作捕捉技术和屏幕投影突破"维度墙"，与主持人丈夫同台亮相。利用内置的投影仪和文本识别系统，机器人可以投射文件和阅读语音。它还可以通过唱歌、跳舞和其他表演来活跃会展的气氛。

6. 商业智能应用于会展中的会议翻译服务中

在国际会展和会议中，经常会有来自世界各地的参展商和观众，现场翻译服务的需求很大。如今，随着机器翻译水平的不断提高，会展上出现了越来越多的人工智能翻译图。以第十五届中国国际文化节为例，主办方借助科大讯飞智会议辅助翻译系统，在提供大屏幕同步的同时，还可以通过翻译平台使用手机接收直译和语音翻译。与会者将不再需要携带同声传译接收器,而是可以通过日常手机访问会议同声传译服务。人工智能提供的现场翻译服务在会展业的全球化中起到了积极的作用。

7. 商业智能应用于展后大数据分析中

会展信息是会展业的重要资产。会展结束后,应用人工智能建立"会展+"产业发展分析系统,分析行业发展现状、龙头企业等信息,完成相关产业链、消费数据的统计分析,从而为区域经济发展提供数据支持,充分发挥会展对行业发展的带动作用。

二、商业智能在会展业中的展望

1. 数字化趋势 精准对接

人工智能技术的发展几乎衍生至所有的行业会议,也影响着会展业的发展。人工智能还与5G、云计算、物联网等技术相结合,成为近年来大会的一个重要话题。人工智能在博物馆、会展等智能场馆建设中的成功应用案例较少,但其综合发展前景良好。因此,在下一阶段,会展场馆将着力在人工智能、区块链、大数据等技术的深入应用上,通过上述技术的成熟商业化,推动智能场馆建设进入新的发展阶段。在实际应用中,使用人工智能技术,有的展示使用机器人进行接待、会议主持和讲解,在线注册和数字导航,以及使用面部识别技术智能签到,但目前的面部识别技术仍处于初级阶段,显示证书的认可度比较高,机器人的智能化程度也不高,未得到充分利用。此外,目前还缺乏了解、掌握、使用人工智能技术的新会展人才。只有将技术与实际应用相结合,会展才能在发展的过渡阶段更好地向智能化、数字化拓展,从而提供更加智能化、精准化的服务。

2. 人机交互 共享资源

机器与人交互产生的数据将成为未来发展的重要趋势。如何处理和利用数据资源已经成为行业需要考虑的问题。近几年,会展业的发展速度加快,举办的会展数量也逐年递增,但后续会展资源的利用和配置不合理,如资源统计无法定量查看、政策没有统一的数据收集渠道、缺乏信息支持,获取会展业动态信息难而繁锁等。人工智能技术应用的出现将为这些问题提供更好的解决方案。如今,基于大数据的人工智能已经进入了一个新的发展阶段,这预示着大数据 AI 服务平台的建立将充分实现数据的核心价值。例如,建立"会展+"产业发展分析体系,对国家范围内的产业发展、龙头企业及行业相关会展信息进行分析;在城市圈,分析产业发展和与产业相关的会展;同时,可以建立会展管理制度、会展项目、国内会展城市等进行对比分析,以及相关产业链和消费数据统计。

在会展大数据的智能应用服务中,可分为三个部分:会展业区域经济服务、会展企业主体管理和会展主题管理。通过人工智能技术的应用,制作行业和会展肖像,绘制会展业的历史和趋势图,构建会展经济联动仿真模型。对于会展企业的管理,我们可以制定城市会展战略沙盘,并进行政策规划和跟踪。在会展主题管理方面,人工智能不仅可以用来绘制主题肖像,大数据也可以用来进行深入调查和其他宏观分析。例如,在会展期间,可以利用 AI 数据平台分析观众人数、行业地理分布、会后反馈、观众个人信息和喜好等,从而提高综合管理水平,并有助于会展的策划和运营能力。

在展期间,人工智能可以结合手机管理和云数据,实现展位信息的自动盘点和采集;采用 3D 导航系统,方便观众对每个展位有清晰的定位,丰富会展体验;智能抓取技术可以提取和分析与会展主题相关的信息,整合会展资源,丰富会展信息库。也鉴于此,未来可以整合和更新会展业的各种资源,让参展观众了解相关领域的会展信息,充分发挥其内在价值和实际效能,实现数据资产,从而形成会展业更加智能化、人性化的资源共享模式。

会展管理是一个复杂的过程。为了更好地为参展商和观众提供服务,需要整合技术手段,从而树立良好的会展品牌形象。例如,会展场馆运营商可以利用高速、稳定的监控对展位、停车场等空间进行有效的高清实时监控,利用这些统计数据对场馆进行智能化管理,并对会展空间设计以及路线进行更加合理的规划。

3. 创新科技服务 层出不穷

人脸识别系统在会展领域的发展中起着重要的作用,不仅可以提高签到效率,还可以对参展人员进行审核,加强安全保障。以第十四届中国会展经济国际合作论坛为例,论坛启用了"人脸识别"注册系统,改变了传统的人工扫描注册方式,利用门禁系统,自动识别和认证论坛嘉宾。他们只需面对识别程序,只需五秒就可以完成刷脸拿到证书的整个过程,这样就缓解了排队的困难局面,也给了参展者更好的体验。

4. 创新有效利用空间资源

商业智能与虚拟现实、机器智能等技术的结合拓宽了人们的视野。近几年,陆续有场馆开始打破传统的建设模式,利用商业智能技术实现场馆空间的创新和应用。

作为 2018 年世界人工智能大会的主会场,位于上海西岸的人工智能峰会会场便是一种充分利用人工智能技术的新型会场的代表。例如,模块化的轻铝排架场馆、3D 打印的服务亭、碳纤维会展亭的设计,都是对未来建筑方法的设想和采用。例如,机器人 3D 打印技术被用于建造咖啡亭和家具,而编程语言被用于生成连续的空间网格。整体结构设计轻巧,材料高效,不仅呼应了 AI 峰会的主题,也增强了西岸海滨开放空间的独特性和吸引力。

在未来的行业竞争中,掌握新技术意味着掌握发展机遇,商业智能是引领未来发展的战略性技术突破,会展是传播信息和知识的重要途径。因此,会展业的发展需要与人工智能技术相结合。无论是资源共享、会展服务创新,还是场馆的创新利用,都要找到行业发展的着力点,与各行业协调合作,从而实现会展业发展质的飞跃。

本章小结

当前中国会展项目数量急剧增加,同类主题会会展的数量也越来越多。这些会会展项目之间的竞争非常激烈,竞争参展商、竞争采购商,如果想从同类型会展中脱颖而出,必须提高参展商的参展效益,增进他们与现场观众有效的互动,及时了解他们的所需所求,而不是一味地只注重前期如何招展。未来如何给专业观众提供更专业、更有效的服务将是现在主承办单位首要考虑的,而智能会展正聚焦于这些问题。

本章开篇介绍了商业智能的概念,由它实施的分步骤、广大的应用范围以及一系列详尽的功能综述使读者有一个全面的把握。在此基础上引入智能会展客户关系管理系统概念,并从会展中心管理的需求、参展方需求、参观者需求等多方需求来分析系统边界,以及总体设计 CRM 客户端系统时,应把握的一系列原则。然后介绍了丰富的智能 CRM 系统、其不同的系统定位,结构和功能论述上均有所侧重。最后从应用的角度来展望商业智能在会展业的发展,可拓展为在线登记中签到、注册、智能导览、互动活动等等多样化的融合。

练习题

1. 商业智能又名商务智能,简称为_____(AI/VR/AR/BI)。
2. 将以下商业智能实施步骤按序排列:①_____→②_____→③数据抽取→④_____→⑤用户培训和数据→⑥模拟测试→⑦_____。(数据仓库建模、系统改进和完善、建立商业智能分析报表、需求分析)
3. 设计智能 CRM 系统原则中最基本的原则是_____。
(兼容性/简单的设计语言/实用性)
4. 简述商业智能是如何应用于展商与观众的互动活动中的。
5. 简述商业智能的概念和作用。
6. 简述商业智能的应用范围。
7. 简述商业智能(BI)系统的功能的主要构架。
8. 简述智能 CRM 系统的设计原则。
9. 思考智能 CRM 系统的子系统包含哪些。
10. 列举商业智能在会展业中的应用。

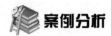 **案例分析**

会展数字化提升效能——专访 IBM 全球副总裁陈怀宇

现如今,尤其是科技产品之中,能够最大程度展现和还原产品的特性,在体验经济高速发展的今天,人们追求的是体验,一切话语都抵不上观众真真切切的体验。例如在第二届上海国际进口产品博览会上,诺基亚所在的展位设置了一间迷你音乐厅,吸引了众多参展观众的注意力。音乐厅借助于虚拟技术开起了"全息音乐会"。在音乐会中,四名同比例大小、立体感十足的乐手呈现在观众眼前,仿佛伸手就能触摸得到。该音乐厅利用人工智能技术实现了新颖的展示方式,让观众们沉浸在生动的音乐会中。

人工智能展示技术在使得展览展示形式不断推陈出新的同时,也对这种展览方式提出了更高的技术要求。当今社会,人们的文化知识和职业文化素养水平普遍提高,并且得益于移动互联网的发展和普及,人们的媒介素养不断得到提升,因此,人们更需要能引发情感共鸣的展览,这就要求展览形式不仅要形式新颖,还要在此基础上追求情感属性,只有真正让观众沉浸在展览体验中,将展览赋予人文情怀,才能够留住观众的心。在人工智能时代,让展览引发观众的共鸣成为一大难题。人工智能终究是技术,只有在科技的基础上不断追求人文情怀,让科技和情感产生碰撞,才能使会展业得到突破性进展。

资料来源:姜雪峰.会展数字化提升效能——专访 IBM 全球副总裁陈怀宇[J].中国会展,2019(11)

 **思考题**

1. 从功能上看会展业的数字化是如何体现的?
2. 说说智能化为会展客户关系管理带来了哪些好处。

第十一章

会展客户关系项目管理的回顾与展望

 学习目标

- 理解 CRM 项目绩效评估的重要性,掌握其评价的主要内容
- 掌握会展企业成功实施 CRM 的条件和导致 CRM 实施失败的因素
- 了解人工智能在会展领域的展望
- 理解双碳的背景及其背后对于会展的深刻影响
- 了解未来会展发展趋势

 重要概念

绩效评估

 导入案例 1

大连首届投资理财博览会

很多人往往更注重"第一个吃螃蟹的人",而作为"先行者",一个会展更难满足公众,更难达到其效果和目的。大连首届投资与金融博览会以"首届"为卖点,举办得非常成功。

此次会展由大连日报广告中心策划实施。在推出之前,进行了很长时间的市场调研和需求分析。活动方案完成后,反复修改,制定了一套活动营销实施方案。同时,多头并进选用几种方式对各金融投资机构进行营销,最大限度地扩大会展的规模和影响力。

由于是第一次举办会展,主办方可参考的经验不足,但另一方面,"首次"这样一个噱头

恰恰可以极大地激发市民和机构的好奇心和期待,而且,借助"首次",更有利于品牌建设的先机,获得难以复制的本地媒体竞争优势。

平台建设成功后,主办方还利用了优势媒体的宣传优势,即大连日报作为主流强势媒体,凭借其巨大的影响力和权威性,在宣传推广中起到了非常好的效果。同时,为进一步提升会展的权威性和专业性,主办方还邀请了大连市银监会和大连市保监会两家最具权威的金融机构参展。

除此之外,会展的内容也非常丰富、吸引人。首先是连锁企业及创业项目座谈会与同期举办的国际会展,然后在前期推出"市民理财节",让普通市民也能参与,报道期间,每天观众超过80万人次。参与门槛低,内容丰富,再加上媒体全方位多角度立体宣传,公众及各大金融机构踊跃参与。

这个事件可以说是第一次以会展的形式提供一个零距离、面对面的平台为公民参与的金融机构,并成功吸引了超过30家机构从城市参与活动。参展机构在自己的展位上煞费苦心,精心策划展位设计、现场和营销活动,再加上由主办方设置的配套活动,如金融讲座、最佳代理机构遴选、寻找民间金融大师等互动环节,极大地调动了群众参与的积极性,赢得了巨大的社会效应和好评。

资料来源:品牌公关中,有哪些经典的会展活动案例[J].活动策划.(2019-12-27)

第一节 成功实施会展客户关系项目管理的回顾

如何评判是否真正成功实施了会展CRM,需要借鉴绩效考评的反馈调整,绩效评估是指通过运用科学的方法、标准和程序,对行为事件的与评定任务有关的绩效信息(业绩、成就和实际作为等)进行观察、收集、组织、贮存、提取、整合,并尽可能做出准确评价的过程,并借此过程以及结果对会展活动的反馈来提高整体的项目管理。

一、CRM系统实施的绩效评估

绩效是当今社会任何企业或组织在各种工作中都非常重视的问题。企业绩效的实现不仅意味着收入、利润和绩效的增加,还意味着成本的降低、费用的压缩,甚至是企业运营效率的提高。我们在衡量会展企业绩效的时候,不仅要注意绝对数量的评价,还要注意使用相对比率的变化。会展企业绩效评价有两个方面:一是企业运营资源投入的回报,二是资源投入回报的效率,即评价结果必须与效率相结合。

1. 实施 CRM 绩效评估的重要性

许多人认为,互联网的兴起是贸易力量从企业向消费者转移的开始,因为它使企业很容易将客户转向竞争对手。因此,企业都在努力提高自身的认识,努力满足客户的需求。可以肯定地说,如果没有互联网的发展,或者说如果人们不相信它将会带来方方面面的彻底改变,现在可能就不会有那么多公司在谈论和实施 CRM 系统。企业不惜高额的投入,出资建设 CRM 系统以期能解决它所面临的问题。那么最后的问题就是,CRM 系统建设到底有没有取得应有的效果和成绩。

CRM 系统建设的绩效评价是对 CRM 系统实施绩效的回顾和评价。绩效管理包括设定目标、考虑实现目标的方法和手段、修改评估目标和评估最终目标等一系列问题。绩效评价关系到 CRM 实施的结论和 CRM 系统在企业运行的前景,如是否需要修改、改进等一系列后续问题。

CRM 系统将为企业带来长期的、可量化的真正收益。理想的 CRM 可以使客户愿意与企业完成更多交易。

令人困惑的是,一些传统企业似乎比新兴高科技企业更意识到 CRM 的重要性。在国外,银行等金融服务企业对 CRM 的投资最多。一些银行在 CRM 的研究和投资方面处于领先地位,这主要是因为它们更加强调该行业的商品化性质,以及为长期客户提供的巨大交叉销售机会。具有中长期业务战略的传统企业,如银行和电信,特别热衷于采用 CRM 来实现长期业务规划。另一方面,高科技公司通常不会在客户问题上投入太多。

会展企业需要结合预测和历史指标来发展全面平衡的投资回报(ROI),以进行 CRM 评估。企业不仅要考虑收入、市场份额、新产品收入等传统财务指标的历史指标,还要考虑未来的预测指标,包括客户份额、收入组合、客户满意度、与客户在一起的时间以及客户在产品规划中的参与度。在绩效评价中,企业不仅要将 CRM 实施后的实际成果与过去的水平进行比较,还要对未来的预期可能成果进行相对分析。只有考虑到历史和未来,才能对企业 CRM 系统的绩效有一个基本的判断。

绩效评价的另一个积极作用是可以在会展企业内部进一步促进 CRM 的发展。绩效评价能让企业内部人士,特别是决策者,真正看到 CRM 的作用,赢得企业内部人士对 CRM 的更大支持,使企业内部人士更自觉地使用 CRM 系统,从而使会展企业获得最大的投资回报。

2. 企业客户关系管理系统绩效模型的构建

实施 CRM 对企业的影响较为复杂,因此我们应该寻求一种综合、合理的评价方法来整合各种指标。使用该模型进行综合评价的步骤如下所述,并不涉及具体的数学模型。有兴趣的读者可以参考相关的专业资料。

(1) 对会展 CRM 系统进行综合评估的步骤。

① 选择评价体系中各项指标的取值,包括定性指标、定量指标。

② 对各项指标进行量化、标准化处理。在会展 CRM 绩效评价指标体系中,各指标因其维度不同、经济意义不同、表现形式不同、对总体目标的作用方向不同,不能直接进行比较。因此,只有对指标值进行无量纲处理和指标价值量化后,才能计算出综合评价结果。

③ 获取指标数据。获取数据的方法包括统计问卷调查(主观指标)、一般调查和实际测量(如测量网站访问量)。会展 CRM 系统在运行和维护的过程中是不断变化的,所以指标数据的收集并不是一次性的工作,数据收集和系统评价应该定期进行,或者在系统得到很大的改进之后进行。系统性能评价的第一次数据采集通常安排在开发完成并投入运行一段时间,进入相对稳定状态后。

④ 通过建立的数学模型,进行处理分析(包括确定矩阵的最大特征值和特征向量,确定各指标的权重等)。指标权重是各指标在整个系统中相对重要性的定量表示。权重是否合理将对综合评价结果和评价质量产生决定性的影响。通常采用层次分析法(AHP)来确定各指标的权重。

⑤ 最后给出一个综合的、合理的、全面的评价结果。

(2) 会展 CRM 绩效评估中可能存在的问题。

① 在系统建设之前,"通过建立系统需要实现哪些具体的量化目标"不明确,"CRM 体系成功的标准"也没有很好的界定,这将导致 CRM 绩效评价中"标杆"的缺失,因此很难真正评估系统的性能。

② 软件厂商、企业都不愿"自曝家底"。一方面,软件制造商不愿意将他们的失败暴露给公众。我们所看到和听到的往往是成功的案例。另一方面,企业信息化建设往往与项目负责人的绩效挂钩,企业也会考虑公众形象等问题,所以不愿意将问题的真实情况讲出来。

③ 由谁来完成项目评估也是个问题,软件厂商不公正,企业客户不科学、不系统。

④ 评估本身就容易带有片面性,具有一定的主观色彩,忽视对隐性收益的评价、对人的能力和意识提高的评估等。

3. 会展 CRM 项目评估的主要内容

项目评估的目的在于发现以后开展项目的最佳方式。许多情况下,这些评估是非正式的。如果项目的结果并不令人满意,但项目又非常重要,那么就有必要进行正式的评估。一个十分成功的项目的正式评估也可以为未来提高项目业绩提供有效的方法。

由于项目评价不像企业的生产管理工作评价那样规范,评价的主观性很强。这与市场营销活动的评估类似,因此必须考虑外部因素才能影响绩效。

会展项目的业绩评估主要注重以下两个方面:

(1) 成本超支。

当实际成本超过预算成本时,就会发生成本超支。这意味着实际成本过高或预算成本过低。如果较高的成本是由于项目范围的变化或我们无法控制的因素造成的,那么其解释是成本被低估了,而不是实际成本太高。

分析成本时的一般错误是假定预算成本是标准的成本。但即使在最好的情况下,成本预算是以预算准备时获得的信息为基础得出的结论。这些信息不可能完全是项目会遇到的真实情况;另外,预算数字是由人来做出的,它在一定程度上是以判断和假设为基础的,因此不可能完全准确。

(2) 事后认识。

在事后认识中,通常会发现决策失误的情况。然而,当时的决策可能是完全合理的,因为决策者当时可能没有全部信息。这也可能是由于没有重视某个特定问题,或其他个人因素造成,或者是报告书里没有提供相关资料。这种情况可能暗示管理不善。

过程评价可能表明在会展项目过程中进行的检查不足,或者没有在这些检查的基础上采取及时的行动。此外,评价可能导致规则或程序的改变。它可能会发现阻碍项目进展的规则或其他不足之处。作为评估的一部分,项目人员应该积极地提出过程改进的建议。

4. CRM 投资回报的预测

当会展企业开始认真考虑应用 CRM 系统时,管理者们通常会意识到应用这些系统所需的资金数额是令人生畏的。然而,一旦 CRM 系统成功实施,企业将获得巨大的利益。随着全球经济增长持续下滑,企业正在加大对业务和技术投资的审查力度,CRM 系统也不例外。

尽管目前的经济形势正在恶化,在全公司范围内制定了自己的 CRM 战略的公司仍可以继续实施这些战略。只要策略被正确执行,它就能获得回报。随着 CRM 战略的实施,利润将会增加,以弥补前期投资和长期收益回报之间的差距。通常情况下,虽然投资不会立刻见效,但正确应用客户关系管理系统的回报是可以预期的,然而如果一个公司没能正确认识到自己应该做的事,在外部经济环境的冲击中盲目应用最先进的 CRM 软件和系统,能否实现预期的投资回报将是一个悬而未决的问题。

为了克服这个问题,公司必须在购买 CRM 软件之前对他们的 CRM 业务进行分析,并评估他们使用该系统的能力。这种预先分析将降低客户关系管理计划被取消的可能性,并将帮助公司选择正确的客户关系管理软件和系统,即使在艰难的经济环境中,也能在三到九个月内实现投资回报。

导入案例 2

运动器材专卖 CRM

有一家著名的运动器材商店,全国各地都有商店,甚至在国外都能看到它。这家公司自己不生产运动器材,而是靠代售别人的运动器材来赚钱。在加入 CRM 项目之前,他们通过会员卡收集了大量的客户信息。当用户在他们的商店购物时,他们可以通过会员卡享受一定的折扣。消费者可以填写一张表格,获得折扣,或许还能得到小礼物,这让他们很高兴成为会员。但他们可能不知道的是,他们填写的信息也许就是企业谋利的基础。

那么,公司如何使用这些会员信息来实现销售自动化呢?这很简单。例如,当客户成为他们的会员时,他们会在会员表格上填写相关信息,如运动和爱好。现在这位顾客买了一个乒乓球拍。你知道,这个乒乓球拍不会永远持续下去,它有一定的寿命。假设它的平均寿命是 6 个月。6 个月后,CRM 系统可以收集这些信息,并会自动通过短信或电子邮件(在填写会员信息时客户需要提供这些内容),"善意"安抚客户,询问他们上次购买球拍的质量,还会提醒客户,一般乒乓球拍的寿命是多少;使用多久后皮质会老化;如果你想让打乒乓球感觉良好,需要改变等等。此外,乒乓球拍等现有体育器材也将打折。所有这些内容都是为了鼓励顾客再返商店去购买产品。

这些信息由 CRM 系统自动收集、统计和分析。CRM 系统会自动决定何时发送邮件、发送什么邮件以及发送给谁。现在发送电子邮件等都是免费的。企业通过这种廉价的方式进行广告宣传,而且这种广告宣传更具有针对性,能够达到更好的效果。这家体育用品公司后来评估了其 CRM 系统的自动化销售,发现来自回客的交易增加了 50% 以上。并非所有这一切都归功于 CRM 系统中的销售自动化,但至少它是其中的一部分。

启示:该公司通过 CRM 系统实现了销售自动化,取得了良好的业绩,既减轻了人工工作的压力,也避免了因错过最好时机而丧失机会,更重要的是通过销售自动化,给客户带来了更加细致周到的关怀。此外,该公司使用销售自动化来挖掘潜在的客户需求,并使其 CMR 系统更具智能化。

二、企业成功实施 CRM 的条件

企业任何一项信息化工作都不是一蹴而就的,它要承受来自各方面的压力,如人事压力、财务压力、开发失败的风险等。企业实施 CRM 也不例外。要成功实施 CRM,就必须创造条件。通过对国内外成功的 CRM 实施案例的分析和研究,发现它们具有一些相似的特点。这里把这些共同点归纳为成功实施 CRM 的几个条件。

图 11-1　企业成功实施 CRM 的条件

1. 高层领导的支持

若没有高层领导的支持,可能会完成初步的研究和规划,也可能会完成一些小的工艺再设计,会完成技术和设备的采购,但 CRM 的实施很难完成。CRM 不仅仅是营销、销售和服务的自动化,更是营销、销售和服务的优化。当客户关系管理涉及跨业务线的业务时,高层领导的支持是必不可少的。一般来说,成功的会展 CRM 项目都有一个行政项目支持者。

2. 专注流程

会展企业要实施 CRM,其注意力应该落实在过程而不是技术上。技术是促成者,而不是解决方案。因此,实施 CRM 首先要研究企业现有的流程,并找到改进的方法。有些项目团队犯了一个错误,从一开始就关注技术。事实上,一个好的项目团队应该关注过程,因为技术是一个促进者,而不是解决方案本身。因此,他们要做的第一件事就是花时间研究现有的营销、销售和服务流程,并找到改进它们的方法。

(1) 识别现有流程中的问题。为了识别现有过程中的问题,会展项目团队应该分析公司如何营销、销售和服务,以及在什么情况下、什么时候客户会购买公司的产品或服务。一方面,在公司内部要和营销、销售和服务部门的人员进行深度访谈,了解他们从事什么工作,需要什么样的条件和信息,才能做好工作,不断改进工作。另一方面,从公司外部了解用户认为存在的问题,如难以获得产品专家的支持。

项目小组应该了解和研究顾客购买产品的过程中,如何评估各种产品和客户选择供应商,评估产品价格和过程,找出阻碍潜在客户购买产品的因素,如客户需求的响应速度太慢、建议不完整、售后服务差等。

(2) 分析原因,解决问题。找出了流程中的问题后,分析其原因,如:为什么要花这么长的时间来识别潜在客户,为他们服务;为什么销售人员不能获得关键的客户支持数据? 这些问题的持续存在所造成的损害也应加以分析。

通过这项工作,项目组可以识别出需要解决的问题,并在项目实施后将原有情况与当前情况进行比较,看是否有任何改进。

3. 技术的灵活运用

在成功的 CRM 项目中,技术的进步总是与需要改进的具体问题密切相关。如果企业在处理订单时出错率很高,则很可能选择配置器特性。如果销售管理想要减少新销售人员熟悉业务所需的时间,那么组织应该选择营销百科功能。选择标准应该是基于业务流程中的问题选择适当的技术,而不是使流程适应技术需求。

虽然许多组织从单个部门(如营销、现场销售或客户服务)开始实施 CRM,但要选择灵活和可伸缩的技术,以满足未来的可伸缩需求。因为企业需要收集所有用户到一个系统中,这样每个员工可以获得完成工作所需要的客户信息,技术选择在项目的初始阶段应该是更复杂的比在初始阶段所需的技术,以满足未来发展的需要。

4. 良好的组织团队

CRM 的实施队伍必须在以下三个方面具有较强的能力。

(1) 系统的定制和集成化。无论企业选择哪种解决方案,都需要一定程度的定制。作为一项新兴业务,大多数 CRM 产品都采用了最新的技术。CRM 工具需要根据企业的工作流程进行修改,这是最终用户是否接受该系统的关键因素。系统集成也很重要,特别是对于打算支持移动用户的企业。

(2) 对 IT 部门的要求。这包括设计适当的网络大小,提供并支持用户桌面工具,以及数据同步策略。

(3) 改变工作方式。实施团队应该具备改变管理风格和提供桌面帮助的技能。这两者对于帮助用户适应和接受新的业务流程都很重要。

一项对最成功项目的调查显示,这三个项目都得到了高度重视。这三个方面的评价后,如果发现弱链接,新的人员应该寻求从其他部门和咨询公司的团队来丰富这方面的力量,以确保团队可以实现复杂的 CRM 项目。

5. 分步实施

在规划 CRM 项目时,具备一个 3—5 年的远景是很重要的,但是成功的 CRM 项目通常将这个远景分成几个操作阶段。毕其功于一役给企业带来的冲击太大,往往是欲速则不达。流程分析确定可以进行业务流程再造的领域,并确定实现的优先级,一次只处理几个领域。

例如,在对一家展览公司当前的订单生成流程进行彻底检查时,CRM 确定了 42 个可以简化的流程步骤。但该公司没有立即改变这 42 个地方,而是选择了 3 个可能最有回报的步骤,首先进行重组。

至此,教用户如何使用 CRM 工具只需要几个月的时间,通过使用新的系统和改进的流程,销售人员在系统投入使用后的四个月内将销售周期缩短了 25%。单单这个回报就超过了硬件、软件和定制的成本。

6. 系统整合

系统各部分的整合对会展 CRM 的成功至关重要。CRM 的效率和效果的获得是有一个过程的，顺序是：终端用户效率的提高、终端用户有效性的提高、团队有效性的提高、企业效率的提高、企业和客户效率的提高。

实践表明，为了获得用户对项目的支持，CRM 团队首先要解决终端用户问题，最初的重点是营销、销售和服务流程。如果用户不熟悉计算机，CRM 项目组应首先提高个人用户的工作效率，让用户熟悉计算机和网络。会展 CRM 项目的整合和改进的关键是准确评估业务的当前状态，然后从那里开始构建。

7. 重视咨询公司

CRM 项目作为大型企业管理软件项目，实施起来比较困难。由于国内企业缺乏 IT 建设经验和业务人才，项目实施存在较大风险。因此，一个成功的会展 CRM 项目的实施离不开专业咨询公司的参与。

咨询公司、外包公司和培训公司都围绕 CRM 的实施而蓬勃发展。特别是安盛、德勤、普华永道等咨询公司已经开始提供客户关系管理咨询。由于会展 CRM 实施的实质是实施管理和重组的过程，专业的管理咨询公司必须参与到 CRM 项目中来。咨询费用可能占一个典型项目的 30% 以上。

专业咨询公司拥有一支能力全面、经验丰富的顾问团队，实力雄厚的咨询公司一般都有一套较为完善的项目实施方法和多年积累的项目实施案例库和知识库。这些都是普通企业所没有的，是会展 CRM 项目成功实施的有力保证。

按照产业分工的原则，专业发展有利于发挥各自的优势。软件厂商在软件开发方面具有优势，可以在软件产品的竞争市场中专注于改进和完善自己的产品。咨询公司在项目实施方面具有优势，能够不断完善软件实施方法，积累各行业管理软件实施的经验，提高软件实施的成功率。咨询公司作为 CRM 厂商与应用企业之间的桥梁，不仅促进了厂商在软件产品推出后的进一步发展，而且对于 CRM 产品在会展企业的成功应用也是非常必要的，从而实现企业管理的规范化和现代化。此外，顾问一般站在第三方的立场，保持自己的公正性，在协助企业进行产品选择时，遵循公平、客观的原则，从会展企业的实际需求出发，完成 CRM 产品的选择。

在 CRM 项目实施过程中，专业顾问的主要任务一般包括：准确把握和描述会展企业应用需求；为企业制定合理的技术解决方案；协助企业选择合适的应用软件；协助企业软件安装、调试和系统集成；对企业原有业务流程进行重组，制定新的、合理的业务流程；结合软件功能和新的业务流程组织软件实施；组织用户培训；负责企业应用软件系统的正常运行；根据应用软件，编制数据监控系统和内部管理报告系统，对企业的管理绩效进行衡量；编制企业决策数据系统和决策数据分析方法；协助企业建立计算机信息系统管理系统；负责系统正常运行后的运行审核。

三、导致 CRM 实施失败的因素

尽管 CRM 可以给会展企业带来很多好处，但目前项目实施的失败率也很高。通过对国内外 CRM 项目实施情况的调查分析表明，影响 CRM 项目成功实施的因素主要有认知、数据、管理、软硬件等。因此，CRM 的实施应全面研究这些因素，结合国情和会展企业特点，对每一个因素进行分析总结，并制定相应的对策和工作标准。

1. 缺乏管理

CRM 是一种新颖的企业销售管理模式和方法，任何企业使用计算机系统的人员都必须遵循统一的原则和规范，决不允许自己做自己的事情。因此，必须在模拟运行的基础上，结合会展企业的具体情况，定制出一套行之有效的管理体系。

2. 数据不准确

无论是系统的试运行阶段，还是正式运行阶段，数据的整理和输入都是实施的难点。毫不夸张地说，一个会展企业信息系统的工作量是"三部分技术，七部分组织，十二部分数据"。

会展企业数据有两种类型。一是基础项目数据，也称为静态数据，如组织数据、产品结构数据等。另一种是动态数据，如机会、合同、营销计划等。对这些数据的收集、编码和记录应有明确、严格的规定。

会展 CRM 是一种以高度精密的电子计算机为工具的现代管理方法。在整个实施过程中，始终贯穿着"严"与"精"的基本要求，尤其是 CRM 所要求的相关数据的准确性。

3. 导致 CRM 项目失败的其他原因

（1）CRM 项目启动时无战略规划。

很多会展公司在他们的项目中言明，"我们今年要做客户关系管理"，但这不是一个战略。CRM 战略需要明确定义客户对企业的理解和判断，企业如何维持与客户的关系，以及在这个过程中计划如何实现这些结果。

（2）CRM 战略与企业战略不吻合。

不要把 CRM 项目看作是一个孤立的项目或解决方案。CRM 战略不应与企业整体战略脱钩。如何发展和加强客户关系是企业的生命线，客户必须成为整个会展企业战略管理的核心。

(3) CRM 工具选择不当。

市场上当下有许多可用的 CRM 工具。这些工具是一些特定的程序,一开始可能会产生很多好的结果。随着系统的发展和需求的增加,CRM 工具应该为客户提供更多的功能。会展企业在实施客户关系管理之前,应评估客户关系管理工具和企业需求,以获得更接近其需求的产品。并非每个人都以相同的方式、在相同的业务流程中服务客户,此外,管理客户的优先级也不同。

(4) CRM 项目没有考虑客户体验,没有客户参与。

会展客户关系管理项目若不考虑客户体验,不涉及客户。如果客户关系管理生命周期中有一部分将拥有良好的客户体验,而有一部分不喜欢它,你同意这种投资吗?你需要确保在你的所有联系人中为你的客户提供知识性的、高质量的服务。在快速实现会展 CRM 解决方案时,很容易忘记企业之外的人。因此,应与你的客户广泛地交谈,找出他们真正需要的是什么。你怎样才能更好地满足他们的需求?你如何与客户合作以获得真正的成功?其他供应商是怎样做的?这些都是需要考虑的。

(5) CRM 项目没有设定目标。

对于一种新的流程,很重要的一部分就是期望业务能得到改善。如果你不期望执行力得到提高,不去衡量,不去管理,会展企业管理水平是不会得到提升的。所以应该设定期望值,并及时跟进测度、节点提供反馈、促进改进,并寻找可以持续改善的方法。

(6) CRM 项目当作一时的行为。

当会展 CRM 推出时,不要认为一切都已大吉。这只是这个项目的开始。CRM 项目的启动应该被视为组织中需要大量返工才能实现的革命性变化。组织中可能会有很多人反对变革,在整个过程中也会有很多阻力。因此,要制定中长期计划,从过程中获得新的数据,完善战略,建立新的目标,并制定实现这些目标的计划。

第二节 会展客户关系项目管理的展望

一、人工智能在会展领域的展望

人工智能引领着未来行业的战略性发展。在会展行业,与人工智能相关的会展或会议会越来越多,会展在运营管理中如何与人工智能技术相融合,针对人工智能技术在会展领域的应用现状,兹从共享会展数据资源、创新会展服务功能以及场馆创新与利用三个角度进行设想，探索会展行业与人工智能技术应用共赢发展的可能性与必然性。

总体上看，大数据在经济全球化浪潮的发展趋势下为传统产业的发展带来新动能，进而促成新的发展格局。未来会展经济的高质量发展需要拥抱互联网与大数据，而会展形式的创新发展也离不开"数字会展"做支撑。中国会展业相比国外发达国家起步晚，而利用数字会展实现"弯道超车"也不失为一种机遇。

1. 创新共享资源

机器和人交互产生数据将会成为未来发展的重要趋势，如何处理和利用数据资源便成为了行业需要考虑的问题。近年来，会展业快速发展，会展举办数量也越来越多，但随之而来的便是会展资源利用与分配的不合理化，例如，资源统计没有可供量化的视图；制定政策没有统一的数据收集通道，且缺少信息支持；获取会展产业动态信息难而繁琐等。人工智能的出现，将会对这些问题提供更好的解决方法。

在会展举办时，主办方可以将人工智能与手机管理、云数据等结合，实现自动盘点和采集展位信息；利用3D导航系统，方便参观者对各个展位有一个明确的定位，丰富观展体验；智能抓取技术可以把与会展主题相关的信息进行提取和分析，整合办展资源，丰富会展信息库。由此看来，今后可以对会展业各类资源进行整合更新，让参展观众了解相关领域的会展信息，发挥其内在价值与实际效能，让数据资产变现，最终在会展行业内形成更加智能化、人性化的资源共享模式。

2. 创新利用空间资源

人工智能与虚拟现实、机器智能等技术的联通拓宽了人们的视野，近年来，一些场馆在建设时也开始打破传统建造模式，利用人工智能技术实现场馆空间的创新与利用。

例如2018年世界人工智能大会的主会场——上海西岸人工智能峰会场馆，充分利用了人工智能技术，成为了新型场馆的代表，如模块化的轻铝排架场馆、3D打印的服务亭、碳纤维展亭的设计等，都是对未来建筑方式的设想与尝试。例如，场馆内利用机器人3D打印技术建造咖啡亭和家具，同时使用编程语言生成连续的空间网格，力求做到整体结构轻盈、材料节省，这不仅呼应了人工智能峰会的主题，而且提升了西岸海滨开放空间的独特性和吸引力。

3. 创新科技服务

人脸识别系统对会展领域的发展有着重要作用，它不仅可以提升签到效率，而且能够对参展人员进行审核，加强安全保障。例如，第十四届中国会展经济国际合作论坛便启用了"人脸识别"登记系统，改变了传统人工扫描登记的方式，利用自主门禁系统，对参会嘉宾进行自动识别和身份验证。他们只需面对识别程序，只需5秒钟便可完成刷脸到领证件的整个过程，这样缓解了排队难的状况，也让参会者有了更好的体验。

近年来,机器翻译进入了新的发展阶段,会展业语言服务也将迎来颠覆式的发展。如今,MT+PE模式逐渐走入了一些国际会展。它是指通过人工和部分自动化方式增强机器翻译的输出,利用人机交互的模式,实现译文质量和翻译效率之间的平衡。这样利用人工智能为不同国家的客户进行"定制化"服务,对于会展本身发展来说,不仅塑造了良好的会展品牌形象,也为会展全球化发展提供了良好的条件。

二、"双碳"背景下会展领域的展望

碳达峰与碳中和(以下称"双碳")是中国对推动全球绿色可持续发展做出的郑重承诺。《中华人民共和国国民经济和社会发展第十四个五年规划和2035年远景目标纲要》指出,"落实2030年应对气候变化国家自主贡献目标,制定2030年前碳排放达峰行动方案","锚定努力争取2060年前实现碳中和,采取更加有力的政策和措施"。这一战略决策将推动我国经济社会广泛而深刻的变革。

而现代会展业是新兴生产性服务行业,为各行各业的贸易洽谈、产品展示、项目合作、技术考察等商务活动提供信息沟通平台,经济社会的发展变化最终都会联动到会展活动和会展行业的运行中。

1. 新增绿色投资需求,倒逼传统产业转型

在"双碳"背景下,在市场机制和相关政策法规的共同作用下,新能源和低碳技术将成为经济发展的新热点。从能源生产的角度,将促使煤炭、石油、天然气等化石能源产能的缩减和淘汰,新增风能、太阳能、水能、生物质能、地热能等非化石能源的投资。从能源使用的角度,钢铁、建材、水泥、有色金属等高耗能、高排放产业为降低碳排放,会新增清洁能源设备、低碳排放设备等技术改造方面的投资。

"双碳"目标将倒逼高能耗、高排放产业的变革,去产能化、产业内兼并重组、技术转型升级、绿色投资等改革趋势将逐渐凸显。而与此相关的会展活动必然会呈现出同步趋势、有所消涨,最直接的表现为特定会展项目在体量、规模、数量、区域分布、政策导向等方面的变动。

2. 利于打破"碳壁垒",推动产品出口

作为发展中国家,中国积极做出碳减排承诺和定量目标,出台一系列的法律法规、政策保证实施,这既表明了中国的大国担当,也有利于打破贸易壁垒,消除出口产品被征收碳税的潜在风险。

在对外贸易中,会展行业承担着重要的作用。近年来我国采取"会展外交"策略,国际性会展活动在促进国际贸易、促成国际合作方面成效显著。贸易壁垒的消除,必然会为国际性

会展活动的举办提供更为良好的环境和土壤。

3. "双碳"尚属前沿领域，亟待健全规则

实现碳达峰、碳中和既是技术问题，也是一场广泛而深刻的社会经济变革，在世界范围通过市场化的方式减排是一个由来已久却并未解决的问题，形成各国认可的完善的碳排放治理体系，还将面临诸多障碍。与发达国家相比，我国实现"双碳"目标时间紧、幅度大、困难多。

"双碳"目标在落实到具体产业及行业的过程中，所采用的路径与模式也不尽相同。无论是从技术研发和普及的角度，还是从规则探讨和制定的角度，"双碳"目标将引发世界范围、各个行业对于同一系列主题的讨论、协商、谈判、交流、学习等信息沟通活动，这也将为会展活动尤其是会议活动创造出一个巨大的市场需求。

作为新兴生产性服务行业，会展业被称为经济发展的"晴雨表"，必然会在"双碳"目标所引发的经济社会变革中受到关联影响。会展业应积极跟随经济发展的趋势和步伐，应对新挑战，抓住新机遇，实现行业自身的转型和长远发展，向专业化和价值链高端延伸。改变会展业的发展模式，积极应对产业转型，倡导节能减排、降低污染浪费，实现低碳化发展是会展产业发展的必然趋势。

三、我国会展业未来的发展趋势

尽管目前我国会展业的发展现状与自身的大国地位和资源条件极不相称，但随着世界经济格局的变化以及改革开放的深入，我国会展业将赢得众多发展的契机。

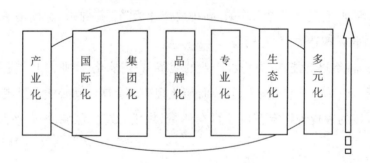

图11-2　会展未来趋势简图

1. 产业化趋势

会展经济在我国作为一个新兴的经济形式已经日益显现出其强大的生命力，会展经济所具备的产业化特征也日益明显。如目前我国会展经济已经摆脱了以往单纯会议或会展的界限，其内涵逐步丰富起来，包括宾馆、餐饮、航空、旅游、物流、搭建、设计、布展等众多行业

的大会展经济产业正逐步完善。而且,通过充分发挥会展业在沟通相关行业信息、交流产品和技术、推进行业发展方面的作用,以及对旅游、宾馆、交通、通讯、运输等相关服务行业的带动作用,实现对产业经济的带动作用。另外,会展经济产业规模也在持续扩大,其创造的直接和间接价值在国民生产总值中的比重将日益增大。

2. 国际化趋势

与其他行业相比,我国会展业是一个壁垒相对较少的行业,对于众多国外会展公司来说,进入我国会展市场的渠道十分畅通,这将使国内会展市场竞争日趋国际化。

3. 集团化趋势

我国推进会展业集团化的最终目的是为了使会展企业之间实现优势互补,从而提高全国会展业的国际竞争力。会展企业的集团化不是企业和企业的简单相加,而是整个行业在资产、人才、管理等方面全方位的融合与质的提升。我国会展行业的集团化可以分三步走:一是采取横向联合、纵向联合、跨行业合作等灵活多样的组织形式,组建会展集团;二是开展品牌竞争,即会展集团应以统一的企业文化和品牌开展经营管理,以逐步提高品牌的知晓度及价值含量;三是实行海外扩张,积极向海外扩张是会展企业集团化达到较高水平的一项重要竞争策略,它能使国内会展企业在国际市场竞争中保持主动。海外扩张主要有设立办事机构、合作主办会展、移植品牌会展、投资兴建展馆等四种形式。

4. 品牌化趋势

品牌是会展业发展的灵魂,也是我国会展业在21世纪实现可持续发展的关键。综观世界上所有会展业发达国家,几乎都拥有自己的品牌会展和会展名城。例如,在德国慕尼黑每年要举办40多个重要会展,其中有一半以上是本行业的领导性会展,高档次的会展为慕尼黑赢得了大批参展商,也增强了对旅游者的吸引力。因此,增强我国会展业的国际竞争力,品牌化是必由之路。

5. 专业化趋势

在过去相当长一段时期,我国会展业追求的都是综合化,强调小而全,并希望以此吸引更多层次、更多类型的参展商,结果造成会展特色不鲜明、规模普遍小、吸引力不强。如今,越来越多的人认识到,只有实现专业化才能突出个性,才能扩大规模,才能形成品牌。近几年来,国内会展界已在这方面做了大量有意义的探索,如会展内容的专题化、场馆功能的主导化、活动组织的专业化等。

6. 生态化趋势

任何一项产业要获得持续、健康的发展,都必须寻求经济效益、社会效益和生态效益的统一。可以预见,生态化将成为会展业发展的必然趋势。为此,应主要关注几个方面:(1)注重场馆的生态化设计;(2)大力倡导绿色营销理念;(3)强化环境保护意识。

7. 多元化趋势

从整体上看,世界会展业正在向多元化方向发展,具体包括产品类型的多行业化、活动内容的多样化和经营领域的多元化。我国会展业必须适应这个趋势,努力拓展本企业的经营项目,形成"一业为主,多种经营"的格局,以分散经营风险,增强企业综合竞争力。

会展业被誉为现代科学技术与经济发展的晴雨表,它反映了一个国家、地区乃至全球科学技术和经济发展的历程。

由于市场竞争变得更加激烈,企业在追求自身品质的同时,还要提高自身的服务水平,仅仅依靠产品优势已经不能充分地体现出企业的竞争优势。所以,企业的项目管理也逐渐转变为以客户为中心的新型管理时代,且任何项目落实都不是一蹴而就的,因此本章还重点讨论了成功实施 CRM 的条件和导致 CRM 实施失败的因素,以及 CRM 项目绩效评估的重要性,并对其评价的主要内容进行了讲解。

回顾历史,把握"以史为鉴,可以知兴替"的发展规律,从而更好地指导会展客户关系管理的发展。尽管目前我国会展业的发展现状与自身的大国地位和资源条件极不相称,但随着世界经济格局的变化以及改革开放的深入,我国会展业将赢得众多的发展契机,并且借由大的方向引领,我国的会展业定能把握住未来发展的契机。

1. 良好的 CRM 实施方法是从上到下的还是自下而上的好,为什么?
2. 简要说明咨询公司的参与在成功的 CRM 项目实施中起到什么作用。
3. 阐述会展企业成功实施 CRM 的条件。
4. 导致 CRM 失败的因素有哪些?
5. 未来会展发展的方向更趋向人工智能还是环保领域,为什么?

客户关系管理系统在银行中的应用

互联网金融冲击下的银行业面临着激烈的国内外市场竞争,如何实现各个产品线条范围内的客户数据综合管理,于银行业而言至关重要,这一目标的实现也催生了银行机构对客户关系管理系统建设的新诉求。

随着金融行业各个细分领域彼此渗透,混业经营模式已成必然趋势,因而对客户资源的交叉营销和整合共享就成了金融企业取胜的砝码。由于受到垄断因素的影响,银行业长期处于半封闭状态,主要围绕资金运营,并没有真正地将客户作为中心,资源管理中仍存在一些问题:

在客户管理上,银行客户数量非常庞大,但客户数据采集及管理存在问题,如对未成交的客户缺乏系统化统一管理,客户信息碎片状地分布在各个分支系统及客户经理手中,客户行为的记录管理及共享机制弱。缺乏全面的客户视图,无法从不同视角透视客户价值,客户分级管理制度不健全,对 VIP 客户和高净值客户的关注较少,这些都直接影响客户对银行服务的满意度。

在销售支持上,缺乏一站式的营销及服务平台,销售工作及客户续保、会员积分服务、家族财富传承服务等相关提醒无系统化支撑,知识库和资料库等缺乏及时、统一的管理,销售支持工作时效性差。即使有些银行已建立客户销售支持系统管理,但仍缺乏符合市场竞争的自动询报价工具,销售人员佣金、绩效体系有待建立、完善和推进,方可实现对销售运营的有效支撑。

在销售管理上,没有有效的手段收集真实完整的项目信息,销售过程没有统一、具有指导性的管理,成功的销售案例没有系统性的沉淀和分享,立项审批流程、合同认购和申购赎回、收益分配等流程有待优化。此外,销售过程的资源调动不够充分,销售部领导难以指导销售代表的工作,销售预测无法做到透明真实,对销售绩效考核信息无法及时了解,成本效益低。因而实现对各分行、支行及网点销售人员日常业务计划、行为和客户交互管理,提升销售人员的作业效率也是亟待解决的问题。

解决方案:

在客户管理上,银行产品的种类繁多,构建以客户为中心的 360 视图,进行客户资料和客户相关信息的整合和管理,形成完整的客户"画像",包括自定义属性数据(如客户企业的名称、性质、联系人姓名和联系方式、经营状况、主要股东、管理层档案等)、往来联系记录和服务记录(咨询记录、投诉记录、受理记录等)、投资状况(公司管理资产、股票投资、基金投资、债券投资)、市场和销售状况等,通过客户立体视图来展现,可以动态掌握详实的客户关系,继而有针对性地开展营销和关怀活动,避免造成客户满意度下降甚至客户流失。

CRM 基于客户、人员、团队、业务线建立多维度的数据分析模型和报表,对管理人员的分析给予支持。通过整合行业内外的数据,建模预测客户信用,对客户生态链进行 360 度评估,主要管理重点是对客户之间的投资关系、经营关系、股权关系的跟踪,客户之间隶属关系的维系,支持以集团视角的管控,作为未来预测性分析的基础数据,并提供完整深入的客户价值评价,提高理财分析师对客户资源的有效利用。例如对客户进行细分,针对不同阶层的客户采取不同的销售策略：找到客户的关注点和购买习惯，改善服务内容，及时有效地处理客户投诉信息，提高客户满意度和忠诚度。

在销售管理上，以往，客户活动的计划和执行需要手工记录，并手工编写生成工作报告，专岗督促，手工汇总，数据分析难度大。基于 CRM 系统则可进行活动跟踪和随时记录，系统主动提醒和自动汇总，实现销售过程一体化的全程技术支持和管控。这使得上下级信息透明化，上级主管随时了解下级工作进程，及时提供资源支持，量化地掌握整体销售工作并提供高准确度、及时的决策支持，工作计划性得到提高。

此外，CRM 将自动进行平台派单，把从网站搜集到的某个地区的客户资源自动分配给这个地区的销售经理跟踪，提高业务工作效率，并且按照"公海池制度"加强销售团队对"公海池"和"私海池"客户资源的管理和利用。同时，系统可以根据行动计划，主动通知和提醒销售代表进行客户拜访，记录走访活动，帮助销售人员合理规划工作。系统自动汇总信息，基于汇报体系完成销售目标的层层制定下达和销售预测的层层汇总，并可辅助生成工作报告，对各类资料库和交流园地建设提供支持，实现高效直观的销售活动与日历排程，规范销售流程。在 CRM 平台上，银行的财富管理流程将得到规范化的管理，从项目创设、产品上线、发行募集到产品成立和存续期服务的各个流程。系统后台可以进行实时的监测，避免募集过程中预约、缴款和合同流程杂乱和出错，系统对认购费用、赎回费用、管理费用的基点进行设置，使客户预约、报单、合同申请、打款等业务过程实现标准化。

资料来源：谢蔓.客户关系管理系统在银行中的应用探讨[J].时代金融，2019(34)

 **思考题**

1. 请分析银行司引进 CRM 的目的。
2. 请分析引入 CRM 后公司在哪些方面有了提升。

本书主要参考文献

[1] 刘明广,罗巍:《国际会展业经典案例》[M].北京:清华大学出版社,2019.

[2] 张凤凤.杭州Z国际展览公司营销策略优化研究[D].浙江工业大学,2018.

[3] 齐志权:《客户关系管理》[M].北京:中央广播电视大学出版社,2014.

[4] 田玲:《客户关系管理》[M].北京交通大学出版社:清华大学出版社,2017.

[5] 马刚,李洪心,杨兴凯:《客户关系管理》[M].3版.大连:东北财经大学出版社,2015.

[6] 张慧锋:《客户关系管理实务》[M].2版.北京:人民邮电出版社,2014.

[7] 李媛.建设银行兰州金城支行对公客户关系管理策略优化研究[D].兰州大学,2021.

[8] 崔晓雯.A银行客户关系管理系统改进研究[D].大连理工大学,2021.

[9] 李志刚:《客户关系管理理论与应用》[M].北京:机械工业出版社,2006.

[10] 张永红,白洁:《客户关系管理》[M].2版.北京:北京理工大学出版社,2015.

[11] 花拥军:《客户关系管理》[M].重庆:重庆大学出版社,2012.

[12] 苏霞.基于国际化大都市的西安会展营销策略探析[J].价值工程,2016,35(27):248-249.

[13] 周宜群.中国国际工业博览会服务营销策略研究[D].广西大学,2018.

[14] 齐志权:《客户关系管理》[M].北京:中央广播电视大学出版社,2014.

[15] 王春凤,曹薇,范玲俐:《客户关系管理》[M].上海:上海交通大学出版社,2016.

[16] 韩小芸,梁培当,杨莹:《会展客户关系管理》[M].北京:中国商务出版社,2008.

[17] 扈健丽:《客户关系管理》[M].北京:北京理工大学出版社,2010.

[18] 马刚,李洪心,杨兴凯:《客户关系管理》[M].3版.大连:东北财经大学出版社,2015.

[19] 张健康.智慧会展的技术解构与人文关怀[J].理论探索,2017(04):44-48+79.

[20] 刘冲.YD公司集团客户价值评价体系完善研究[D].北京工业大学,2018.

[21] 张慧锋:《客户关系管理实务》[M].2版.北京:人民邮电出版社,2014.

[22] 张永红,白洁:《客户关系管理》[M].2版.北京:北京理工大学出版社,2015.

[23] 王春凤,曹薇,范玲俐:《客户关系管理》[M].上海:上海交通大学出版社,2016.

[24] 王永贵:《客户关系管理》[M].北京:北京交通大学出版社,2007.

[25] Evenson A, Harker P T, Frei F X. Effective call center management: evidence from financial services: working paper. The Wharton School, University of Pennsylvania.

[26] 马刚,李洪心,杨兴凯:《客户关系管理》[M].3版.大连:东北财经大学出版社,2015.

[27] 陈婷婷,彭佳嵘.信息技术在会展中的应用研究[J].北方经贸,2016(12):26-28.

[28] 张慧锋.《客户关系管理实务》(第2版)[M].人民邮电出版社,2014.

[29] 北京市政府.《关于进一步促进展览业创新发展的实施意见》[R].2018-01-15.

[30] 曼辉.微博营销中受众在线行为对品牌建设的影响[J].人文论坛,2013(12).

[31] 周明苇.传播学视角下中国会展品牌个性塑造研究[D].上海:上海师范大学,2012:8-10.

[32] 覃姣玲.基于移动互联构建智能商业体系的探究[J].中国市场,2021(22).

[33] 汪文斌.移动互联网[M].武汉:武汉大学出版社,2013:2-20.

[34] 王春雷.B2B商业媒体转型对会展业发展至关重要[J].中国对外贸易,2020(07).

[35] 王英华,王晨.会展信息化中的移动应用.国外会展APP分析[G].首届全国会展专业研究生教育论坛论文集2014.

[36] 章淑芳,郑丹丹,王敏杰.发达国家会展业智慧化发展特征与模式探析[J].管理观察,2016(2).

[37] 刘海莹.新常态下的会展业智慧[N].中国贸易报,2014-12-16.

[38] 裴超.智慧会展＋数字营销开启会展业新篇章.中青博联正式挂牌新三板[J].中国会展(中国会议),2016(07).

[39] 朱中.第十八届智能交通世界大会会展技术述评[J].交通标准化,2011(22).

[40] 智慧会展.让会展更有温度[J].中国会展,2019(09).

[41] 于静娜.国内虚拟会展研究文献综述[J].经济研究导刊,2012(29).

[42] 孟爱华,马倩,施荣.浅析基于人工智能技术的会展业务新模式[J].中国经贸导刊(中),2020(12).

[43] 徐上越.人工智能在会展的应用[J].电子技术与软件工程,2019(23).

[44] 李知矫.会展科技知多少,人工智能机器人在会展的应用[J].中国会展,2018(05).

[45] 赵相如.CRM中项目管理的应用与研究[J].项目管理技术,2008(01).

[46] 付雅婷.科研项目风险管理——以A公司CRM项目为例[J].经济管理文摘,2020(01).

[47] 郭淑雯.客户关系管理与企业价值提升[J].营销界,2019(34).

[48] 安娜.现代企业客户关系管理分析[J].中国管理信息化,2021(01).

[49] 王倩,施志铭,陈泳,刘晓蓬,代武成.基于PaaS平台的电信CRM系统开发运营方案研究与实践[J].微型电脑应用,2019(12).

图书在版编目(CIP)数据

会展客户关系管理/蒋婷婷主编. —上海:复旦大学出版社,2022.11
(复旦卓越. 应用型经管核心课系列)
ISBN 978-7-309-16611-8

Ⅰ.①会… Ⅱ.①蒋… Ⅲ.①展览会-市场营销学-高等学校-教材 Ⅳ.①G245

中国版本图书馆 CIP 数据核字(2022)第 208635 号

会展客户关系管理
蒋婷婷　主编
责任编辑/郭　峰

复旦大学出版社有限公司出版发行
上海市国权路 579 号　邮编:200433
网址:fupnet@fudanpress.com　http://www.fudanpress.com
门市零售:86-21-65102580　团体订购:86-21-65104505
出版部电话:86-21-65642845
杭州长命印刷有限公司

开本 787×1092　1/16　印张 17.25　字数 344 千
2022 年 11 月第 1 版
2022 年 11 月第 1 版第 1 次印刷

ISBN 978-7-309-16611-8/G·2446
定价:59.00 元

如有印装质量问题,请向复旦大学出版社有限公司出版部调换。
版权所有　侵权必究